Was ist ein Mann und was eine Frau? Wie klassifizieren wir Menschen, deren soziale oder erotische Rollenbeschreibung nicht ihrem biologischen Geschlecht entspricht? Welches Geschlecht besitzen Menschen, die sich als im falschen Körper geboren wähnen? Susanne Schröter überprüft an verschiedenen Beispielen – etwa weibliche Ehemänner in Afrika, brasilianische *travestis*, indische *hijras*, aber auch Homo- und Transsexuelle in Europa – die Gültigkeit der binären Geschlechterkonzeption und führt so aus historischer, systematischer und ethnologischer Perspektive in die aktuelle Debatte über Gender-Crossing ein.

Dr. Susanne Schröter unterrichtet als Privatdozentin am Institut für Historische Ethnologie der Johann Wolfgang Goethe-Universität Frankfurt am Main.

Unsere Adresse im Internet: www.fischer-tb.de

Susanne Schröter

FeMale

Über Grenzverläufe zwischen den Geschlechtern

Fischer Taschenbuch Verlag

Originalausgabe
Veröffentlicht im Fischer Taschenbuch Verlag,
einem Unternehmen der S. Fischer Verlag GmbH,
Frankfurt am Main, November 2002

Satz: Pinkuin Satz und Datentechnik, Berlin
Druck und Bindung: Nørhaven Paperback A/S, Viborg
Printed in Denmark
ISBN 3-596-15716-1

Inhalt

Einleitung

Was ist ein Mann und was eine Frau? Bezeichnen die Begriffe ein ideologisches Konstrukt, oder enthalten sie eine materielle Substanz? Gibt es überhaupt Männer und Frauen, oder sind diese Termini nicht mehr als rhetorische Eckpfeiler eines patriarchalen Zwangssystems? Enthalten sie einen impliziten Verweis auf Heterosexualität, Heteronormativität und Heterosexismus und sind damit vor dem Hintergrund einer angestrebten sexuellen Liberalisierung der Gesellschaft zutiefst reformbedürftig? Oder handelt es sich um Kategorien, die zwar auf eine bestimmte physiologische Ausstattung verweisen, grundsätzlich aber offen für kulturelle Einschreibungen jeglicher Art sind?

Wie definieren wir Menschen, deren Identität oder soziale Rolle nicht ihrem biologischen Geschlecht entspricht? Weibliche Ehemänner in Afrika zum Beispiel, die so viele junge Frauen heiraten können, wie ihr Wohlstand zulässt, oder die »geschworenen Jungfrauen« in Albanien, die als kettenrauchende Patriarchen über ihre Familien herrschten und ihre Männlichkeit bei blutigen Fehden unter Beweis stellten? Wie bezeichnet man Personen, die ihren Körper so weit manipulieren, dass sie sich optisch dem entgegengesetzten Geschlecht annähern, wie die brasilianischen *travestis*, die sich mithilfe von Hormonen und Silikon einen perfekten weiblichen Körper schmieden, aber niemals eine Entfernung der männlichen Genitale in Erwägung ziehen würden? Welches Geschlecht besitzen Menschen, die sich als im falschen Körper geboren wähnen? In welchem Stadium einer möglichen Geschlechtsumwandlung sind sie

Männer oder Frauen, und wie klassifizieren wir die sexuellen Beziehungen dieser Personen? Ist ein erotischer Akt zwischen einer Frau und einer nicht-operierten Mann-zu-Frau-Transsexuellen eine lesbische oder eine heterosexuelle Handlung?

Wie verhält sich das soziale Geschlecht zum erotischen und dieses wiederum zum Körper? Ist eine bodybuilding-gestählte *butch*, die ihr Rollenverständnis an Filmhelden wie James Dean oder Humphrey Bogart orientiert, nicht männlicher als eine *drag queen*, die sich bei der Imitation von Marilyn Monroe am authentischsten fühlt? Ist ein Eskimo-Mädchen, das von den Eltern anstelle des fehlenden Sohnes als Junge erzogen wird und später eine Männerrolle einnimmt, sozial ein Mann oder eine Frau in einem Männerberuf?

Wie steht es mit der Temporalität von Geschlecht? Hat man eine Geschlechtsidentität von Geburt an, oder ist es möglich, sie im Laufe des Lebens zu wechseln? Wie beurteilen wir die Frauen vom Volk der Hua in Neuguinea, die sich, nachdem sie ein vorbildliches Leben als Ehefrauen und Mütter geführt haben, nach dem Einsetzen der Menopause zu Männern initiieren lassen können? In welche Kategorie fallen die *xanith* in Oman, homosexuelle Männer, die sexuell, sozial und habituell eine Position zwischen den Geschlechtern einnehmen, diese aber jederzeit wieder verlassen können und fortan von ihren Nachbarn als gewöhnliche heterosexuelle Männer respektiert werden?

Geschlecht ist, das wird aus diesen Beispielen deutlich, eine unsichere Kategorie mit oszillierenden Grenzen, die an ihren Rändern beständig zu verwischen scheinen. Dies ist keine ganz neue Erkenntnis, denn schon seit Mitte der siebziger Jahre hatten Feministinnen Vorstellungen von natürlicher Weiblichkeit und Männlichkeit als patriarchale Phantasmen zurückgewiesen und eine etwas unbeholfene terminologische Unterscheidung zwischen *sex*, dem biologischen, und *gender*, dem sozialen Geschlecht eingeführt. Ende der achtziger Jahre begann man die sorgfältig errichteten Differenzierungsmerkmale zwischen beiden Kategorien teilweise wieder abzutragen, und seit dem Erscheinen von Judith Butlers Buch »Gender trouble«, das 1990 in den USA erschien und bereits ein Jahr später ins Deutsche übersetzt wurde, ist es populär, von Geschlecht als sozialer Konstruktion zu reden, wobei stets offen bleibt, bis zu welchem Grad der physische Körper in diese radikale Theorie mit eingeschlossen wird.

Butler selbst hat sich niemals explizit zu diesem Thema geäußert und damit mehr Verwirrung gestiftet als mit anderen radikalen Thesen, an denen es ihren Publikationen nicht mangelt. Das Ziel ihrer Kritik und die daraus abgeleitete politische Strategie ist dagegen sehr viel einfacher auszumachen als ein definitiver theoretischer Standpunkt: Es geht primär um *gender*-Hierarchien und Zwangsheterosexualität, die mit subversivem Spiel, mit Parodie und einem performativen Wechsel von Geschlechtsidentitäten verunsichert werden sollen. Die Selbstdarstellungen von Schwulen, Lesben, Transvestiten, Transsexuellen und Intersexuellen, kurz all derjenigen, die aus der Norm heterosexueller Bipolarität herausfallen, bilden die Muster, nach dem solche spielerischen Verwirrungen inszeniert werden sollen. An die Stelle des alten feministischen Subjekts, der Frau, sind bei ihr, wie bei anderen postmodernen Feministinnen, all diejenigen getreten, die die Grenzen der Geschlechter aus unterschiedlichsten Motivationen übertreten.

Queer nennt sich eine neue, daran anknüpfende akademische Denkbewegung, in der nicht die Zugehörigkeit zu einem biologischen Geschlecht, sondern die sexuelle Praxis als Ausgangspunkt gesellschaftspolitischer Analysen fungiert. Ergänzt wird sie zunehmend durch Thesen, die von einer Personengruppe vorgetragen werden, die sich als *transgender* bezeichnet und aus Menschen besteht, die ihr Geburtsgeschlecht ablehnen und eine entgegengeschlechtliche Identität leben. Da *transgender* nur teilweise eine körperliche Geschlechtsumwandlung anstreben, besetzen sie das gesamte definitorische Feld, das mit den Begriffen Transsexualität und Travestie umrissen wird. Zwischen Schwulen, Lesben und Bisexuellen unterschiedlichster Lager, *transgender* und neuen Feministinnen herrscht nicht immer Einigkeit. Verbindend wirkt jedoch ihr gemeinsamer Angriff auf eine kognitive Grundkategorie der Gesellschaft, die Idee der menschlichen Zweigeschlechtlichkeit, die sie als ausschließlich soziale Konstruktion zu enttarnen suchen.

Untermauert werden ihre Bemühungen von GeschichtswissenschaftlerInnen wie Thomas Laqueur, Randolph Trumbach, Barbara

Duden, Alice Dreger oder Claudia Honegger, die darauf hinweisen, dass unsere Vorstellungen von Geschlecht weniger auf kognitiven Spiegelungen natürlicher Tatsachen beruhen, sondern vielmehr Produkte widerstreitender gesellschaftlicher Diskurse sind. Ihre Untersuchungen haben zutage gefördert, dass nichts schon immer war, wie es heute ist, und alles nur im jeweiligen historischen Kontext einen Sinn erhält. Unterschiedliche Auffassungen darüber, was ein Mann oder eine Frau sei, haben einander seit der Antike mehrfach abgelöst, und unser modernes Geschlechterbild hat erst in den letzten Jahrhunderten langsam Gestalt angenommen – maßgeblich beeinflusst vom Entstehen der modernen Wissenschaften, den Umwälzungen der industriellen Revolution und dem öffentlichen Auftreten von Homosexuellen im urbanen Raum.

Empirisch wird die Theorie, Geschlecht sei nicht mehr als eine soziale Konstruktion, auch von EthnologInnen unterstützt, die seit Ende der achtziger, verstärkt aber in den neunziger Jahren Beispiele für alternative Geschlechterkonzeptionen publizierten oder von Gesellschaften berichteten, in denen diejenigen, die weder Mann noch Frau waren, besondere und geachtete, manchmal sogar geheiligte Positionen einnahmen. Eine faszinierende Welt von sozialen Geschlechterentwürfen breitet sich vor den LeserInnen aus, die Träume von Entgrenzung und geheimen Wünschen nährt. Exotische Universen erstehen aus den Texten, die Ideen fremder Freiheiten beschwören und die Einschränkungen des eigenen Daseins überwindbar erscheinen lassen.

Der Fülle dieser Beschreibungen, die miteinander gemein haben, dass sie sich mit dem Anderen befassen, das als Kontrast zum Eigenen skizziert wird, steht nun seit einiger Zeit eine zunehmende Anzahl von Veröffentlichungen von Schwulen, Lesben, Transvestiten und Transsexuellen selbst gegenüber. Das Genre ist unterschiedlich, anstelle von Dokumentation und Analyse dominiert die Autobiographie, doch die intendierte Absicht ist die gleiche geblieben. Auch die AutorInnen lebensgeschichtlicher Texte suchen zu demonstrieren, dass Menschen nicht in zwei Geschlechterkategorien unterteilt werden können, sondern dass es sowohl vom politischen als vom wissenschaftlichen Standpunkt aus gesehen sinnvoller sei, von einer über die zwei hinausgehenden Zahl von Geschlechtern auszugehen. Je nach AutorIn und erforschter Gesellschaft variiert die angenommene Anzahl zwischen drei und zwölf.

Was sich auf den ersten Blick recht unkompliziert zu einer Reihe empirischer Belege für die Theorie, die Zweigeschlechtlichkeit sei im Kern eine Erfindung der westlichen Moderne, zu formieren scheint, weist beim zweiten Blick eine Reihe methodischer Probleme auf. So herrscht zum Beispiel eine heillose Verwirrung über die verwendeten Kategorien, die teilweise synonym benutzt werden, obgleich sie Unterschiedliches bezeichnen. Dies wird insbesondere bei den Begriffen Travestie und Transsexualität deutlich, die im Zentrum der Debatte stehen und die, trotz aller Anstrengungen, sie in ein definitorisches Korsett zu pressen, immer wieder entweichen, verwischen, sich der Eindeutigkeit entziehen und mit anderen Begriffen verschmelzen. Sie erscheinen in den Reden über Sodomie[1], Hermaphroditismus[2], Androgynie, Transvestismus[3] und Homosexualität, werden in Zusammenhang mit den *boy actors* der Renaissance-Theater, den Mimikry-Künstlern moderner Kabaretts und den Maskeraden des Karnevals erwähnt sowie, auf einer metaphorischen Ebene, mit den Bereichen der Parodie, der Burleske und des Grotesken assoziiert. Einige der Definitionen und Zuordnungen sind moderne Neuschöpfungen, andere gehören längst der Vergangenheit an. Niemand spricht mehr von Sodomie, außer im historischen Kontext, die Bezugnahme auf Hermaphroditus, den die verliebte Nymphe Salmacis zwang, für immer in einem Körper mit ihr vereint zu sein, weicht dem nüchternen »Intersex«, und der Begriff des »Zwitters« ist gänzlich aus dem Sprachgebrauch verschwunden. Stattdessen ist es heute ratsam, sich darüber zu informieren, was unter *drag kings*[4] und *queens*[5], FTMs[6] und MTFs[7] zu verstehen ist.

1 Zur Genese dieses Begriffs in der Geschichte über abweichende Sexualität vgl. van der Meer 1994.

2 Vgl. u. a. Foucault 1987, Herdt 1994, Hill 1935, Nanda 1994.

3 Vgl. u. a. Cornwall 1994, Lang 1990, Tietz 1998.

4 Biologische Frauen, die eine männliche Identität für sich in Anspruch nehmen und/oder auf der Bühne darstellen. *Drag kings* legen sich häufig männliche Namen zu und legen Wert auf eine maskuline Erscheinung, d. h. Haarschnitt, Kleidung, Gestik und Mimik.

5 *Drag queens* stellen das weibliche Gegenstück der *kings* dar.

6 FTM ist die in der amerikanischen Literatur übliche Abkürzung von *female-*

Die Änderung linguistischer Moden bringt nicht immer größere Klarheit, weder bei denen, die sich selbst einem Phänomen zuordnen, noch bei denen, die es erforschen. Dies scheint mir vor allem aus der Konstituierung von Subkulturen zu resultieren, in denen sich Menschen mit unterschiedlichen, von der Norm abweichenden Geschlechtsidentitäten unter einem gemeinsamen Begriff subsumieren, der mit den wissenschaftlichen Bezeichnungen nicht übereinstimmt und eine vollkommen andere Bezugsgröße herstellt. Das gleiche Problem der Übersetzung von Begriffen stellt sich in außereuropäischen und indigenen Gesellschaften. Die autochthonen Bezeichnungen sind weder identisch mit denen der westlichen Kultur und der darauf aufbauenden wissenschaftlichen Terminologie, noch besitzen sie die gleichen Adressaten. Übersetzungsversuche scheitern also daran, dass sich die Beziehung zwischen Signifikant und Signifikat als eine streng im kulturellen Kontext gebundene erweist. Assoziierungen von Phänomenen anderer Kulturen mit eigenen Begrifflichkeiten, die aus Gründen der Verständlichkeit unverzichtbar sind, stellen daher lediglich Interpretationen und nicht sinngleiche Wiedergaben dar.[8] Einige AutorInnen sind aus diesem Grund dazu übergegangen, nur noch die indigenen Begriffe zu verwenden, ein Vorgehen, das im Rahmen einer regional begrenzten Untersuchung durchaus sinnvoll ist. Für einen Vergleich mehrerer Kulturen und historischer Abschnitte eignet es sich allerdings nicht.

Kulturvergleichende Untersuchungen zur Kategorie »Geschlecht« sind mit vielen Schwierigkeiten behaftet, die sich selbst bei gutem Willen nur partiell beheben lassen. Erschwerend kommt hinzu, dass die gesamte Debatte zur Zeit eng an einen subkulturellen Identitätsdiskurs gekoppelt ist, der seine eigenen, der westlich-urbanen Welt entstammenden Ziele verfolgt und die in anderen Gesellschaften vorgefundenen Geschlechterkonzeptionen als moderne

to-male, die sich langsam auch in Deutschland durchsetzt. Gewöhnlich werden darunter biologische Frauen verstanden, die verschiedene Methoden der Manipulation ihres Körpers anwenden, um ihn zu vermännlichen. Einige FTMs nehmen Testosteron, andere lassen sich die Brüste und Genitalien operativ entfernen, und wieder andere streben eine vollkommene Geschlechtsumwandlung an. Die Grenze zu den *drag kings* ist teilweise fließend.

7 Abkürzung von *male-to-female*, das Gegenstück der FTMs.

8 Den Hinweis auf die Übersetzungsproblematik verdanke ich Carola Lentz.

Utopien interpretiert. *Gender crossing* und *gender bending* sind populäre Begriffe für solche Phänomene, und sie bedeuten innerhalb des diskursiven Rahmens, den sie produzieren, Grenzen zu verschieben, neue Räume zu öffnen und Lebensentwürfe durchzusetzen, die quer zu den hegemonialen Vorstellungen von Männlichkeit und Weiblichkeit liegen. In der feministischen Debatte und in den Selbstdefinitionen metropolitaner Schwuler und Lesben haftet diesen Begriffen ein magischer Zauber an, der vieles verspricht: ein neues Selbstbewusstsein marginalisierter Minderheiten, neue politische Allianzen und, vor allem im akademischen Bereich, ein revolutionärer Paradigmenwechsel: die Auflösung der so genannten »Kategorie« Geschlecht.

Gemeinsam ist denjenigen, die sich mit ihren Publikationen an der Debatte beteiligen, der Vorsatz, sich an einem umfassenden Emanzipationsprojekt zu beteiligen und gegen einen hegemonialen Diskurs anzuschreiben, den es dekonstruktivistisch zu enttarnen gilt. Dieser Diskurs wird entweder als westlich oder als heterosexistisch markiert, wobei sich die jeweiligen SprecherInnen selbst als in einer antikolonialen Tradition befindend oder als der homosexuellen Bewegung nahe stehend zu erkennen geben. Das angestrebte Ziel ist in jedem Fall, dem Moment von Differenz zur Anerkennung zu verhelfen und eine implizite Verbindung zu den *gender studies* der achtziger und den *postcolonial studies* der neunziger Jahre herzustellen.

Die Debatte um die Kategorie Geschlecht unterscheidet sich von anderen prominenten fächerübergreifenden Diskussionen vor allem durch die besondere Rolle sprachlicher Markierungen. Im Kern ist sie ein Problem von Definitionen, Klassifikationen und Deutungen. Judith Butler hat mit der These, dass Geschlecht rhetorisch erzeugt werde, einen Prozess in Gang gesetzt, der eine Flut rhetorischer Neukonstruktionen hervorgebracht hat, die allesamt kaum kompatibel sind und oft genug Unterschiedliches bezeichnen. Man zählt die Geschlechter einer Gesellschaft, häufig ohne genau zu benennen, was Geschlecht in den einzelnen Kontexten eigentlich ist, verwendet einmal indigene, dann wieder ethische Begriffe, rekurriert auf Geschlechterstereotypen, soziale Rollen, Körper, Metaphern und Tropen, ohne die einzelnen Ebenen zu unterscheiden, und hat so anstelle einer subversiven Verwirrung der Geschlechter eine babylonische Verwirrung der Sprache geschaffen.

Das Anliegen dieses Buches ist ein dreifaches: Zum einen besteht es in einer phänomenologischen Annäherung an verschiedene Formen von Geschlechtsrollenüberschreitung im sozialen, erotischen und physiologischen Sinn. Ich habe dafür den Begriff *gender crossing* gewählt, weil er das Moment der Überschreitung hegemonialer Geschlechterstereotypen in den Vordergrund rückt. Dies impliziert in einigen Fällen eine Herausforderung der Mehrheitsgesellschaft und kann dann eine wichtige Kraft für Prozesse sozialer Veränderung darstellen. In anderen Fällen sind *gender crossers* institutionell in die herrschende Kultur integriert und stabilisieren die geltende Geschlechterordnung. In wieder anderen Zusammenhängen sind sie als Außenseiter geduldet, nehmen aber weder im positiven noch im negativen Sinn eine besondere Rolle innerhalb der Gesellschaft ein. *Gender crossing* kann mit einer körperlichen Transgression verbunden sein, muss es aber nicht. Eine psychische Hinwendung zum anderen Geschlecht, sei sie auch nur graduell, ist sie in jedem Fall.

Ich möchte zur Klärung des Phänomens *gender crossing* beitragen, indem ich den Versuch einer Klassifizierung und Kontextualisierung von Einzelphänomenen unternehme. Dabei erscheint es mir unter anderem sinnvoll, zwischen sozialem und erotisch motiviertem Geschlechtsrollenwechsel, zwischen Travestie und Transsexualität sowie zwischen Homosexualität und Geschlechtsrollenüberschreitung zu differenzieren, selbst wenn diese Einzelerscheinungen nicht zwangsläufig voneinander isoliert sind. Dabei wird deutlich werden, wie ungeheuer vielfältig sich die historischen und kulturellen Ausformulierungen von Geschlechtsidentität, Geschlechtsrolle und die damit verbundenen Geschlechtersymboliken gestalten.

Auf einer sehr grundsätzlichen Ebene werde ich zusätzlich die Frage diskutieren, ob die in der Literatur zitierten Beispiele tatsächlich, wie der postmoderne Diskurs suggeriert, als Evidenzen für die Nichtexistenz des Zweigeschlechtermodells herangezogen werden können oder ob den Geschlechtervorstellungen der angeführten Gesellschaften nicht vielmehr ganz andere Weltbilder und Ordnungsmodelle zugrunde liegen. *Last but not least* gilt es zu eruieren, welchen Gewinn der Feminismus, als radikalste Bewegung der Egalisierung der Geschlechter, aus einer Hinwendung zum sozialen Konstruktivismus postmoderner Spielart zu erwarten hat.

Kapitel 1

Der Feminismus und das Ende der Kategorie Geschlecht

Mehr als jede andere intellektuelle Reformbewegung des zwanzigsten Jahrhunderts hat der Feminismus die gesellschaftlichen Vorstellungen über die Geschlechter verändert, die Rollen von Männern und Frauen revolutioniert und die Fundamente der sozialen Ordnung erschüttert. Als Initiator eines tief greifenden historischen Wandels war er in den dreißig Jahren seines Bestehens diesem Wandel gleichwohl selbst unterworfen. Die feministische Forschung, das akademische Standbein der Bewegung, revidierte ihre theoretischen Postulate in jeder Dekade und findet derzeitig ihr vorläufiges Ende in der so genannten postmodernen oder konstruktivistischen Wende. Eine Folge dieser Entwicklung ist die sukzessive Auflösung der Kategorie »Frau«, die in den siebziger Jahren erst als originäres Subjekt des Feminismus entworfen worden war.

Nicht alle Feministinnen sind bereit, diese Entwicklung mitzutragen, und insbesondere politische Aktivistinnen sprechen von einer Sackgasse, die maßgeblich durch die Abkopplung der universitären Forschung von der politischen Bewegung verursacht wurde. In der Debatte stehen sich manche Positionen unversöhnlich, viele aber auch ratlos gegenüber. »Konstruktivistinnen« beschuldigen »Essentialistinnen«, eine weiße Mittelklasseposition zu generalisieren und die hegemonialen Machtstrukturen unangetastet zu lassen, während »Essentialistinnen« im Gegenzug ihre »konstruktivistischen« Kontrahentinnen des politischen Muttermordes, der Anbiederung an patriarchale Philosophen und der Entkörperung der Frau bezichtigen.

Im Folgenden soll der Prozess geschildert werden, im Verlauf dessen aus dem bürgerlichen Begriff »Frau« das revolutionäre Subjekt der Frauenbewegung entstand, um gleich darauf wieder relativiert, differenziert und schließlich dekonstruiert zu werden.

1. Frauenbewegung, Frauenforschung und das feministische Subjekt

Die Frauenbewegung erwuchs Ende der sechziger Jahre in Europa und den USA aus einer sich gegen den Vietnamkrieg, die Unterdrückung von Minderheiten und den Autoritarismus in der Gesellschaft richtenden Protestszene. Ihre Zielsetzungen entwickelte sie zunächst aus der Benachteiligung von Frauen innerhalb der revolutionären Studentenorganisationen, stellte aber bald allgemeinpolitische Forderungen auf, durch die eine Veränderung der gesamtgesellschaftlichen Situation der Frauen angestrebt werden sollte. Die ersten schriftlichen Texte der Bewegung setzten noch auf Reform und Partizipation, wie das 1967 publizierte Frauenmanifest des Frauenausschusses der Nationalen Studentenorganisation der USA, in dem der Zugang von Frauen zu Führungspositionen innerhalb der Organisation gefordert wurde. 1968 erschien ein zweites Grundsatzpapier mit dem Titel »Towards a female liberation movement« (»Für eine Frauenbefreiungsbewegung«), das sich sehr viel radikaler gab und sich gegen das als zu liberal empfundene Vorgängermodell abzugrenzen suchte. Die Autorinnen, Beverly Jones und Judith Brown, kritisierten die Hoffnung, innerhalb männerdominierter Strukturen Gleichberechtigung erlangen zu können, und propagierten einen weiblichen Separatismus.

Die deutschen Feministinnen standen ihren US-amerikanischen Vorkämpferinnen nicht lange nach. Bereits im September 1968 bildete sich innerhalb des »Sozialistischen Deutschen Studentenbundes« (SDS) ein »Aktionsrat zur Befreiung der Frauen«, und eine Aktivistin, die auf der dreiundzwanzigsten Delegiertenkonferenz des SDS in Frankfurt eine Kampfrede gegen patriarchale Strukturen in den studentischen Reihen gehalten hatte, bewarf die Führer der Organisation anschließend mit Tomaten. Mit dieser symbolträchtigen Handlung hatte die Werferin stellvertretend für andere den offenen Bruch der Frauenbewegung mit der übrigen Linken vollzogen. Im November 1968 schließlich verteilte der so genannte »Weiberrat« bei der vierundzwanzigsten Delegiertenkonferenz ein Flugblatt mit der Parole »Befreit die sozialistischen Eminenzen von ihren bürgerlichen Schwänzen«.

Wie in den USA lehnten die Frauen es in den folgenden Jahren mehr und mehr ab, sich mit ihren männlichen Genossen auseinander zu setzen. Stattdessen favorisierten sie die Idee der Geschlechtersegregation in Politik und Alltag, die sie bald auch in die Praxis umsetzten. Frauenzentren und andere ausschließlich Frauen vorbehaltene Orte entstanden und fungierten bald als intellektuelle und politische Zentren.[1]

Die Vorstellung, innerhalb der herrschenden, männlich dominierten Kultur nicht repräsentiert zu sein, machte auch vor den Universitäten nicht Halt und ließ eine eigenständige feministische Forschung als zwingend erscheinen. Aktivistinnen wie Shulamith Firestone[2] und Kate Millett[3] legten Anfang der siebziger Jahre erste Analysen zur Geschichte und Struktur des Patriarchats vor, und einige Jahre später begann eine rege Publikationstätigkeit feministischer Wissenschaftlerinnen an US-amerikanischen Universitäten. Ziel der Arbeiten war es, die Grundlagen und die historische Genese der Geschlechterungleichheit zu untersuchen und so genannte »blinde Flecken« der bisherigen Forschung mit eigenen Ergebnissen zu erhellen, um Frauen aus dem Schatten der Geschichte herauszuführen und ihre gesellschaftliche Situation in den Sozialwissenschaften als ernst zu nehmenden Forschungsgegenstand zu etablieren. 1974 publizierten Michelle Zimbalist Rosaldo und Louise Lamphere einen viel beachteten Sammelband mit dem Titel *Woman, culture, and society*[4], und 1975 propagierte die Ethnologin Rayna Reiter eine *anthropology of women* als Voraussetzung eigener weib-

1 Die Trennung der feministischen von der nichtfeministischen Linken orientierte sich am Vorbild der *black power*-Bewegung, deren Vertreter schon früher die Idee einer separatistischen Kultur postuliert hatten. Vgl. Linnhoff 1974: 18.

2 Vgl. Firestone 1970.

3 Vgl. Millett 1970.

4 Hg: Lamphere, Louise/Michelle Z. Rosaldo 1974.

licher Forschungen. Sie legten damit den Grundstein zu den sich später entwickelnden »*women's studies*« oder auch »Frauenstudien«, die sich zunächst primär durch einen feministischen Fokus und weniger durch eine eigene, dezidiert feministische Methode auszeichneten.

Die in *Woman, culture, and society* sowie in Reiters *Towards an anthropology of women* versammelten Autorinnen verkörperten einen repräsentativen Querschnitt durch den wissenschaftlichen Feminismus jener Zeit und legten ein relativ geschlossenes, mit kulturvergleichenden und historischen Studien untermauertes Geschlechterkonzept vor, das die besondere Position »der« Frau für den Feminismus begründete. Dazu war es unabdingbar, sich auf eine gemeinsame Kategorie »Frau« zu verständigen. Dies geschah vor allem in Anlehnung an Simone de Beauvoirs 1949 veröffentlichtes Pionierwerk *Le deuxième sexe*, in dem ein Bild von Frauen als unterprivilegiertem Geschlecht entworfen wurde, das universelle Gültigkeit beanspruchte. Von den ersten Anfängen menschlicher Kultur bis in die Mitte des zwanzigsten Jahrhunderts, so führte de Beauvoir aus, seien Frauen von Männern verachtet, unterdrückt und auf einen ihnen nachgeordneten Platz verwiesen worden; sie seien, und damit verdichtete sie die Pluralität aller Frauen zu dem Konstrukt »der Frau«, das »zweite Geschlecht«, dem gegenüber »der Mann« das erste darstellte.[5]

Die Feministinnen der siebziger Jahre entlehnten de Beauvoir nicht nur die Kategorie ihres Identifizierungsobjektes, sondern auch ihr Handlungsprogramm. Der wohl meist zitierte Satz ihres Buches, der entscheidend zu seiner ungewöhnlichen Popularität beitrug, war: »Man kommt nicht als Frau zur Welt, man wird es.« (De Beauvoir 1994: 334) Damit war die Option auf Veränderung implizit angesprochen.[6] Obgleich de Beauvoir sich bis 1972 nicht als Feminis-

5 De Beauvoir war sich des Problems der Kategorienbildung dabei durchaus bewusst und verwies explizit darauf, dass sie keinen Archetypus, »kein unveränderliches Wesen«, kreieren wolle. Ihre Ausführung bezögen sich vielmehr »auf den gegenwärtigen Stand der Erziehung und der Sitten«. (De Beauvoir 1994: 333)

6 Ein unmittelbarer Einfluss von de Beauvoir und ihrer These vom Werden des zweiten Geschlechts kann vor allem für die Erziehungswissenschaften und die Entwicklung einer feministischen Sozialisationstheorie festgestellt werden. Vgl. u. a. Bellotti 1975 und Scheu 1977.

tin bezeichnete und einen weiblichen Sonderweg strikt ablehnte,[7] wurde *Das zweite Geschlecht* – oder besser: einige seiner Passagen – als Begründung für die Notwendigkeit des Aufbaus einer weltweit operierenden Emanzipationsbewegung interpretiert.[8]

In der Bundesrepublik Deutschland wurde auf dieser Grundlage eine Synthese zwischen Forschung und politischer Praxis entwickelt. In den Kölner »beiträgen zur feministischen theorie und praxis« publizierte die Soziologin Maria Mies im Jahr 1978 einen Aufsatz mit dem Titel »Methodische Postulate zur Frauenforschung«, in dem weiblich-feministische Wissenschaftskultur erstmals nicht nur inhaltlich, sondern auch methodisch begründet wurde. In Abgrenzung zum Primat wissenschaftlicher Objektivität meinte Mies, dass Frauenforschung, wenn sie sich nicht in den Dienst der Stabilisierung von Herrschaftsverhältnissen begeben wolle, radikal subjektiv ausgerichtet sein müsse. Wissenschaftlerinnen sollten nicht mehr distanziert-positivistisch über andere Frauen forschen, sondern sich mit den Nöten und Wünschen der Erforschten identifizieren und sich deren Sichtweisen zu Eigen machen. Aufgrund einer gemeinsamen Interessenlage würde dabei die Differenz zwischen Erforschten und Forschenden aufgehoben, denn die Forschenden seien »sowohl Betroffene, die diese Unterdrückung in gewisser Weise selbst erfahren haben, und gleichzeitig Forschende, die sich wissenschaftlich mit dieser Unterdrückung und den Möglichkeiten ihrer Aufhebung befassen«. (Mies 1984b: 10) Nur die eigene Erfahrung von Unterdrückung, so Mies, erschaffe die notwendige Sensibilisierung, um Herrschaftsmechanismen zu erfassen, und werde so zur wichtigsten Voraussetzung der Frauenforschung, wobei Wertfreiheit, Neutralität und Objektivität durch »bewußte Parteilichkeit«, Betroffenheit und »Teilidentifizierung« (Mies 1984b: 12) ersetzt würden.

7 In einem Interview mit Alice Jardine äußerte sie, 1949 der Idee angehangen zu haben, dass die Befreiung der Frau der proletarischen Revolution folge. In den frühen siebziger Jahren, als der Feminismus in Frankreich zu einer politischen Kraft wurde, revidierte sie diese Überzeugung und favorisierte das Modell einer Gleichzeitigkeit von feministischer und sozialistischer Umwälzung. Vgl. Jardine 1979.

8 Mary Dietz merkte dazu kritisch an, *Das andere Geschlecht* sei die Bibel des amerikanischen Feminismus, und wie die Bibel sei sie viel verehrt, viel zitiert, aber wenig gelesen worden. Vgl. Dietz 1992: 78.

Diese Positionierung der Forscherin sollte einen zweiten Perspektivenwechsel unmittelbar nach sich ziehen: Die »Sicht von oben«, so Mies, müsse einer »Sicht von unten« weichen. Inspiriert durch Paulo Freire[9] und eigene Erfahrungen als weiße Wissenschaftlerin mit indischen Bauern, erhob Mies einen grundsätzlichen Einwand gegen vertikale Beziehungen in der Forschungssituation und forderte Solidarisierung statt Distanz. Dies gelte insbesondere für Frauen: »Engagierte Sozialwissenschaftlerinnen können kein objektives Interesse an der ›Sicht von oben‹ haben«, schrieb sie, »weil sie sonst ihre eigene Unterdrückung als Frau, dem ältesten Oben-Unten-Verhältnis und dem Paradigma aller späteren Oben-Unten-Verhältnisse zustimmen müßten« (a. a. O.).

Solidarisierung und Identifizierung mit den Erforschten, die immer auch als Unterdrückte gedacht waren, legten den Schritt zur aktiven Teilnahme an emanzipatorischen Aktionen nahe. Im Idealfall käme es nach Mies schließlich zur »Integration von Forschung in diese Aktionen« (Mies 1984b: 13). Dieses sozialrevolutionäre Konzept, das ursprünglich von außereuropäischen Befreiungsbewegungen und den sie unterstützenden Wissenschaftlern entwickelt wurde, müsse, argumentierte Mies, auch im Kampf gegen Frauenunterdrückung angewendet werden. Mies untermauerte ihre Postulate mit einem Zitat von Mao Tse Tung, nach dem man Dinge verändern muss, um sie zu begreifen, und interpretierte die politische Aktion als Mittel des Erkenntnisgewinns. Umgekehrt sei der in die Aktion integrierte Forschungsprozess ein Bewusstwerdungsprozess für alle an der Aktion Beteiligten. Das sollte bedeuten, dass »die Entwicklung einer feministischen Gesellschaftstheorie nicht in Forschungsinstituten entstehen kann, sondern in der Teilnahme an den Aktionen und Kämpfen der Bewegung und in der theoretischen Auseinandersetzung über Ziele und Strategien dieser Bewegung«. (Mies 1984b: 16)

Sechs Jahre später, in einem Schwerpunktheft der »beiträge zur feministischen theorie und praxis« zum Thema »Frauenforschung oder feministische Forschung«, in dem die »Methodischen Postulate« ein zweites Mal veröffentlicht wurden, kritisierte Mies die Rezeption ihres Aufsatzes auf der Ebene theoretischer Argumente. Ihre

9 Vgl. Freire 1971.

Intention, eine Handlungsanleitung für die Verbindung zwischen Theorie und Aktion zu schaffen, sei nur partiell umgesetzt worden. Mies verschärfte ihre Interpretation der Postulate und redefinierte die Beziehung zwischen Forschung und Politik, um sich dann rückhaltlos zum Primat der Politik gegenüber der Wissenschaft zu bekennen: »Die Notwendigkeit, nach neuen Methoden und nach einem neuen Forschungsbegriff zu suchen, ergibt sich erst dann, wenn Frauen in den Hochschulen die Wissenschaft zu einem Kampfmittel gegen Frauenunterdrückung und -ausbeutung machen und den Status quo verändern wollen.« (Mies 1984b: 40)

Die »Methodischen Postulate« sind bis heute in verschiedenen Publikationen erschienen und ins Englische übersetzt worden. Obgleich sie, seit ihrer ersten öffentlichen Darstellung im Jahr 1976 auf dem Soziologentag in Bielefeld,[10] immer auch Widerspruch und Kritik evozierten,[11] gaben sie lange Zeit vor, was unter feministischer Methode zu verstehen sei. Mies selbst erarbeitete auf dieser Basis Theorien zu globalen Phänomenen der geschlechtlichen Arbeitsteilung (Mies 1986), Ökologie (Mies 1993) und multinationalen Ausbeutungsstrukturen. Ihre konsequente Einbindung in internationale Frauennetzwerke und die erfolgreiche Zusammenarbeit mit indischen Aktivistinnen wertete sie als Bestätigung der Praktikabilität ihres Ansatzes, den sie bis heute nie modifiziert hat.

Die Einigung auf eine gemeinsame Kategorie »Frau« und die Hoffnung auf Veränderung durch eine länderübergreifende Frauenbewegung stellten die beiden wichtigsten Verbindungsglieder zwischen den unterschiedlichen Denkrichtungen und politischen Fraktionen des Feminismus dar. Darüber hinausgehende Theorien differierten allerdings beträchtlich. Marxistinnen wie Kathleen Gough[12], Karen Sacks[13] oder Eleanor Leacock[14] rekurrierten auf den

10 Vgl. Mies 1997: 55.

11 Im Diskussionsband der »beiträge zur feministischen theorie und praxis« von 1984 plädieren beispielsweise die niederländischen Feministinnen Anet Bleich, Ulla Jansz und Selam Leydesdorff dezidiert für eine Trennung von Frauenstudien und Frauenbewegung, Wissenschaft und Politik; vgl. Bleich, Jansz, Leydesdorff 1984: 33.

12 Vgl. Gough 1974.

13 Vgl. Sacks 1974.

14 Vgl. Leacock 1981, Etienne/Leacock 1980.

Historischen Materialismus von Friedrich Engels[15] und glaubten, das Patriarchat sei erst eine relativ späte Entwicklung, die aus einem vorangegangenen Zustand von Gleichheit und Herrschaftslosigkeit hervorgegangen sei. Dem standen die Positionen radikaler Feministinnen wie Michelle Rosaldo, Louise Lamphere und Sherry Ortner entgegen, die keinerlei Evidenzen für eine nichtpatriarchale Vergangenheit aufspüren konnten.[16]

Rosaldo und Lamphere begründeten den Universalismus weiblicher Unterdrückung mit einer Trennung zwischen häuslicher und öffentlicher Sphäre, wobei die erste mit Frauen, reproduktiver Arbeit und Kindererziehung, die zweite aber mit Männern, politischer und religiöser Macht sowie dem Erwerb von Reichtum verbunden sei.[17] Ortner und Chodorow führten diese These weiter aus und suchten nach einer Erklärung, warum der häusliche Bereich mit niedrigem, der öffentlich-politische aber mit hohem Status verbunden wird. Chodorow[18] argumentierte von einer psychoanalytischen Perspektive aus und betonte die unterschiedlichen Entwicklungsmöglichkeiten für Jungen und Mädchen. Während Mädchen sich problemlos mit ihrer wichtigsten Bezugsperson, der Mutter, identifizierten und keine Trennung von affektiver Bindung und Identifikation erführen, sähen sich Jungen mit einem abwesenden Vater konfrontiert. Ihre Identifikation sei abstrakter als die des Mädchens und verliefe in erster Linie als Negation des Weiblichen. Die emotionale Bindung zur Mutter würde geleugnet und ein identifikationstaugliches Vaterimago errichtet, das sich, gerade weil es phantasmatisch und irreal sei, als Gegenbild der verdrängten weiblichen Welt eignete.

Ortners Erklärungsansatz[19] ist komplexer als Chodorows und bezieht den Bereich kultureller Analogiebildungen und Symbolproduktionen mit ein. Ihrer These nach definieren Männer die Welt und legen dabei unterschiedliche Maßstäbe für sich und Frauen an. Während sie sich selbst als Kulturträger konzeptualisieren, setzen sie

15 Vgl. Engels 1884.
16 Vgl. Rosaldo/Lamphere 1974: 3.
17 Vgl. Rosaldo 1974.
18 Vgl. Chodorow 1974.
19 Vgl. Ortner 1974.

Frauen aufgrund ihres Körpers und seiner reproduktiven Funktionen mit Natur gleich. Da Natur im Vergleich mit Kultur immer als das niedrigere gelte, hätten Frauen einen geringeren Status als Männer.

Ortner erweist sich hier als konsequente Schülerin de Beauvoirs. Jene hatte, ungeachtet ihres Postulats, dass Frauen nicht von Natur aus unterprivilegiert sind, sondern gesellschaftlich dazu »gemacht werden«, einen essentialistischen Ansatz verfolgt, der auf der Inferiorität des weiblichen Körpers basiert. Durch permanente Schwangerschaften, Geburten und die Menstruation, so schrieb sie in einem historischen Rückblick auf die Anfänge der Menschheit, hätten sich Frauen in der Vergangenheit als in ihrer Arbeitsfähigkeit behindert und zur Verteidigung gegen Feinde ungeeignet gezeigt. Zum Überleben seien sie auf den Schutz der Männer und die von ihnen erlegte Jagdbeute angewiesen gewesen. Sie hätten nur minderwertige Beiträge für den Erhalt der Gesellschaft geleistet und daher keine gesellschaftliche Achtung erwerben können. Denjenigen, die den Einwand brachten, Frauen hätten eine wichtige Rolle als Produzentinnen der nachfolgenden Generationen innegehabt, hielt sie entgegen: »Im Verhältnis zu den Ressourcen der Gemeinschaft wurden zu viele Kinder geboren. Die unsinnige Fruchtbarkeit der Frau hinderte sie daran, sich aktiv an der Vermehrung dieser Ressourcen zu beteiligen, während sie unaufhörlich neue Bedürfnisse schuf. Sie war zwar notwendig für die Fortpflanzung der Art, pflanzte sie aber allzu reichlich fort: das Gleichgewicht zwischen Reproduktion und Produktion wurde vom Mann aufrechterhalten. So hatte die Frau nicht einmal das Privileg, gegenüber dem schöpferischen Mann die Lebenserhaltende zu sein; sie spielte nicht die Rolle des Eies gegenüber dem Spermatozoon, des Uterus gegenüber dem Phallus; sie hatte nur Anteil an dem Bestreben des Menschengeschlechts zu überdauern, aber dieses Bestreben war nur dank dem Mann wirklich erfolgreich.« (De Beauvoir 1994: 87 f.)

Gebären und Stillen, so führte sie aus, seien die wichtigsten Tätigkeiten der Frauen in frühen Gesellschaften gewesen, diese seien aber »keine Aktivitäten, sondern natürliche Funktionen« (De Beauvoir 1994: 88 f.), aus denen sich kein Stolz ableiten ließe. Der Mann dagegen, der wirkliche *homo faber*, sei »von Anbeginn der Zeiten ein

Erfinder« (De Beauvoir 1994: 89), der die Welt nach seinem eigenen kreativen Entwurf verändert habe. Die Frau sei der Immanenz verhaftet gewesen, während der Mann die Wirklichkeit durchdrang und transzendierte.

In ihrem Aufsatz hat Ortner den schwierigen Versuch unternommen, de Beauvoir zu folgen, gleichzeitig aber die Strenge ihrer Gedankenführung zu relativieren. Bei ihr liest sich die Determinierung der Frau durch ihren Körper folgendermaßen: »Der Körper der Frau und seine Funktionen, mehr und länger mit dem ›Leben der Spezies‹ verstrickt, scheinen sie naturnäher zu plazieren, im Gegenteil zur Physiologie des Mannes, die ihm die Freiheit gibt, sich den Projekten der Kultur zuzuwenden.« (Ortner 1974: 72) Wie de Beauvoir ist Ortner überzeugt, dass der Körper Frauen von der Teilnahme am Prozess der Kultur abhalte oder sie zumindest behindere, in jedem Fall aber pathologisiere. In Übereinstimmung mit de Beauvoir reduzierte sie die Rolle der Frau in der Gesellschaft[20] weitgehend auf die Reproduktion der Gattung und die damit unmittelbar zusammenhängende häusliche Versorgung, ein Bereich, der schon deshalb als minderwertig gelte, weil er mit den Funktionen eines minderwertigen Körpers assoziiert werde. Zwar übernimmt Ortner nicht de Beauvoirs These von der Frau als nutzloser Verursacherin von Überbevölkerung, doch differenziert sie männliche und weibliche Arbeit in einer Weise, die ebenfalls stark an *Das zweite Geschlecht* angelehnt ist. Dem Mann, so ihr Argument, ermangele es an natürlichen schöpferischen Funktionen, daher entwickele er eine äußere, künstliche Kreativität mithilfe von Technik und Symbolen. »Indem er dies tut, erschafft er relativ dauerhafte, ewige, transzendentale Dinge, während Frauen nur Vergängliches kreieren – menschliche Wesen.« (Ortner 1974: 75)

Trotz dieser recht stringent ausgeführten Argumente und der wiederholten Rückversicherung bei den Schriften von de Beauvoir befand sich Ortner mit ihrer Theorie in einem Dilemma. Einerseits wollte sie eine schlüssige Ursache für die weltweite Subordination

20 Es wird nicht deutlich, ob sie sich hier auf vorindustrielle Gesellschaften bezieht oder ob ihre Thesen auch Gültigkeit für westliche Industriegesellschaften beanspruchen.

der Frauen vortragen, andererseits aber den Weg für Veränderungen freimachen. De Beauvoir sah die Lösung der Frauenfrage in der proletarischen Revolution, die alle anderen Verhältnisse von Knechtschaft und Unfreiheit beenden würde, und in einer strengen Negierung des Körpers durch die Frauen. Ablehnung von Mutterschaft, Konzentration auf das Intellektuelle und der Versuch, dem Mann in seiner Männlichkeit gleich zu werden, waren ihre Konzepte, denen sie während ihres eigenen Lebens nachzukommen suchte. Ortner, als Feministin der siebziger Jahre, konnte sich solche Konsequenzen nicht zu Eigen machen, und so blieb ihr nur die Option einer Relativierung der radikalen Thesen de Beauvoirs. Es sei nicht wirklich so, resümierte sie, dass Frauen der Natur näher seien als Männer, vielmehr scheine es nur so. Das Ganze sei nämlich »eher ein Konstrukt der Kultur als eine Tatsache der Natur. Frauen sind der Natur nicht ›in Wirklichkeit‹ näher als Männer … Aber es gibt einige Gründe, weshalb sie so erscheinen.« (Ortner 1974: 87)

2. Das Paradigma der Differenz

Die halbherzige Rücknahme der zuvor mit großem Eifer und vielen Beispielen unterlegten Theorie konnte nicht verhindern, dass sich eine Reihe prominenter Fachkolleginnen von Ortner distanzierten. Carol MacCormack und Ludmilla Jordanova bezichtigten sie des Ethnozentrismus sowie der unkritischen Generalisierung abendländischer Ideen von Männlichkeit und Weiblichkeit, die kaum geeignet seien, die Geschlechterverhältnisse in außereuropäischen Gesellschaften abzubilden.[21] Dass jene Weiblichkeit nämlich keineswegs mit Natur gleichsetzten, zeigten die Ergebnisse empirischer Studien von Feldforscherinnen wie Jane Goodale, Gillian Gillison und Marilyn Strathern.

Goodale, die mehrere Jahre beim Volk der Kaulong auf Neu-Britannien geforscht hat, beschreibt die symbolische Opposition zwischen Natur und Kultur, die für die Kaulong zu den kognitiven Grundpfeilern ihrer Gesellschaft gehört, als vollkommen geschlech-

21 Vgl. Jordanova 1980, MacCormack 1980.

terunabhängig. Natur, das sei der Wald, und dieser werde, wie die besiedelte Lichtung, das Sinnbild der Kultur, Männern und Frauen gleichermaßen zugeordnet. Die symbolische und räumliche Dichotomie verlaufe nicht zwischen den Geschlechtern, sondern orientiere sich am Gegensatz »verheiratet« – »unverheiratet«, der seine Wurzeln in der unterschiedlichen Assoziation mit Sexualität habe. Sex sei stark tabuisiert, gelte als unmoralische Handlung, als »tierischer Akt« (Goodale 1980: 139) und sei nur innerhalb der Ehe zum Zweck der Erzeugung von Kindern erlaubt. Außerhalb und vor der Ehe werde er streng sanktioniert und teilweise sogar mit dem Tod geahndet. Sexuell aktive Personen, und als solche gelten alle Verheirateten, würden daher mit dem Wald assoziiert und kulturell marginalisiert. Dies beträfe aber Männer wie Frauen – ein Unterschied sei nicht auszumachen.

Darüber hinaus erschaffe man gewichtige Differenzen zwischen den Geschlechtern, die sich in erster Linie aus einer besonderen Konzeptualisierung des weiblichen Körpers ableiten lassen. Die Kaulong glauben, dass Menstruationsblut und vaginale Flüssigkeiten eine verheerende Wirkung auf Männer haben. Bei unvorsichtigem Kontakt fürchten sie den Verlust von Kraft und Gesundheit, Verwundbarkeit im Krieg und ein frühzeitiges Altern. Aus diesem Grund meiden sie allzu häufigen Umgang mit Frauen und heiraten möglichst spät.

Die Kaulong stehen mit dieser Vorstellung vom Frauenkörper als Ort von Gefahr und Unreinheit nicht allein. Vielmehr handelt es sich, wie ein interkultureller Vergleich von neunzehn Gesellschaften in Neuguinea zeigt[22], um eine regional weit verbreitete Konstruktion eines antagonistischen Geschlechtermodells. Dies legt allerdings, anders als Goodale annimmt, die Vermutung nahe, dass die negative Bewertung der Sexualität in erster Linie auf einer Abwertung des Frauenkörpers basiert und dass daraus letztendlich die Identifizierung der Verheirateten mit dem Wald resultiert.

Eine vollkommen andere Wertschätzung von Natur praktizieren die Gimi, eine Population, die im Hochland von Papua-Neuguinea ansässig ist. Auch hier ist Natur gleichbedeutend mit dem

22 Vgl. dazu: Schröter 1994.

Wald, und das Dorf, der vom Wald befreite Raum, gilt als Ort der Kultur. Dörfer werden mit Frauen assoziiert. Sie sind das Geschlecht, das kultiviert, das Nutzpflanzen, Schweine und Kinder heranzieht, allesamt Wesen, die kontinuierlicher Pflege und Betreuung bedürfen und nicht von alleine gedeihen. Kultur ist das Produkt weiblicher Arbeit in und außerhalb des Hauses.

Männer dagegen fühlen sich zum Wald hingezogen. Er wird mit männlicher Kraft und Autonomie identifiziert und bildet eine Gegenwelt zum kulturell-domestizierten Weiblichen. Wald ist ein Synonym für Wildheit, die Wildnis und das Wilde, Begriffe, die zu einer zentralen kognitiven Kategorie der Gimi gehören und an der verschwenderischen Fülle der Pflanzen und Tiere im Regenwald orientiert sind. Im Gegensatz zur Kultur der Frauen, die mit harter Arbeit mühsam erschaffen werden müsse, sagen die Gimi, bringe der Wald seine Früchte von selbst hervor. Er reproduziere sich ohne Hilfe von Frauen, in Form einer männlichen Parthenogenese und sei daher nicht beschmutzt von den unreinen Säften des weiblichen Körpers, von denen das Menstruationsblut den Unheilvollsten darstelle.

Doch Wald ist nicht nur die Zauberwelt der männlich-autonomen Fruchtbarkeit, er stellt auch die Grenze zwischen der profanen und der spirituellen Welt dar. In den Wald gehen die Seelen der Männer nach dem Tode ein, um dort ein kollektives Reservoir immaterieller männlicher Kraft zu konstituieren. Die sichtbare unkultivierte Welt des Waldes und die transzendente des Jenseits werden mit dem Begriff *kore* bezeichnet. Der wilde Eber ist *kore*, und der männliche Ahn ist *kore bana*, der wilde Mann. *Kore* ist ein Ehrentitel, Gillison vergleicht ihn mit dem britischen *Sir*. Frauen können ihn nicht beanspruchen, denn sie gelten als unrein und minderwertig. Ausnahmen bilden einige alte Frauen, vorzugsweise Ritualführerinnen, die einen symbolischen Geschlechtswechsel vollzogen haben und von denen man sagt, sie seien »wie Männer«.[23] Die Verleihung des Titels *kore* garantiert der Ausgezeichneten allerdings noch lange keine postume Aufnahme in das waldige Jenseits, und nur eine Minderheit von ihnen bleibt auch nach dem Tod *kore*.

23 Vgl. Gillison 1980: 44.

Frauen erhalten, das wird aus dem Beschriebenen deutlich, keine große Wertschätzung als Kulturschaffende. Anders als de Beauvoir und Ortner vermuten, erwächst aus der Arbeit für die Gemeinschaft, dem Kultivieren von Pflanzen und Nutztieren nicht zwangsläufig das Anrecht auf eine dominante soziale Position. Männer sind auch bei den Gimi das herrschende Geschlecht. Sie kontrollieren die Grenzen, innerhalb deren Frauen und Kinder sich bewegen, und sie allein überschreiten diese Grenzen, um zu jagen, Krieg zu führen, Allianzen zu schmieden oder geheime Zeremonien im Wald auszuüben.[24] Ihr Herrschaftsanspruch legitimiert sich durch ihre Wildheit, dadurch, dass sie nicht Kultur sind, sondern dem Wald angehören. Hier finden sie Reinheit, überfließende, parthenogenetische Fruchtbarkeit und Unsterblichkeit.

Die Hagen, eine andere Gruppe, die das Hochland Papua Neuguineas bewohnt, assoziieren Männer ebenfalls mit dem Wald und seinen spirituellen Kräften, Frauen aber mit dem Dorf und den von ihnen bearbeiteten Feldern. Die britische Ethnologin Marilyn Strathern, die dort, zusammen mit ihrem Mann, viele Jahre geforscht hat, lehnt es aber ab, von einer die *gender*-Kategorien beeinflussenden Natur-Kultur-Dichotomie zu sprechen. Das indigene Klassifizierungssystem der Hagen, so führt sie aus, sei sehr viel komplizierter, als dass es sich in ein einfaches binäres Muster pressen ließe. Weder Männer noch Frauen werden einem Bereich vollständig zugeordnet. Im Hinblick auf ihre Affinität zum Wald sind Männer wild (*rømi*), doch bezüglich ihrer sozialen Eigenschaften rechnet man eher Frauen zum kognitiven Feld *rømi*, da man glaubt, dass Frauen autonomer handeln und sich der Gemeinschaft weniger verpflichtet fühlen. Das hat einige triftige Gründe:

Die Hagen sind patrilinear und virilokal organisiert, was bedeutet, dass eine Gruppe verwandter Männer zusammen einen Ort bewohnt. Sie haben ein ausgeprägtes Gruppenbewusstsein, das durch den Zusammenschluss in Kultgemeinschaften noch verstärkt wird. Frauen gehören keiner kollektiven Verbindung an. Als Fremde im Dorf ihrer Männer werden sie ihrem Mann zugeordnet und müssen sich nach ihrer Heirat in einer fremden Umgebung zurecht-

24 Vgl. Gillison 1980: 146.

finden. Sie sind strukturell stark individualisiert, während Männer die kollektiven Bezüge ihrer Kindheit bis zu ihrem Lebensende beibehalten. Anders als Frauen, die für die reproduktiven Aufgaben zuständig sind, agieren Männer im öffentlichen Raum. Sie betreiben Handel, pflegen Kontakte mit anderen Gruppen und geben Verdienstfeste, um ihren Status zu erhöhen. Dabei präsentieren, tauschen und schlachten sie eine große Anzahl von Schweinen, die von ihren Frauen aufgezogen wurden. Männer, die sich in diesem als sozial bezeichneten Raum als erfolgreich (*nyim*) erweisen, erwerben Prestige; Frauen, die keinen Zugang zu Prestige haben, gelten als wertlos (*korpa*).

Wenn es eine fundamentale Differenz zwischen Männern und Frauen bei den Hagen gibt, so Strathern, dann sei es die Beziehung zwischen Prestige und Wertlosigkeit.[25] Allerdings beruhen diese Attribute nicht auf reinen Zuschreibungen, sondern bis zu einem gewissen Grad auch auf dem persönlichen Verhalten der Individuen. So können Männer, die sich ihren sozialen Verpflichtungen entziehen, die faul und ohne Antriebskraft sind, durchaus als wertlos gelten, während verantwortungsbewusste, arbeitsame Frauen, die sich durchzusetzen wissen, Prestige erwerben können. In solchen Fällen pflegt man zu sagen, jemand sei, »wie eine Frau« oder »wie ein Mann«.[26]

Die Beispiele, die die Ethnologinnen in dem stark diskutierten Buch zusammengetragen hatten, sollten das Primat einer universalistischen Unterdrückungstheorie in seinem Kern erschüttern und einen fundamentalen Paradigmenwechsel einleiten. Die Idee einer universellen patriarchalen Struktur, die Frauen aller Länder gleichermaßen benachteiligte, ließ sich vor dem Hintergrund dieser Publikationen ebenso wenig aufrechterhalten wie die Vorstellung einer standardisierten Weiblichkeit, an die die Utopie einer *global sisterhood* anknüpfte. Goodale, Gillison und Strathern hatten gezeigt, dass symbolische Systeme in außereuropäischen Gesellschaften sich nicht in einfache, im Westen entwickelte Dichotomien pressen lassen, sondern mit eigenen Analogien, Metaphern und Tropen

25 Vgl. Strathern 1980: 216.
26 Vgl. Strathern 1981: 179.

arbeiten. Strathern hatte zudem darauf hingewiesen, dass Männer und Frauen nicht *per se* einen bestimmten Status in der Gesellschaft einnehmen, sondern diesen Status durch respektable Handlungen erwerben müssen. Dadurch können Unterschiede zwischen den Geschlechtern nivelliert werden, gleichzeitig aber Hierarchien innerhalb einer Geschlechtskategorie entstehen. Nicht alle Männer der Hagen besitzen Reichtum und Ansehen, nicht alle Frauen sind ohne Einfluss.

Ähnliche Ergebnisse zeigte auch eine vergleichende überregionale Untersuchung von Martin Whyte[27] zum Status von Frauen in vorindustriellen Gesellschaften. Nach Whyte lassen sich aus den Feldforschungsdaten keine generalisierbaren Thesen ableiten, vielmehr sei eine bemerkenswerte Diversivität zu vermerken, die zudem von den Forscherinnen in sehr unterschiedlicher Weise bewertet würde.

Strathern, Whyte und andere schärften den Blick für Unterschiede, die im feministischen Aufbruch bislang keine Beachtung gefunden hatten. Sie argumentierten gegen Simplifizierungen und vorschnelle Generalisierungen und votierten stattdessen für die Beachtung des jeweiligen Kontexts, in dem Geschlecht hergestellt wird. Differenz war ihr Gegenkonzept zu feministischen Universalismen, und Differenz sollte das Zauberwort für die neue Richtung feministischer Forschung werden, die sich fortan, in Abgrenzung zur vorangegangenen Frauenforschung, Geschlechterforschung oder *gender studies* nannte.

Diese wissenschaftliche Positionsverschiebung traf sich mit der Aufkündigung einer verallgemeinernden »Wir-Frauen«-Rhetorik durch schwarze und nichtwestliche Frauen wie Angela Davis[28] (1981), Bell Hooks[29] oder Chandra Mohanty[30], die ihre weißen feministischen Kolleginnen bezichtigten, nicht generalisierbare weiße Mittelstandstheorien zu produzieren und diese in kolonialer Attitüde ihren marginalisierten Schwestern überzustülpen. Schon Anfang der siebziger Jahre hatten schwarze US-amerikanische Aktivistinnen

27 Vgl. Whyte 1978.
28 Vgl. Davis 1981.
29 Vgl. Hooks 1982, 1989, 1990, 1992.
30 Vgl. Mohanty 1984.

wie Toni Morrison[31], Maryanne Weathers[32] oder die Frauen des »Women's Caucus« der Organisation »Youth Against War and Fascism«[33] auf die unterschiedlichen Lebensbedingungen schwarzer und weißer Frauen in den Vereinigten Staaten hingewiesen und einen Sonderweg schwarzer Feministinnen propagiert. Sie betonten die Bedeutung des Kampfes gegen Rassismus, der für sie die gleiche Priorität hatte wie die Aktivitäten gegen Sexismus und formulierten einen eigenen Standpunkt, der die Frauenfeindlichkeit schwarzer männlicher Aktivisten ebenso kritisierte wie den Rassismus weißer Feministinnen.[34] Obwohl schwarze und weiße Feministinnen in vielen politischen Fragen einer Meinung seien, schrieb Deborah King 1989 in der Zeitschrift »Signs«, habe der Feminismus schwarze Frauen ausgeschlossen und ihre Erfahrungen und Interpretationen von Wirklichkeit nicht ernst genommen.[35] Schwarze Frauen seien keine hilflosen Opfer der Verhältnisse, die erst durch den Kontakt mit weißen Feministinnen befreit werden könnten, sondern kraftvolle Persönlichkeiten, die ihre Stärke gerade in der Auseinandersetzung mit Armut, Rassismus und Frauenfeindlichkeit entwickelten. Anders als die privilegierten weißen Mittelständlerinnen seien sie wirkliche Revolutionärinnen, deren Befreiung nur durch eine vollständige Umwälzung der Verhältnisse herbeigeführt werden könne.

Von dieser Analyse ausgehend ergaben sich für schwarze Aktivistinnen andere politische Strategien als für weiße Feministinnen. Während weiße Frauen eine von Männern separierte politische Struktur zum Dogma erhoben, waren schwarze Frauen häufig nicht nur offen für eine Zusammenarbeit mit männlichen Aktivisten oder gemischtgeschlechtlichen Organisationen wie den Black Panthers, sondern strebten diese gezielt an. Selbst lesbische schwarze Feministinnen wie Audre Lorde[36] und Anita Cornwell distanzierten sich niemals von schwarzen Männern, sondern beschrieben voller Anteilnahme deren Kämpfe um Identität in einer von Weißen domi-

31 Vgl. Morrison 1971.
32 Vgl. Weather 1970.
33 Vgl. YAWF Women's Caucus 1970.
34 Vgl. auch Firestone 1970.
35 Vgl. King 1988.
36 Vgl. Lorde 1988.

nierten Welt oder beschworen die Einheit aller Schwarzen im Angesicht rassistischer Unterdrückung. »Wenn die Schießerei anfängt«, schreibt Cornwell, »ist jeder Schwarze ein hübsches Wild (*fair game*). Die Kugeln schert es nicht, ob ich mit einer Frau oder einem Mann schlafe, ihr einziges Ziel ist, mich für immer schlafen zu legen.« (Cornwell 1983: 30) Anders als weiße Feministinnen reduzierten schwarze ihren Forschungsgegenstand nicht auf Frauen, sondern befassten sich häufig mit dem Verhältnis zwischen den Geschlechtern oder sogar explizit mit Männern.[37] Eine Minderheit der schwarzen Feministinnen, so genannte Afrozentristinnen, distanzierte sich sogar ganz von den Zielen des weißen Feminismus und entwickelte stattdessen die Idee eines autochthonen afrikanischen Feminismus, der auf der Idee eines präkolonialen afrikanischen Matriarchats basierte,[38] das sich in den USA bis auf den heutigen Tag in schwarzen Kirchen und Familien erhalten habe.[39]

Die Vorstellung, dass die Diversivität der Kulturen eine Diversivität der Geschlechterbeziehungen nach sich ziehen könne, entsprach, wie bereits erwähnt, auch der Theorie der Feministinnen, die sich auf den historischen Materialismus eines Friedrich Engels beriefen. Im feministischen *mainstream* der siebziger Jahre waren diese Arbeiten vergleichsweise marginal, doch mit dem Aufkommen des Paradigmas der Differenz sollte sich das ändern. Ältere Publikationen wurden wieder gelesen und neuere Forschungen erbrachten neue Ergebnisse. An die Stelle einer universalistischen Unterdrückungslehre trat die Suche nach den nichtpatriarchalen Gesellschaften und nach der verborgenen Stärke von Frauen in patriarchalen Zusammenhängen. Für den zuletzt genannten Schwerpunkt sollen hier beispielhaft die Arbeiten der Ethnospychoanalytikerin Maya Nadig[40] in Mexiko und der Orientalistin Camille Lacoste-Dujardin in Marokko[41] angeführt werden.

Nadig untersuchte, inwieweit Frauen in einer Umgebung, die von Männlichkeitskult und männlicher Dominanz geprägt ist,

37 Vgl. Hooks 1990, 1992.
38 Vgl. Amadiume 1987, 1997.
39 Vgl. Collins 1989.
40 Vgl. Nadig 1986.
41 Vgl. Lacoste-Dujardin 1990.

Selbstvertrauen und Autonomie entwickeln können, und führte zu diesem Zweck psychoanalytische Gespräche mit verschiedenen Frauen, eine Methode, die es ihr erlaubte, das Individuum in den Mittelpunkt ihrer Analyse zu stellen und Differenzen zwischen den Frauen deutlich zu machen. Ihr Augenmerk lag vor allem auf den »subjektiven Lösungs- und Machtstrategien« (Nadig 1986: 29), mit denen Frauen ihre eigenen Ziele in einer Umwelt verfolgen, die sie tendenziell benachteiligt. Dabei entdeckte sie, dass der *machismo* keine ausschließlich von Männern zur Schau getragene Dominanzgeste darstellt, sondern von Frauen mitinitiiert wird. Die spielerische Inszenierung männlicher Stärke und ein sich daraus ableitendes männliches Selbstbewusstsein sei es gerade, die weibliche Autonomie möglich mache. Frauen, so ihre Schlussfolgerung, verzichten auf direkte Macht, konstruieren aber stattdessen einen kulturellen Frauenraum, der gleichzeitig ein Freiraum des Denkens und Fühlens darstelle.[42]

Lacoste-Dujardin richtete ihr Augenmerk weniger auf einzelne Frauenpersönlichkeiten und die Wahrnehmung ihrer individuellen Machtchancen als auf die Interaktion zwischen verschiedenen Gruppen von Frauen. Ihr Buch trägt den Titel *Mütter gegen Frauen* und rekurriert auf die Machtposition von Müttern gegenüber ihren Söhnen und ihren Schwiegertöchtern im Maghreb. Machtlos, so Lacoste-Dujardin, sei die Frau nur als Unverheiratete oder als jüngste Schwiegertochter im Haus ihres Ehemannes. Mit jedem Sohn, den sie gebäre, wachse aber ihr Einflusspotenzial und Ansehen, bis sie als Schwiegermutter den Zenit ihrer sozialen Karriere erreiche.

Trotz einer Segregation der Geschlechter, das wird aus Lacoste-Dujardins Ausführungen deutlich, verläuft die zentrale Konfliktlinie nicht zwischen Männern und Frauen. Im Zentrum des sozialen Lebens steht die Mutter-Sohn-Dyade, eine tiefe emotionale Beziehung, die auf Gegenseitigkeit beruht und die mit keiner anderen sozialen Bindung vergleichbar ist. Durch den oder die Söhne erwirbt eine Frau alles, was sie im Leben erreichen kann: Prestige, Liebe, Entlastung von harter Arbeit und Einfluss. Am unteren Ende der gesellschaftlichen Hierarchie dagegen steht die junge Schwiegertochter, die, ihrer eige-

42 Vgl. Nadig 1986: 388.

nen Familie entrissen, ein sklavinnenähnliches Dasein führt und vor allem unter der Tyrannei der Schwiegermutter zu leiden hat.

Neben Fallstudien intrakultureller Geschlechterdifferenzen, wie sie von Nadig und Lacoste-Dujardin durchgeführt wurden, wurden in den achtziger Jahren Arbeiten veröffentlicht, die die Methode des interkulturellen Vergleichs von Geschlechterbeziehungen anwandten, um generalisierbare Aussagen zur Konstruktion von Geschlecht zu erhalten. Auch in diesen Untersuchungen ging es vorrangig um Macht, oder genauer: um die Eruierung von Faktoren, die die Gestaltung der geschlechtsspezifischen Machtverhältnisse beeinflussen. Für die feministische Diskussion sollten vor allem die so genannten nichtpatriachalischen, geschlechtssymmetrischen oder komplementären Gesellschaften an Bedeutung gewinnen. Der Universalitätsanspruch der Patriarchatstheoretikerinnen war seit langem entkräftet, und die Matriarchatstheorien konnten sich wissenschaftlich niemals durchsetzen.[43] So schälte sich ein »dritter Weg« heraus, der vielleicht deshalb so populär wurde, weil er mit eigenen politischen Utopien so gut vereinbar war.

Im deutschsprachigen Raum wurde die Debatte von der Bonner Soziologin Ilse Lenz und der Berliner Ethnologin Ute Luig initiiert. 1990 publizierten die beiden Wissenschaftlerinnen einen Sammelband mit dem bezeichnenden Titel »Frauenmacht ohne Herrschaft«, in dem sie eine geschlossene Theorie sowie einen Kriterienkatalog für nichtpatriarchalische Gesellschaften aufstellten. Ihre Ausgangsthese behauptete, dass Frauen nicht nur »Listen der Ohnmacht«[44] praktizieren, Selbsterhaltungsmechanismen, mit denen sich kleine Freiräume in männerdominierten Gesellschaften verschaffen lassen, sondern dass sie, wie Männer, Strategien entwickeln, mithilfe deren sie Macht in ökonomischen, sozialen und kul-

43 Außerhalb der Universitäten hatten diese Theorien einen weit größeren Einfluss, und die Schriften von Forscherinnen wie Maria Gimbutas, die auf der Grundlage eigener archäologischer Grabungen die Existenz eines neolithischen Matriarchats in Europa nachweisen wollte, oder Heide Göttner-Abendroth, die einen mehrbändigen Zyklus über zeitgenössische Matriarchate herausgibt, finden einen weiten Käuferinnenkreis.

44 Nach einem Begriff von Claudia Honegger, die dieses Konzept weiblicher Selbstbehauptung in einem Sammelband darlegte. Vgl. Honegger/Heintz 1981.

turellen Beziehungen erlangen. Der von den Autorinnen verwendete Machtbegriff differiert allerdings erheblich von dem, den Ortner, Lamphere und Rosaldo fünfzehn Jahre zuvor entwickelt hatten. Er richtet sich nicht primär auf eine Person, über die Macht ausgeübt werden soll, sondern auf Prozesse und Ressourcen und impliziert in erster Linie Autonomie und Handlungsspielräume.[45] In zahlreichen empirischen Untersuchungen, so Lenz, zeige sich nämlich, »dass formale politische Macht nur einen Teilbereich der gesamtgesellschaftlichen Machtfelder darstellt«. (Lenz 1990: 38) Sie schlägt eine Erweiterung des Begriffs vor, der diesen in gleichgewichtige strategische Felder aufsplittet: die Produktion, die Reproduktion, die Sexualität und die symbolische Ordnung. Die so definierte Macht sei polyzentrisch, multifokal und sammele sich in vielen Brennpunkten. Wenn nun zwischen den einzelnen Feldern Balance ohne einseitiges Dominanzverhältnis herrsche, könne man von Geschlechtersymmetrie sprechen. Diese sei weder statisch noch friedvoll, sondern basiere auf einem permanenten Aushandeln unterschiedlicher Interessen. »Das Spannende an dem Konzept der Geschlechtssymmetrie ist«, resümiert Lenz, »daß es offen für Unterschiede zwischen Frauen und Männern, zwischen Frauen und Frauen oder Männern unter sich ist, ohne daß daraus Diskriminierung oder Herrschaft folgen muß.« (Lenz 1990: 59)

Lenz und Luig wurden niemals ins Englische übersetzt und hatten daher keinen Einfluss auf die internationale Debatte. Diese wurde zur gleichen Zeit, ohne Kenntnis der Theorie von geschlechtssymmetrischen Gesellschaften, von Südostasienwissenschaftlerinnen in eine ähnliche Richtung gelenkt. Shelly Errington hatte in einem von ihr und Jane Monning Atkinson herausgegebenen Sammelband eine These von Penny van Esterik[46] aufgegriffen, nach der südostasiatische Gesellschaften sich durch ein großes Maß an Gleichheit zwischen den Geschlechtern auszeichnen, und diese theoretisch ausdifferenziert. Errington unterteilt die Gesellschaften des südostasiatischen Archipels in zentristische Gesellschaften[47] und Tauschgesell-

45 Vgl. Lenz 1990: 47.

46 Vgl. Esterik 1982.

47 Errington definiert zentristische Gesellschaften als egalitär, nichthierarchisch und an dem Begriff »Einheit« orientiert. Vgl. Errington 1990: 4.

schaften[48]. Die ersten, vorwiegend im westlichen Indonesien angesiedelt, neigen nach Auffassung der Autorin dazu, Unterschiede zwischen den Geschlechtern rituell, ökonomisch und in der Kleidung herunterzuspielen. Das Verwandtschaftssystem sei bilateral, und Frauen und Männer gelten in vielerlei Hinsicht als identisch oder komplementär. Das bedeute nicht *a priori*, dass Männer und Frauen in der Praxis gleich seien, und Atkinson bemerkt anhand ihrer eigenen Erfahrungen auf Sulawesi, dass die alltäglichen Verpflichtungen Frauen oft von der Übernahme prestigereicher Funktionen abhalten.[49] Tauschgesellschaften dagegen, zu denen das östliche Indonesien und Teile Sumatras gerechnet werden, betonten den Unterschied zwischen Männlichem und Weiblichem wie auch andere Oppositionen (rechts und links, Erde und Himmel, innen und außen), die immer paarweise erscheinen müssen, um Ganzheit herzustellen.[50] Auf der Ebene der Gottheiten können männliche und weibliche Attribute in einer Figur vereint sein, was zu Doppelnamen oder der Anrede Mutter-Vater führen kann. Für die menschliche Praxis dagegen sei eine Trennung von Männern und Frauen zum Zweck der Aufrechterhaltung von Tausch- und Allianzbeziehungen unerlässlich.[51]

Wie die Idee von Einheit und Gleichheit in zentristischen Gesellschaften nicht zwangsläufig zu Egalität zwischen Männern und Frauen führt, so produziert auch das Muster der komplementären Oppositionen nicht automatisch Geschlechtersymmetrie im Sinne von Lenz und Luig. Häufig kann man einen Ausschluss oder teilweisen Ausschluss von Frauen aus den Sektoren Politik und Ritual fest-

48 Tauschgesellschaften bestehen aus separaten tauschfähigen Gruppen, die oft in einer festgelegten hierarchischen Beziehung zueinander stehen.

49 Vgl. Atkinson 1990.

50 Vgl. Errington 1990: 39.

51 Tauschbeziehungen sind in diesen Gesellschaften das wichtigste Mittel zum Erhalt von Allianzen zwischen Gruppen. Die Beziehungen, die zum Teil nach streng festgelegten Regeln verlaufen, werden durch Heiraten initiiert, bei denen die Gruppe der so genannten »Frauengeber« als männlich identifizierte Güter (Wasserbüffel und Gold) an die Gruppe der »Frauennehmer« übergeben, die darauf als weiblich identifizierte Gaben (gewebte Stoffe und Reis) zurückschenken. Bei allen rituell bedeutsamen Anlässen werden solche Beziehungen durch weitere Überreichungen bestätigt und erneuert.

stellen, die mit Status und Macht verbunden sind.[52] Solche Trennungen werden allerdings selten erzwungen, sondern basieren auf Gewohnheit und können von couragierten Personen durchbrochen werden.[53] Außerdem besitzen Frauen eigene Rituale[54], besetzen als Produzentinnen rituell wichtiger gewebter Stoffe einen in hohem Maß mit Prestige, Einfluss und ökonomischer Potenz assoziierten Bereich[55] und können sich in einigen Gesellschaften einen Namen als Heilerinnen machen.[56] Zugänge zu Macht und Prestige, Symmetrie und Asymmetrie, das lässt sich aus den dargestellten Beispielen schlussfolgern, sind nicht nur von der gesellschaftlichen Struktur, sondern auch von den individuellen Anlagen der AkteurInnen und ihren jeweiligen spezifischen Lebensumständen abhängig.

Die Publikationen von Errington und Atkinson, Lenz und Luig sowie den anderen genannten und nicht genannten Autorinnen legten den Fokus auf Differenz, verzichteten auf vorschnelle Dichotomien und rückten die Vielfalt der Handlungsoptionen für Individuen einzelner Gesellschaften in den Mittelpunkt. Die dabei erzielten Ergebnisse ließen sich nicht mehr in einfache politische Aussagen übersetzen und mit den einst proklamierten Zielen des Feminismus in Verbindung bringen. Die Abkoppelung der akademischen *gender studies* von der politischen Bewegung war eine unausweichliche Folge.[57]

52 Vgl. u. a. Hoskins 1987, 1990, 1996.
53 Vgl. Schröter 1998a, 2000a.
54 Vgl. Hoskins 1989b, Schröter 2000b.
55 Von den zahlreichen Untersuchungen zur weiblichen Stoffproduktion sei hier nur auf zwei Arbeiten hingewiesen: Willemijns de Jongs Monographie über die Lio, die sehr schön zeigt, wie Frauen ihre Fähigkeiten nutzen, um im Prozess der Modernisierung eine dominante Position zu erlangen (vgl. de Jong 1998), und Ruth Barnes vergleichende Arbeit über Weberei, die darauf hinweist, dass die Herstellerin von Ikat-Tüchern auf Timor dem Kopfjäger an Bedeutung nicht nachstand. Vgl. Barnes 1992.
56 Vgl. Schröter 2000b.
57 Nur einige wenige Wissenschaftlerinnen wie Maria Mies (1986, 1993, 1997) hielten an der alten Polarität von Weiblichem und Männlichem, der alten These von der universellen Frauenunterdrückung und dem Widerspruch zwischen Patriarchat und Emanzipation fest.

3. Die konstruktivistische Wende

Während die Diskussion um Differenz und damit der Abschied von der Idee einer naturalisierten Einheit aller Frauen noch keineswegs entschieden war, meldeten einzelne Wissenschaftlerinnen bereits Zweifel an der Tragfähigkeit einer weiteren feministischen Grundannahme. Sie verwahrten sich dagegen, die Unterdrückung der Frauen aus biologischen Gegebenheiten zu rekonstruieren,[58] wiesen den von Mies implizit mitpostulierten universalen Opferstatus von Frauen zurück[59] und begannen, die Tauglichkeit der Begriffe Mann und Frau sowie die Vorstellungen einer biotisch begründeten Dualität der Geschlechter kritisch zu hinterfragen.

Um der Tatsache auch sprachlich Rechnung zu tragen, dass die soziale Situation der Frauen der Welt nicht schon deshalb gleich sei, weil sie über die gleichen Geschlechtsmerkmale verfügen, wurde nach einer den Paradigmenwechsel markierenden neuen Terminologie gesucht. Die englische Sprache bot einen Ausweg aus dem Dilemma, dass man wissenschaftlich zu trennen suchte, was in der kulturellen Diktion eins war. Sie kennt einen eigenen Begriff für das soziale Geschlecht, *gender* genannt, der, anders als im Deutschen, unmissverständlich vom biologischen Geschlecht, *sex*, abgrenzbar ist. Die Trennung von Geschlecht in *sex* und *gender* bot die Möglichkeit, sich dem Studium der unterschiedlichen sozialen Rollen von Frauen hinzugeben, ohne die als Ballast empfundenen Sphäre des Körperlichen gleich mitzudenken, und öffnete den Weg zu einem Projekt, das ansetzte, Geschlecht als System kultureller Praxen und Bedeutungen zu analysieren und zu interpretieren.[60] Paradoxer-

58 Vgl. dazu u. a. Moore 1988.

59 Vgl. u. a. Thürmer-Rohr (1987), die die These weiblicher Komplizenschaft am patriarchalen System entwickelte. Sie wirkte vor allem an einer Entmystifizierung von Mies' Postulaten mit. In einem Aufsatz mit dem Titel »Der Chor der Opfer ist verstummt. Eine Kritik an Ansprüchen der Frauenforschung«, der 1987 in der Aufsatzsammlung »Vagabundinnen« veröffentlicht wurde, unterzieht sie die vermeintlichen gemeinsamen Interessen von forschenden und erforschten Frauen einer kritischen Revision, die die Unterschiede der Interessenlage allzu deutlich werden lassen (Thürmer-Rohr 1987: 122–140).

60 Vgl. Ortner/Whitehead 1981.

weise reaktivierte diese Weiterentwicklung feministischer Theorie allerdings die alte Dichotomie zwischen Kultur und Natur – ein Moment, das von Feministinnen aber niemals debattiert werden musste, da man den Bereich der Natur und des Körpers aus allen theoretischen Überlegungen schlichtwegs ausklammerte.

Die Trennung zwischen *sex* und *gender* wurde in den achtziger Jahren zum neuen Leitsatz des Feminismus, der in seiner Folge zwei unterschiedliche Forschungsstränge produzierte. Ein Teil der Wissenschaftlerinnen wandte sich jetzt ausschließlich den sozialen Rollen von Frauen zu, ein anderer Teil befasste sich mit Konzeptionen von Sexualität, erotischen Praktiken und dem homosexuellen Begehren.[61] Eine Minderheit von Forscherinnen zeigte sich jedoch mit den neu geschaffenen Grenzen nicht einverstanden und begann, auch den Körper unter das sozial Erschaffene zu subsumieren. Zu diesen gehörte die Sozialwissenschaftlerin Carol Hagemann-White, die sich in ihren Arbeiten (1984, 1988a, 1988b) nicht darauf beschränkte, die Priorität des sozialen Geschlechts vor dem biotischen zu behaupten. Sie ging einen Schritt über dieses Konzept hinaus und setzte sich schon 1984 mit den physiologischen und anatomischen Grundlagen des Zweigeschlechtermodells auseinander. Dabei plädierte sie dafür, die Idee einer sexuell-eindeutigen Dualität zugunsten der Vorstellung eines morphologischen Kontinuums zwischen Weiblichkeit und Männlichkeit aufzugeben. Mit einem Rekurs auf einen von Sherry Ortner und Harriet Whitehead herausgegebenen Sammelband[62] sowie die ethnologischen Studien von Margret Mead[63] forderte sie auf, die Kategorien Mann und Frau weniger als

61 Nach Sylvia Yanagisako werde hier eine Spaltung zwischen heterosexuellen und homosexuellen Feministinnen manifest. Vgl. Yanagisako 1997: 35.

62 Vgl. Ortner/Whitehead 1981.

63 Mead hatte mehrere empirische Studien auf Samoa, Bali und Neuguinea durchgeführt und aufgrund der großen Diversivitäten im Anschluss daran die These aufgestellt, dass keine generalisierbare Regel für die Ausprägung bestimmter Geschlechterausprägungen existiert. Ihre Ergebnisse wurden in vielen Monographien und Aufsätzen publiziert; in deutscher Übersetzung erschienen u. a.: *Geschlecht und Temperament in drei primitiven Gesellschaften*. München: Deutscher Taschenbuch Verlag 1985 und; *Mann und Weib. Das Verhältnis der Geschlechter in einer sich wandelnden Welt*. Hamburg: Rowohlt 1983.

naturwissenschaftlich erhärtete Tatsachen denn als »Symbole in einem sozialen Sinnsystem« (Hagemann-White 1984: 79) zu begreifen. Geschlecht sei weder eine biologische Tatsache, noch bilde es sich in einem einmaligen Akt der Sozialisation heraus, sondern entstehe vielmehr in den Handlungen der Individuen und ihren interaktiven Prozessen immer wieder neu. Diese Erkenntnis interpretierte sie selbst als Zäsur für das Selbstverständnis der Feministinnen: »Denn wenn es zutrifft, … daß sogar die Zugehörigkeit zur sozialen Kategorie der Frauen (bzw. der Männer) unabhängig von der Körperlichkeit möglich ist, wenn diese Zugehörigkeit zu keiner Zeit festgeschrieben, sondern auf symbolischer Ebene in der Interaktion kontinuierlich vollzogen wird, müssen wir uns fragen, worauf wir uns eigentlich mit unserem Begriff »Frau« beziehen.« (Hagemann-White 1993: 70)

Hagemann-Whites Schriften gehören zu den ersten Beiträgen der konstruktivistischen Wende und waren ihrer Zeit weit voraus, doch sie wurden innerhalb der akademisch-feministischen Gemeinschaft kaum zur Kenntnis genommen. Regine Gildemeister und Andrea Wetterer sprechen in diesem Zusammenhang von einer »Rezeptionssperre« (Gildemeister/Wetterer 1995: 203), in der sie auch die »bemerkenswerte Ungleichzeitigkeit« zwischen dem deutschen und dem amerikanisch-englischsprachigen Diskurs begründet sehen.

Der Durchbruch des konstruktivistischen Denkmodells in Deutschland erfolgte dann folgerichtig auf einem Umweg über die USA, dabei vor allem durch eine Publikation der Literaturwissenschaftlerin Judith Butler, die den Titel *Gender trouble* trägt und 1990 veröffentlicht wurde. Schon ein Jahr später lag mit *Das Unbehagen der Geschlechter* eine deutsche Übersetzung vor, und der Siegeszug des radikal-feministischen Konstruktivismus, der weit über Hagemann-Whites Theorie hinausging, begann.

Auch Butlers Anliegen besteht, wie das ihrer Vorgängerinnen, nicht zuletzt darin, Differenz zu erzeugen. Dies ist aber weniger im Sinne der *sex-gender*-Dichotomie der achtziger Jahre gemeint, als darin, Polarität innerhalb der feministischen Debatte selbst zu erschaffen. Butlers Objekte der Abgrenzung sind explizit die »Essentialistinnen«, d. h. diejenigen Feministinnen, die ihre Theorie auf der Kategorie »Frau« gründen. Diese sei aber, so meint sie, als Subjekt des Feminismus vollkommen ungeeignet, da sie keine ontologische Größe, sondern lediglich eine Verdinglichung der herrschenden Geschlechterbeziehungen darstelle, die die Vielfalt der kulturellen Identitäten ausblende und »unmarkierte Dimensionen von intakt belassenen Rassen- und Klassenprivilegien« (Butler 1991: 34) in sich berge. Außerdem gewinne sie ihre Kohärenz nur innerhalb der heterosexuellen Matrix, die sie als heterosexistisches Zwangssystem definiert.

Butler setzt sich im Rahmen ihrer Konzeption von Geschlecht mit einer Reihe namhafter Philosophen und Philosophinnen auseinander und beruft sich unter anderem auf Simone de Beauvoir, deren in *Das andere Geschlecht* vorgetragene Theorie sie als Vorläufermodell der eigenen Ideen interpretiert. Wenn »der Leib eine Situation ist« (Butler 1991: 26), zitiert sie de Beauvoir, dann gäbe es keinen Rückgriff auf den Körper, der nicht bereits kulturell gedeutet sei, und nichts garantiere, dass die Person, die eine Frau werde, auch weiblichen Geschlechts sein müsse. Diese Lesart de Beauvoirs unterschlägt deren eindeutige Ausführungen zum weiblichen Körper als Behinderung der kulturellen Entwicklung von Frauen, die wohl kaum anders als essentialistisch zu bezeichnen sind. Ihr Spagat zwischen der vom Existenzialismus Sartres beeinflussten Feministin der vierziger Jahre und dem postmodernen Diskurs der Achtziger gelingt nur bedingt.

Stringenter zeigt sich ihre Argumentation, wenn sie sich auf marginalisierte Existenzen bezieht, die subjektiv oder in den Augen der Gesellschaft aus dem binären Geschlechtermodell herausfallen. Transvestiten und Transsexuelle, Schwule, Lesben und Personen mit ambivalentem körperlichem Geschlecht werden als Belege für die These angeführt, Geschlecht sei ausschließlich diskursiv erzeugt und ermangele jeglicher Materialität. Weder die Kategorie »Frau« noch die Kategorie »Mann« sei an einen weiblichen oder männlichen Körper gebunden, vielmehr handele es sich um »freischwebende(s) Artefakt(e)« (Butler 1991: 23), die, unabhängig vom anatomischen Geschlecht, von jeder Person, gleich welchen Körpers, angeeignet werden könnten.

Reduziert man Butlers Theorie auf die oben genannten Personengruppen, ist sie durchaus schlüssig, wenngleich banal. Homosexuelle, Menschen, die den geschlechtlichen *dress code* ignorieren, und solche, bei denen die Geschlechtsidentität nicht mit den Geschlechtsorganen übereinstimmt, verletzen die Regeln der geschlechtlichen Stereotypenbildung. Transsexuelle widersetzen sich sogar *per definitionem* der Zuschreibung durch ihren geschlechtlich markierten Körper. Ob diese Personen aber der Meinung sind, ihre Identität sei ein freischwebendes Artefakt, ist jedoch mehr als fraglich, und wenn man um das Ringen von Transsexuellen weiß, endlich den »richtigen« Körper zu erhalten, wird man der von Butlers implizit heroisierten Idee einer spielerischen Fluktuation zwischen Physis und Selbst kaum zustimmen können. Ohnehin irritiert die recht beliebig gefasste Bezugnahme auf die beiden Begriffe, ihr Pendeln zwischen Identität und Körper, zwischen Gefühl und Darstellung.

Trotz des Effekts, vielleicht weniger zur Konfusion normierter Geschlechtermodelle als zur Verwirrung der feministischen *community* beigetragen zu haben, definiert Butler ihre Arbeit durchaus im Kontext des politischen Feminismus. Diesen versteht sie als Abgrenzung gegen zwei Denkströmungen. »Die feministische Kritik«, so schreibt sie, »muß einerseits die totalisierenden Ansprüche einer maskulinen Bedeutungs-Ökonomie untersuchen, aber andererseits gegenüber den totalisierenden Gesten des Feminismus selbstkritisch bleiben. Der Versuch, den Feind in einer einzigen Gestalt zu identifizieren, ist nur ein Umkehr-Diskurs, der unkritisch die Strategie des Unterdrückers nachahmt, statt eine andere Begrifflichkeit bereitzustellen.« (Butler 1991: 33)

Ein Berufen auf die Kategorie »Frau« oder die »Einheit aller Frauen« sei für eine emanzipative Politik nicht notwendig, stellt sie fest. Stattdessen müsse ein offenes Bündnis angestrebt werden, das »vielfältige Konvergenzen und Differenzen zuläßt, ohne dem normativen Telos einer definitorischen Geschlossenheit zu gehorchen«. (Butler 1991: 37) Mit wem genau und zu welchem Zweck politische Bündnisse eingegangen werden sollten, wird nicht deutlich, insbesondere deshalb, da Butler, anders als Mies, keine politische Utopie entworfen hat und keine Hoffnung auf eine Veränderung der gesellschaftlichen Machtverhältnisse artikuliert. Die Macht der hegemonialen Diskurse erscheint unüberwindbar. Butlers Ziel ist daher Subversion, nicht Reformation oder gar Revolution. »Wie kann man die Geschlechter-Kategorien stören, die die Geschlechter-Hierarchie und die Zwangsheterosexualität stützen?«, fragt sie im Vorwort von »Unbehagen der Geschlechter« und fordert dazu auf, durch Parodie und einen ludischen Wechsel von Geschlechtsidentitäten Verwirrung zu stiften und diejenigen zu verunsichern, die zu wissen glauben, was ein Mann oder eine Frau sei. Die Selbstinszenierung von Schwulen, Lesben, Transvestiten, Transsexuellen und Intersexuellen, kurz all denjenigen, die aus der Norm heterosexueller Bipolarität herausfallen und deren Existenz allein schon Verunsicherung auslöst, bildet das Muster, nach dem solche Parodien inszeniert werden sollen.

Stefan Hirschauer hat Butler bezichtigt, die Spielräume sexueller Minderheiten zu überschätzen und zu romantisieren.[64] Diese Kritik trifft meines Erachtens durchaus für »Das Unbehagen der Geschlechter« zu, obgleich sich Butler selbst wenig zur politischen Identität ihrer AkteurInnen der Verwirrung äußert. In einer drei Jahre nach *Gender trouble* erschienenen Fortsetzung mit dem Titel *Bodies that matter* gesteht sie ihre Erschütterung darüber zu, dass die Parodie oft blutiger Ernst wird und weder die AkteurInnen noch diejenigen, die sich an ihrer geschlechtlichen Ambiguität stören, an dem spielerischen Impetus des Theaters, der in *Gender trouble* immer mitschwingt, Anteil haben.[65] In dem Film »Paris is burning« von Jennie Livingston,[66] den sie in »Bodies that matter« rezensiert, wird eine transsexuelle Prostituierte, deren Traum vom perfekten Leben darin bestand, als richtige Frau einen richtigen Mann zu heiraten und ihm eine gute Hausfrau zu sein, von einem Freier ermordet. Aus der Komödie wird eine Tragödie, und Zweifel kommen auf, »ob das Parodieren der herrschenden Normen ausreicht, um sie zu ersetzen; ja im Grunde genommen kommt die Frage auf, ob die Entnaturalisierung des sozialen Geschlechts nicht möglicherweise gerade ein Vehikel für eine erneute Festigung hegemonialer Normen sein kann«. (Butler 1995: 169)

64 Vgl. Hirschauer 1993: 58.
65 Vgl. dazu: Schröter 1997.
66 Der Film dokumentiert eine Subkultur schwarzer und lateinamerikanischer transvestitischer und transsexueller Männer, die in New York so genannte *drag*-Bälle veranstalten.

Im Gegensatz zu *Gender trouble*, das eine wahre Flut an Diskussionen ausgelöst hatte, wurde *Bodies that matter* innerhalb der wissenschaftlichen feministischen Debatte nur wenig rezipiert, sodass die Ambivalenzen, die hier mitunter anklingen, leider keinen Eingang in die konstruktivistische Debatte fanden.

4. Soziale Konstrukte und gesellschaftliche Wirklichkeit

Butlers These, die Kategorie »Frau« sei eine diskursive Fiktion, die für die Durchsetzung der Ziele des Feminismus wenig hilfreich sei, fand im feministischen Lager beachtliche Zustimmung. »Braucht die feministische Wissenschaft eine ›Kategorie‹?«, fragt Käthe Trettin in einem Sammelband *Zur theoretischen und institutionellen Rede vom Geschlecht*[67] und beantwortet die Frage, ganz im Sinne Butlers, negativ, da sie Verhältnisse naturalisiere, die kulturell bestimmt seien. Die Relationen zwischen Natur und Kultur seien, ebenso wie diejenigen zwischen *sex* und *gender*, ausschließlich diskursiv produziert.

Trettins Kritik am feministischen Essentialismus geht, trotz einiger kleinerer Differenzen zu Butler, kaum über deren Ansatz hinaus[68], verfängt sich aber stärker in einer Polemik der Abgrenzung. Anstelle einer einleitend angekündigten Nacherzählung der Geschichte feministischer Rhetorik reiht sie zweifelhafte Situationsbeschreibungen folgender Couleur aneinander: »›Weibliche Lebenszusammenhänge‹ wurden untersucht, die ersten ›Frauenseminare‹ etablierten sich, wobei strikt auf den Ausschluß männlicher Studenten geachtet wurde; Seminare, die sich vor allem dadurch auszeichneten, daß sie eine wohlig-weibliche Atmosphäre zu schaffen imstande waren: die persönliche Erfahrung strukturierte die Diskussionen, wozu es sehr gut paßte, daß frau dabei viele bunte Sachen strickte.« (Trettin 1994: 207/208)

67 Vgl. Wobbe & Lindemann 1994

68 Obwohl sie Butler in ihren Grundlagen folgt, wirft Trettin Butler andererseits einen totalisierenden Impetus vor, der auf dem Primat der Diskurstheorie basiere. Sie fetischisiere, so Trettin, den Identitätsbegriff und verwende einige zentrale Begriffe wie »Diskurs«, »Macht« und »Kultur« als unhistorische ontologische Instanzen. (Trettin 1994: 221)

Drei Jahre später verfasste Trettin einen Rückblick über die konstruktivistische Debatte, in der sie Tendenzen der Trivialisierung ausmacht. Sie gesteht der Konstruktionsmetapher noch immer epistemologische Leistungsstärke zu, bezweifelt aber gleichzeitig, ob die Entnaturalisierung der Kategorien den politischen Zielen des Feminismus wirklich dient. Nach ihrem ersten Artikel erscheint der zweite erstaunlich *down to earth*: »Was hat beispielsweise der Konstruktivismus dazu zu sagen«, fragt sie, »daß einige asiatische Kulturen mit Hilfe einer globalen pränatalen Diagnosetechnik die Abtreibung weiblicher Föten sanktionieren? Mit Sicherheit ist diese geschlechtliche Selektion ein soziokulturelles Konstrukt, aber wie befreiend ist hier die Loslösung vom biologischen Geschlecht?« (Trettin 1997: 42)

Aus diesem Dilemma heraus entwickelte sie einen »Reparaturvorschlag« mit dem Ziel einer »Entdramatisierung« und »Deflationierung« der Geschlechterkonstruktion. Der Realität, dass »Personen, die wir ›Frauen‹ zu nennen gewöhnt sind ... mehr arbeiten und weniger verdienen ... als Personen, die wir ›Männer‹ nennen« (Trettin 1997: 46), soll Rechnung getragen werden, ohne jedoch die These zu verwerfen, dass diese Kategorien Produkte diskursiver Prozesse und damit Artefakte sind. Doch, bei allem guten Vorsatz: Wie soll dies praktisch aussehen? Trettin charakterisierte die Problematik folgendermaßen: »Einerseits wird davon ausgegangen, daß Männer und Frauen existieren, andererseits sind sie bloße Geschlechtskonstrukte ..., womit suggeriert wird, daß es sie eigentlich gar nicht geben kann.« (a. a. O.)

Der Kompromiss besteht in einem definitorischen Sowohl-als-auch. Zur Illustrierung zieht Trettin einen Vergleich zwischen der Konstruktion und der Faktizität von Geschlecht und der eines Tisches, an dem man sich stoßen kann: »Das Widerfahrnis eines artifiziellen Gegenstandes kann genauso real und schmerzhaft sein wie dasjenige eines natürlichen Gegenstands. Die geschlechtlichen Attributierungen sind in bestimmten Situationen genauso real wie die Personen selbst. Mit einem Wort, ich plädiere für eine zumindest schwache Form des Realismus, die Geschlechtskonstruktionen den Status der Wirklichkeit zugesteht, wenn sie empirisch erwiesen werden können.« (a. a. O.)

Was bedeutet, vor diesem Hintergrund, die Definition eines Begriffes als Kategorie, wenn diese Kategorien sich in einer realen Situation nicht anderes verhalten als »reale« Dinge? Wodurch zeichnet sich die Differenz zwischen Realem und Konstruiertem eigentlich aus? Und was kann mit empirischer Überprüfbarkeit gemeint sein? Der Schmerz, den jemand verspürt, der sich an einem Tisch stößt, ist vielleicht weniger eine empirisch messbare Tatsache als eine subjektive Empfindung, die sich letztendlich nicht von den Empfindungen der Essentialistinnen unterscheidet, die diese mit dem Begriff »Frau« verbindet. Insgesamt drängt sich der Eindruck auf, Trettin sei unverhofft von der Macht des Faktischen eingeholt worden und versuche, zu retten, was zu retten ist, auch auf die Gefahr hin, dabei weder eine schlüssige Erklärung für weiblichen Infantizid zu produzieren noch der konstruktivistischen Argumentation treu zu bleiben.[69]

5. Die Eliminierung des Körpers

Der Feminismus hatte sich in den siebziger Jahren in Bezugnahme auf eine Bewegung entwickelt, deren Ausgangspunkt unter anderem der Frauenkörper war. Aktionen zur Entkriminalisierung des Schwangerschaftsabbruchs, die Organisierung in medizinischen Frauenselbsthilfegruppen und die Etablierung von Frauengesundheitszentren – all diese Aktivitäten, in denen feministische Identität hergestellt wurde, waren untrennbar mit einer Wiederaneignung des weiblichen Körpers verbunden, der als patriarchal besetzt galt. Die Entwicklung eines weiblichen Körperbewusstseins und die vielfältigen Versuche, eine autonome Verfügung über den eigenen Leib zu erschaffen, markierten die ersten Phasen dieser Bewegung.

69 In einer neueren Publikation hat Trettin versucht, das Problem durch den Rückgriff auf die Tropentheorie zu entschärfen, wobei sie Personen grundsätzlich als Tropenkomplexe auffasst. Menschen, die unter dem Begriff »Mann« oder »Frau« subsumiert werden, müssen ein bestimmtes Tropencluster enthalten, das sie in biologische, phänomenologische und soziale Merkmale sowie Fremd- und Selbstzuschreibungen gliedert. (Vgl. Trettin 2000: 119) Da diese Tropen aber entweder als kontextuell konstruiert oder als universalistisch begriffen werden, kommt Trettin einer Lösung des Dilemmas mit der Einführung dieser Begrifflichkeiten keinen Schritt näher.

Vor dem Hintergrund dieser Geschichte war es nicht verwunderlich, dass Feministinnen Einsprüche gegen Butlers Theorem der Eliminierung des weiblichen Körpers zugunsten diskursiver Akte erhoben. Eine der meistbeachteten Kritikerinnen ist zweifellos die Historikerin Barbara Duden, die über fluktuierende Geschlechtergrenzen im achtzehnten Jahrhundert gearbeitet hatte, und deren Schlussfolgerungen zunächst nicht weit von konstruktivistischen Positionen entfernt schienen.[70] Sie hatte die Erfahrung des Körpers historisiert und gezeigt, dass Vorstellungen über Schwangerschaft, Menstruation, Ejakulation nicht universell existieren, sondern kontextuell hergestellt werden.[71]

Trotz dieser Affinitäten zum Konstruktivismus entpuppte sich Duden in der konstruktivistischen Debatte als eine der härtesten Gegnerinnen der Butler'schen Thesen. In ihrem Aufsatz »Die Frau ohne Unterleib« (1993) bezichtigt sie Butler, eine Welt des Scheins geschaffen zu haben und sich an die »großen Brüder« Foucault, Derrida, Lacan, Lyotard und Deleuze anzubiedern. Sie bekennt sich offensiv zur Tradition des körperbewussten Feminismus und bezeichnet sich als eine der Frauen, »die stolz darauf sind, daß *natura a nascitura dicitur*, daß also ›die Natur‹ nach der Frau, nicht die Frau nach der Natur verstanden wird« (Duden 1993: 31). Über viele Jahre Mitherausgeberin der feministischen Zeitschrift »Courage« hatte sie ein Emanzipationskonzept mitgetragen, das unter anderem auf der Idee einer Wiederentdeckung des weiblichen Körpers durch Frauen basierte.

Butlers Theorie stellt für Duden einen unheilvollen Endpunkt einer Entwicklung der Entleiblichung dar, gegen den sie stets angekämpft hatte. Durch die »Verkörperung der Theorie« habe Butler die Frau entkörpert und eine Scheinwelt geschaffen, die sinnlich nicht mehr begreifbar sei. Im Bereich des feministischen Diskurses sei so ein Äquivalent zur fortschreitenden Enteignung des weiblichen Körpers durch die Medizin, dabei vor allem die Gynäkologie, geschaffen, die Menschen in letzter Konsequenz zu Cyborgs degra-

70 Aufgrund dieser möglichen Interpretation wurde Dudens Arbeit auch zur Verifizierung der Butler'schen Thesen herangezogen. Vgl. z. B. Behrend 1994.

71 Ausführlicher in Kapitel 2 dieses Buches.

diere.[72] Wie das »postuterine Konstrukt« (Duden 1993: 26) eines technologisch hergestellten Fötus, polemisiert sie, betreibe Butler Diskursanalyse, »um die Erlebniswelt für diese leiblose Selbstdefinition zu monopolisieren« (a. a. O.). Die wirkliche Welt werde dagegen über die Sinne wahrgenommen und über den Körper vermittelt. Diese Perzeption sei historisch geprägt und besitze keinen Ewigkeitsanspruch, sei aber niemals identisch mit der durch den »stimmlosen Diskurs« (Duden 1993: 26) Butlers produzierten Welt der Show.

Auch Hilge Landweer zentrierte ihre Kritik auf die weibliche Leiblichkeit. Sie gesteht dem Konstruktivismus zwar zu, bestimmte problematische Positionen der feministischen Diskussion evident gemacht zu haben,[73] widerspricht aber dem Ansinnen, sich grundsätzlich von der Kategorie »Geschlecht« zu verabschieden. Die Vorstellung der Konstruiertheit sozialer Kategorien erscheinen ihr als »neuer Mythos« (Landweer 1993, S. 35). Ausgehend von der Sprach- und Symboltheorie Susanne Langers argumentiert sie mit dem Körper als System vorsemantischer Zeichen, die kulturell gedeutet und mit Zuschreibungen belegt würden. Dabei sei es keine Frage der Konvention oder Tradition, ob ein spezifischer Körper als männlich oder weiblich identifiziert werde. Geschlechtsmerkmale wie Brüste und Penis, Menstruation und Erektion könnten niemals als Zeichen für das jeweils andere Geschlecht interpretiert werden.

Virulent würden solche körperlich verankerten Markierungen insbesondere bei Ereignissen, die besonders starke Emotionen hervorrufen, denn diese seien »gewissermaßen dazu privilegiert ... ›symbolisiert zu werden« (Landweer 1993, S. 40). Zu den großen, universal bedeutsamen Themen gehören Tod und Generativität, denn »Kultur als dieses Sich-eine-Vergangenheit-Geben und Eine-

72 Das von Donna Haraway entlehnte Konzept des Cyborgs verwendete Duden einige Jahre später explizit in einem Aufsatz über technologische Geburtenkontrolle. Vgl. Duden 1998.

73 Sie listet fünf Punkte auf: 1) Ontologisierungen, wie sie z. B. in Vorstellungen über weibliche Identität zum Ausdruck kommen, 2) Naturalisierungen der sozialen Geschlechterdifferenz, 3) Mythisierungen, wie sie in der Differenzierung zwischen »gesunder« Heterosexualität und »krankhafter« Homosexualität artikuliert werden, 4) Politisierung von Identitätsvorstellung, 5) Moralisierungen der Differenz z. B. in der *care*-Ethik.

Zukunft-Beanspruchen bleibt auf die Reproduktion der Gattung angewiesen« (Landweer 1994: 147). »In jeder Kultur in Zusammenhang mit Sterblichkeit und Geburtigkeit«, so Landweer, führe »die Generativität zu Kategorisierungen von ›Geschlecht‹ ... Wie diese Kategorien im einzelnen verfaßt sind, ist prinzipiell offen, nicht aber, daß es zwei Kernkategorien gibt ...« (ebd., S. 36). Mit anderen Worten: Der Umstand, dass Menschen sich nur dadurch fortpflanzen, dass sie von Frauen geboren werden, und der, dass der Beitrag von Männern und Frauen bei der Zeugung ein unterschiedlicher sei, führe in jeder Gesellschaft dazu, zwischen Frauen und Männern zu unterscheiden. Darüber hinaus klassifiziere jede Kultur ihre Mitglieder anhand ihres Beitrages zur Generativität. Dabei sei es durchaus vorstellbar, dass es Rest- oder Mischkategorien gäbe, die über die Unterteilung in Männer und Frauen hinausgehen. »Die Geschlechterdifferenz«, so Landweer, »wird nicht erst durch die Diskurse produziert, sondern die soziale Differenz treibt ihrerseits Mythen hervor, und zwar sowohl gender-Mythen, die die Eindeutigkeit von ›sex‹ im Sinne von zwei exklusiven Geschlechtern herstellen, als auch Mythen über eine ursprüngliche Einheit oder eine vollständige Irrelevanz von Geschlecht – und dieser Mythos, so scheint es, treibt einen Teil der jüngeren feministischen Generation um« (ebd., S. 37).

Von einer anderen Perspektive aus näherte sich die Soziologin Gesa Lindemann dem Körper. Wie Butler greift sie vor allem auf Personen zurück, die aus dem Rahmen heterosexuell-eindeutiger Geschlechtlichkeit herausfallen. Im Rahmen der Analyse eines Interviews mit einer Transsexuellen, die ihr »weibliches« Erschrecken über eine nächtliche Begegnung mit drei Männern in einem Park äußert, stellt sie fest, »daß der Konstruktionsprozeß ein leiblicher ist« (Lindemann 1994: 140). Da die über den Leib vermittelte Erfahrung, Mann oder Frau zu sein, als Realität erlebt wird, sei auch die Geschlechterordnung wirklich.

Hier wird deutlich, in welcher Weise sie den populären Begriff des *doing gender* als zentralen Zugang zu ihrer These von der permanenten Herstellung von Geschlecht versteht. Der Terminus impliziert weniger Freiheit als zunächst anklingt. Der Umstand allein, dass Geschlecht immer wieder situativ produziert wird, bedeute noch lange nicht, dass es sich um »einen vergnüglichen Maskenball (handele), worin wir alle nach Lust und Laune einmal Frau, einmal Mann sein können« (Lindemann 1993: 69).

Die Individuen erleben sich, so Lindemann, durch ihren Körper vermittelt, als geschlechtlich markierte Personen in einer Umwelt, in der normierte Vorstellungen davon existieren, was ein Mann oder eine Frau ist. In der Konfrontation mit drei Männern in einem dunklen Park empfindet die Transsexuelle sich *als Frau* bedroht, d. h. sie reagiert emotional in einer Weise, in der auch andere Frauen, aber keine Männer reagieren. Durch ihre Empfindung stellt sie ihre Weiblichkeit situativ her. Hier klingt mehr an als nur eine lustvolle Maskerade. Gefühle der Bedrohung sind wirklich, und die dargestellte Situation hätte durchaus zu einer Gefährdung der körperlichen und seelischen Integrität der Betroffenen führen können. Während der Begriff *doing gender*, wie er von Butler verwendet wurde, seine Provokation aus den Anklängen an Spiel, Flüchtiges und Nicht-Ernsthaftes bezieht, kommt er bei Lindemann sozusagen auf dem Boden der Realität gesellschaftlicher Machtverhältnisse an. Die Person, die weiblich empfindet, hat Angst, die Personen, die männlich empfinden, nicht.

In einem anderen Aufsatz schränkt Lindemann die Vorläufigkeit und Veränderbarkeit, die dem *doing gender* anhaftet, noch weiter ein: »Es gibt zwei Geschlechter nur insofern«, betont sie, »als Individuen andere als Männer und Frauen wahrnehmen und sich selbst als das eine oder andere darstellen. Das Resultat dieser Praktiken ist eine Welt mit zwei Geschlechtern, denen die einzelnen jeweils ausschließlich und lebenslänglich angehören.« (Lindemann 1993: 44)

Die Philosophin Andrea Maihofer hat eine Definition von Geschlecht vorgeschlagen, die Simplifizierungen zu vermeiden sucht und physiologische und soziale, gesellschaftliche und individuelle Aspekte integriert. Sie begreift Geschlecht als »historisch bestimmte gesellschaftlich-kulturelle Existenzweise« (Maihofer 1994a: 180). Unter diesen Begriff subsumiert sie soziale Rollen und Stereotypen, Denkweisen und Emotionen sowie Körperpraxen und -gefühle. Selbst die Ausbildung eines weiblichen oder männlichen Körpers falle darunter.

An Butler kritisiert Maihofer eine ahistorische Sichtweise, die den Körper als Fiktion ontologisiere. Butler habe Foucault missverstanden, führt sie am Beispiel von Butlers Diskussion über die Seele aus, wenn sie die Seele als eine auf den Körper eingeschriebene Oberflächenbezeichnung interpretiert. Durch historische Prozesse entstanden, hätten Menschen eine Seele, wie sie ein Gewissen oder eine Subjektivität hätten. Sie bilde sich nicht nur auf der Außenfläche des Körpers ab, sondern habe von ihm Besitz genommen.[74] Die einmal gewordene Materialität des Körpers, von der Foucault spreche, werde aber von Butler zur Fiktion reduziert. Es bleibe nichts außer Oberflächen, die sich als Unterlagen für kulturelle Einschreibungen darböten. Mit dieser Vorgehensweise, die historische Prozesse letztendlich negiere, kritisiert Maihofer, ontologisiere Butler die Idee des Körpers als Illusion.

Die Grenzen des *gender*-Spiels liegen aber nicht nur in der Existentialität der empfindenden Personen und ihrer Wahrnehmung von außen, sondern auch in den Zuschreibungen, die die Felder »weiblich« und »männlich« definieren. Hagemann-White hat explizit darauf hingewiesen, dass diese Felder nicht ohne eine Bezugnahme auf gesellschaftliche Machtverhältnisse analysiert werden können. »In der Interaktion zeigt sich«, so schreibt sie, »daß wir Männlichkeit als Dominanz, Weiblichkeit als Unterordnung symbolisch vollziehen. Damit wirken wir alltäglich bei der Fortschreibung patriarchaler Ungleichheit mit.« (Hagemann-White 1993: 71) Ihre Auslegung des Begriffes des *doing gender* impliziert durchaus keine Auflösung der empirisch beobachtbaren Lebensumstände von Frauen und Männern im Dschungel individueller Performanzen, sondern zeigt sich offen für gesellschaftliche Hierarchien zwischen den Geschlechtern.

Hagemann-White verneint den von Butler in *Gender trouble* gezeichneten individuellen Spielraum der Parodie und nimmt deren in *Bodies that matter* beschriebenen Zweifel an der Wirkmächtigkeit der travestitischen Maskeraden vorweg: »Wer das im jeweiligen Kontext gebotene Maß ›eigengeschlechtlichen‹ Verhaltens nicht aufbringt, erleidet ... massive soziale Sanktionen, kann Freund-

74 Vgl. Maihofer 1994a: 178.

schaft und Liebe, den Arbeitsplatz oder ein politisches Amt verlieren, wird u. U. zusammengeschlagen oder sexuell gedemütigt.« (Hagemann-White 1993: 76)

Hier vollzieht die Autorin den Schulterschluss mit der Frauenbewegung, die als ihre Zielsetzung immer die Überwindung geschlechtlicher Ungleichheit definiert hatte. Die Integration von Konstruktivismus und Frauenforschung, deren »wesentliche Impulse ... der Wahrnehmung von Unrecht und Machtmißbrauch (entstammen)« (Hagemann-White 1993: 72), gelingt jedoch nur unvollständig. Einerseits will sie die Position der Frauenbewegung nicht aufgeben, die ihrer Analyse nach nicht nur ein bipolares Geschlechtermodell, sondern auch die Zuordnungen weiblich = untergeordnet, männlich = dominant reproduziert, andererseits macht sie sich die Butler'sche Frage: »Gibt es überhaupt ein beschreibbares Substrat ›Frau‹ ... das Subjekt und Bezugsgröße von Frauenforschung sein kann?« (Hagemann-White 1993: 70) zu Eigen, ohne sie zu beantworten.

6. *Cyborgs with attitude*

Radikaler als Butler skizziert Donna Haraway[75] die Dominanz der Konstruktion gegenüber einer möglichen vorgängigen Wirklichkeit. Nichts, verkündet sie, stehe außerhalb der Kultur: Organismen und Maschinen, Texte und Körper, Natur und Empfindungen. Die Grenzen zwischen all diesen Gruppen von Dingen seien von Menschen geschaffen und ließen sich folgerichtig verschieben, aufweichen oder gänzlich eliminieren. Im Verlauf des zwanzigsten Jahrhunderts seien nun drei Grenzziehungen durchbrochen worden, die im Zentrum der gesellschaftlichen Ordnung westlicher Gesellschaften gestanden hätten: die Grenze zwischen Tier und Mensch, zwischen Organismus und Maschine sowie zwischen Physikalischem und Nichtphysikalischem. Ausgehöhlt seien auch andere Dichotomien,

75 Haraways wichtigste Schriften erschienen bereits Mitte der achtziger Jahre – daher ist sie gewissermaßen eine der ersten postmodernen Feministinnen der USA.

die zu den Grundpfeilern hegemonialer Ideologieproduktion zählten: öffentlich und privat, Natur und Kultur, Männer und Frauen, primitiv und zivilisiert. Dadurch, so ihr Fazit, seien die Strukturen der Herrschaft brüchig und eine Zukunft ohne *gender* denkbar geworden.[76]

Das Subjekt dieser entgrenzten Welt neuer Chancen und Herausforderungen sei der oder die Cyborg, poetisch skizziert als »verdichtetes Bild unserer imaginären und materiellen Realität, den beiden miteinander verbundenen Zentren, die jede Möglichkeit historischer Transformation bestimmen« (Haraway 1995: 34). An anderer Stelle wird, etwas prosaischer, der kybernetische Charakter der Cyborgs zitiert, ohne dies aber im Text als analytische Größe zu berücksichtigen. Insgesamt scheint der/die Cyborg in Haraways Schriften als Trope, die vielleicht weniger erklärend als provozierend wirken soll. Dies zumindest legen Textpassagen wie die folgende nahe, in der der/die Cyborg zur neuen Metakategorie stilisiert wird: »Im späten zwanzigsten Jahrhundert, in unserer Zeit, einer mythischen Zeit, haben wir uns alle in Chimären, theoretisierte und fabrizierte Hybride aus Maschine und Organismus verwandelt, kurz, wir sind Cyborgs« (a.a.O.). Ob dies als Effekt einer sich zunehmend vernetzenden, technisierenden Welt im Allgemeinen oder als Anspielung auf konkrete Praktiken wie die Substituierung von Körperteilen durch maschinell produzierte Ersatzteile und biotechnologische Reproduktionsverfahren verstanden werden soll, bleibt ungeklärt.[77] Haraway verweist in eher abstrakt-grundsätzlicher Weise auf den alles durchdringenden Einfluss der Kommunikations- und Biotechnologien, die Objekte und Subjekte auf einen lesbaren Code kondensieren, doch nur an wenigen Stellen exemplifiziert sie ihre Thesen an konkreten Beispielen. Eine Ausnahme bilden ihre Ausführungen über die Zukunft der Arbeit, von der sie annimmt, dass sie einem Feminisierungsprozess unterliegt, der das Ideal des

76 Vgl. Haraway 1995: 35.

77 Verweise auf Experimente wie die OncoMouse, der menschliche Gene implantiert wurden, um in der Krebsforschung neue Ergebnisse zu erzielen (vgl. Haraway 1996), machen zwar einen Trend zur Grenzüberschreitung deutlich, erklären aber nicht ihre generalisierende These, dass die Cyborgs die Menschen abgelöst hätten.

vollbeschäftigten, durch Gewerkschaftsbeschlüsse abgesicherten weißen Facharbeiters erodiert und Männer zunehmend in prekäre und schlecht bezahlte Positionen presst, die in der Vergangenheit vornehmlich von Frauen besetzt waren. Ohnehin glaubt sie, Männer seien stärker von Entlassungen bedroht als Frauen, was zu einschneidenden Verschiebungen innerhalb der Haushaltsökonomie führe. Als prototypisch für diese neuen Umstrukturierungen des Arbeitslebens führt sie Silicon Valley an.[78]

Gerade in dieser Beschränkung auf einen durch spezielle Bedingungen gekennzeichneten modernen Sektor, so meine ich, liegt denn auch ein Problem von Haraways Analyse. Es ist mehr als fraglich, ob man im Weltmaßstab von einer Verdrängung männlicher Arbeit durch weibliche oder einer neuen Entgarantierung männlicher Arbeit sprechen kann.[79] Tradierte Muster der familiären Arbeitsteilung, misogyne Einstellungspolitiken und schlechte Betreuungsmöglichkeiten für Kinder verhindern weltweit noch immer, dass Frauen in gleichem Umfang wie Männer in den Arbeitsmarkt integriert werden. Silicon Valley mit seinen spezifischen ökonomischen und sozialen Bedingungen kann kaum ernsthaft als Modell für die Entwicklung der globalen Ökonomie zitiert werden. Hier kann man Haraway mit einiger Berechtigung einen kalifornischen *bias* unterstellen, der auch in anderen Feldern ihrer Theorie zum Tragen kommt. Vom Standpunkt einer kulturvergleichenden Analyse ließe sich beispielsweise sowohl die Bedeutung der Bio- und Informationstechnologien für die einzelnen Individuen als auch das behauptete Erklärungsmonopol der Bio- und Kommunikationswissenschaften infrage stellen.

Wie steht es nun um das emanzipatorische Potential des Cyborgs? Nach Haraway liegt es im Verschwinden der Dichotomien begründet, die »systematischer Bestandteil der Logiken und Praktiken der Herrschaft über Frauen, farbige Menschen, Natur, Arbeite-

78 Vgl. Haraway 1995: 54.

79 In den Ländern Osteuropas ist zum Beispiel eine gegenteilige Entwicklung zu beobachten, bei der Frauen aus der Vollbeschäftigung in die Rolle von Zuarbeiterinnen oder Hausfrauen gedrängt wurden, und von den wichtigsten hoch bezahlten neuen Arbeitsbereichen (Computertechnologie) profitieren in erster Linie Männer.

rInnen, Tiere (waren) – kurz, der Herrschaft über all jene, die als Andere konstituiert werden …« Die Konstituierung von einem Anderen, das sich im Gegensatz zum Selbst befindet, hat zweifellos Ausschlüsse produziert, ist es aber auch konstitutiv für Herrschaft? Kathrin Braun hat im Hinblick auf Haraways Technologiekonzept darauf hingewiesen, dass Klassenverhältnisse durchaus ohne Markierungen auskommen und dass jene Klassenverhältnisse zwar stabilisieren, aber nicht hervorrufen.[80] Ob die Bio- und Gentechnologien die von Haraway benannten Dichotomien wirklich zum Verschwinden bringen, ist ebenfalls mehr als zweifelhaft. Carmen Gransee, die sich mit Haraways Naturkonzept auseinander gesetzt hat, befürchtet eine gegenteilige Entwicklung, nämlich die Festschreibung der Hegemonie des Geistes gegenüber dem Materiell-Leiblichen,[81] und wer sich jemals mit den Auswirkungen der Pränatalen Diagnostik in Indien befasst hat, wird schwerlich behaupten können, Biotechnologien trügen zum Abbau von Geschlechterasymmetrien, geschweige denn von Geschlechtermarkierungen bei. Angesichts der sehr differenziert geführten derzeitigen Debatte um die ethische Dimension innerhalb der Biotechnologien erscheint Haraways Ansatz letztendlich vielleicht weniger provokativ als blauäugig.

7. Feminismus und Konstruktivismus – ein Widerspruch?

Der Feminismus, der in den siebziger Jahren angetreten war, die Frauen der Welt von Unterdrückung, Ausbeutung und dem Stigma des Minderwertigen zu befreien, fand sich in den neunziger Jahren im Prozess der eigenen Auflösung wieder. Die Kritik nichtwestlicher Feministinnen am universalistischen Anspruch der weißen Schwestern zerstörte die Vorstellung von der Gemeinschaft aller Frauen im Kampf gegen das Patriarchat. »Verlorene Gewißheiten« und »politische Ratlosigkeit« (Luig 1997: 69) wurden ebenso diagnostiziert wie ein Legitimitätsverlust für die Frauenbewegung durch die neue

80 Vgl. Braun 1998: 158 ff.
81 Gramsee 1998: 131.

Trennung von Politik und Forschung.[82] Der feministische Konstruktivismus schließlich, als Endpunkt einer Kette von Erosionen, scheint dem Feminismus selbst den Boden unter den Füßen wegzuziehen, und manche Feministin wird sich Andrea Rödigs Frage: »Sägen wir an dem Ast, auf dem wir sitzen?« (Rödig 1992: 73) bereits selbst gestellt haben.

Die Bewertung dieser Entwicklung ist so unterschiedlich wie die theoretischen Positionen. Ungeteilte Ablehnung oder Zustimmung findet sich nur bei wenigen. Stellvertretend für die beiden am stärksten polarisierten Positionen möchte ich Sabine Hark, eine Vertreterin der populären *queer theory* und noch einmal Maria Mies anführen.

»Queer intervention« lautet der Titel eines Aufsatzes, in dem Hark Butlers Thesen als Anstoß begrüßt, Lesben und Schwule aus dem Ghetto der Marginalisierten herauszulösen und ihre nicht normierte Identität zum Kristallisationspunkt einer neuen radikalen Perspektive zu machen. Dabei subsumiert sie Butler implizit als Vertreterin der *queer theory*, einer politischen und theoretischen Idee, die mit einer Kritik des Konzepts einer »natürlichen« Ordnung »problematisch gewordene Identitätspolitiken« (Hark 1993: 103) überwinden will.[83] Die *queer*-Bewegung, die in den USA durchaus keine versteckte Subkultur bildet, sondern mit spektakulären Aktionen die politische Bühne betreten und einen neuen Demokratiediskurs eröffnet hat,[84] zeugt vom neuen Selbstbewusstsein all derjenigen, deren Identität nicht einer heterosexuellen Bipolarität entspricht. Wie Katrin Braun ausführt, hat sie sich von einer homosexuellen Lobby-Politik entfernt und zielt darauf, »das System von Norm und Abweichung auf dem Feld der Sexualität überhaupt infrage zu stellen« (Braun 1993: 114). Die Methode der politischen

82 Vgl. Hauser-Schäublin/Röttger-Rössler 1997: 9.

83 Butler selbst hat in einem Interview einmal ihr Verhältnis zum Feminismus und zu *queer* folgendermaßen dargestellt: »Ich würde sagen, ich bin eher eine feministische Theoretikerin als eine *queer*-Theoretikerin oder eine schwul-lesbische Theoretikerin. Gender trouble war eine Kritik der Zwangsheterosexualität innerhalb des Feminismus, und es waren Feministinnen, die meine intendierten Zuhörerinnen waren.« (Osborne/Segal 1994: 32)

84 Vgl. u. a. Quaestio, Hg. (2000).

Aktion ist, ganz im Sinne Butlers, Parodie und Maskerade, Travestie und Performanz.[85] Nach Hark beansprucht *queer* – und damit nähert sie sich der Zielsetzung des frühen Feminismus an –, die gesellschaftliche Machtfrage zu stellen[86] und Anstöße für neue Koalitionen zu eröffnen, die »über die Barrieren von Klasse, Rasse, Sexualität und Geschlecht« (Hark 1993: 108) hinausgehen.

Was Hark als Schritt nach vorne wahrnimmt, gilt Mies als Zurückfallen hinter einmal erreichte Positionen. Schon mit der Re-Akademisierung der feministischen Forschung in den achtziger Jahren und der Trennung zwischen *sex* und *gender* sei die radikale Konsequenz der feministischen Erkenntnisse verleugnet worden. »Dieser *gender*-Diskurs«, führt sie aus, »hatte den Effekt, Frauenstudien respektabel und für Männer zugänglich zu machen. Denn er ließ den Begriff ›Frau‹ – und all das, was mit ihm assoziiert wird – wieder aus dem akademischen und öffentlichen Diskurs verschwinden. Von *gender* zu reden war anständig und bedrohte niemanden.« (Mies 1997: 60 / 61)

Im Postmodernismus schließlich sei auch das Wissen um die Ursprünge, des Geborenseins aus dem Körper einer Frau, eliminiert worden. Dieser theoretische Muttermord gehe Hand in Hand mit einem politischen Muttermord, der Distanzierung von den Müttern des Feminismus, deren Ideen nach dem Muster postmoderner Beliebigkeit dekonstruiert, rekonstruiert und in unverbundene Teile zerlegt würden, die man dann nach Belieben mit Bruchstücken anderer Ideensysteme kombinieren und variieren könne. Unverbundene Informationen, Desorientierung, Ohnmachtsgefühle und Handlungsunfähigkeit seien die Folge. Für Mies gibt es keinen Kompromiss mit dem Konstruktivismus, sondern nur ein Zurück zu den einmal verfassten »Postulaten«.

85 Rödig gibt angesichts des vorgetragenen Optimismus, mit dem Hark das Verwirrspiel der Geschlechter als wichtigstes Mittel der politischen Aktion begrüßt, zu bedenken, »daß Parodie nur als Augenblicksereignis wirken kann und daß sie nur solange Parodie ist, wie wir ... noch an den Identitäten festhalten, die da parodiert werden. Die homo- wie die heterosexuelle Travestie spielt mit ›gender‹ nicht mit ›sex‹: Wenn es wirklich zur Sache geht, muß das Geschlecht unterm Kostüm stimmen, und zwar eindeutig.« (Rödig 1994: 96)

86 Vgl. Hark 1993: 104.

Das Gros der Feministinnen teilt indes weder die Begeisterung einer Sabine Hark noch die radikale Ablehnung einer Maria Mies, sondern versucht einen mehr oder weniger erfolgreichen Balanceakt zwischen den Extremen. Der Feminismus, so Hilge Landweer, habe sich in einem Paradox verfangen, das darin besteht, »einerseits aufzuzeigen, wo überall in Diskursen und nicht-diskursiven Praktiken ›Geschlecht‹ in offener oder verdeckter Weise relevant ist bzw. relevant gemacht wird, und dabei andererseits in der eigenen Kritik ›Geschlecht‹ als bedeutungstragend vorauszusetzen, um die Asymmetrien der Geschlechterverhältnisse sichtbar und angreifbar zu machen« (Landweer 1993: 34).

Die Lösung des Dilemmas scheint alles andere als einfach. Nancy Fraser unternimmt den Versuch, die formulierten Gegensätze als Ergänzungen umzudeuten. Sie schreibt: »So können wir uns Subjektivität als mit Kritikfähigkeit ausgestattet und kulturell konstruiert denken, statt starr an einer Reihe sich gegenseitig verstärkender falscher Gegensätze festzuhalten ... In gleicher Weise können wir von einer Beziehung zur Geschichte ausgehen, ... das sowohl kontextualisiert als auch vorläufig totalisierend ist.« (Fraser 1993: 76)

Die Soziologinnen Hagemann-White und Lindemann hingegen schlagen eine Hinwendung zur Empirie vor, um der konstruktivistischen Theorie den Charakter der »Sonntagsrede« (Lindemann 1993b) zu nehmen.

Dies könnte ein Ansatz sein, die diskursive Bodenlosigkeit der Debatte zu beenden und das Augenmerk wieder auf die sozialen Verhältnisse zu richten, die das Leben von Männern und Frauen weitaus stärker determinieren als die Feinheiten einer ideologischen Konstruktion. Der Faktizität des Sexismus, die Butler und Trettin mitunter in ihren theoretischen Elfenbeintürmen beunruhigt, muss Rechnung getragen werden. Doch Vorsicht ist geboten. Wie aus den Beispielen ethnologischer Forschung deutlich wurde, lassen sich empirische Daten in vielfältiger Weise interpretieren. Das Fehlen einer dezidiert feministischen Theorie lässt sich nicht mit einem Hinweis auf ein empirisches Manko ausgleichen. Der Feminismus als emanzipative Denkrichtung aber, so meine ich, kann kaum darauf verzichten, sich an einem genau bezeichneten Subjekt zu orientieren. Dieses Subjekt kann historisch, politisch und theoretisch nur die Frau sein. Andernfalls würde nicht nur eine Kategorie obsolet, sondern auch der Begriff des Feminismus selbst. Für eine allgemeine Theorie der Befreiung, wie sie im Aufsatz von Hark anklingt, könnte und müsste eine andere Begrifflichkeit gefunden werden. Trettins Frage, ob der Feminismus eine Kategorie benötige, muss, vor dem Hintergrund der im Uferlosen angekommenen Debatte, mit Ja beantwortet werden, wenn wir vermeiden wollen, in eine »vorgeschlechtliche Vergangenheit« (Modleski 1993: 183) zurückzufallen, in der die Kategorie »Mann« als Synonym für »Mensch« verwendet wurde. Die erneute Hinwendung zur Frau als dem Subjekt des Feminismus soll nicht als Abkehr aller Erkenntnisse des Konstruktivismus verstanden werden, dem vor allem im Bereich der Erforschung der Genese von Kategorien und der Herstellung von Geschlechtsidentität wichtige Impulse zu verdanken sind. Doch gleichzeitig kann der Feminismus, will er sich nicht selbst überflüssig machen, weder auf seine politische Zielsetzung noch seine theoretische Bezugnahme auf einen umfassenden Emanzipationsprozess verzichten. Seyla Benhabib formuliert eine Position, die vielleicht keine kurzfristige Lösung des Paradox anbietet, aber doch eine Rückkehr zu unverzichtbaren Positionen des Feminismus beinhaltet, ohne die Denkanstöße des Konstruktivismus zu negieren. Sie schreibt: »Das postmoderne Denken kann uns die theoretischen und politischen Fallen aufzeigen, weswegen Utopien und Denkweisen fehlschlagen können, doch sollte dies nicht zu einem Rückzug von der Utopie überhaupt führen. Denn gerade wir – als Frauen – haben viel zu verlieren, wenn wir die utopische Hoffnung in das ganz andere aufgeben.« (Benhabib 1993: 28)

Kapitel 2

Das Erscheinen des modernen Geschlechts in Europa

Die These vom Geschlecht als kontextabhängiger Kategorie verweist nicht nur auf kulturelle Unterschiede, sondern auch auf eine historische Dimension. Unsere Vorstellungen davon, was ein Mann oder eine Frau ist, wie ein männlicher oder weiblicher Körper und Geist oder eine männliche und weibliche Psyche beschaffen sind, unterliegen dabei dem gleichen Wandlungsprozess wie die sozialen Rollen der Geschlechter; wie diese sind sie historisch geworden.

Im Rahmen der Debatte um die Kategorie Geschlecht ist es infolge solcher Erkenntnisse zu lebhaften Spekulationen über die Historizität des Zweigeschlechtermodells gekommen. Der britische Geschichtsforscher Thomas Laqueur, der eine Vielzahl von Quellen von der Antike bis zur Moderne auf eventuelle Indizien für andere Konzeptionen von Geschlecht durchforstet hat, vertritt die Auffassung, die Idee von zwei Geschlechtern sei erst im siebzehnten Jahrhundert entwickelt worden. Zuvor habe ein Eingeschlechtmodell geherrscht, dem zufolge die Frau nicht als eigenständiges Geschlecht, sondern lediglich als minderwertige Kopie des Mannes galt.

Claudia Honegger sieht das achtzehnte Jahrhundert als markantesten Zeitpunkt für die Herausbildung der noch heute geltenden kognitiven Geschlechterdualität. In dieser Zeit, so meint sie, sei die Frau als das vom Manne Abweichende anthropologisch entworfen und festgeschrieben worden. Die amerikanische Wissenschaftlerin Alice Dreger hingegen setzt den entscheidenden Punkt der Geschlechterkonstruktion erst hundert Jahre später an. Dabei bezieht sie sich weniger auf Geschlecht als soziale Kategorie, sondern befasst sich vorrangig mit seinen morphologischen und physiologischen Aspekten, dem *sex*. Im neunzehnten Jahrhundert, so lautet das Resultat ihrer Sichtung medizinischer Protokolle und Berichte, habe man den *sex* als eindeutige und binäre Kategorie zur hegemonialen Denkfigur stilisiert.

Im gleichen Zeitraum, in dem Laqueur den Durchbruch des Zweigeschlechtermodells feststellt, diagnostizieren andere Historiker wie Randolph Trumbach oder Theo van der Mer das Aufkommen eines dritten und – marginaler – sogar vierten Geschlechts, und Michel Foucault vermerkt in diesem Zeitraum eine einsetzende Pluralität der sexuellen Diskurse. Vom neunzehnten Jahrhundert an melden sich Homosexuelle zu Wort und stiften ihre eigenen Beiträge zu einer über die Zwei hinausgehenden Idee von Geschlecht, die in gewisser Hinsicht Vorläufer des aktuellen Diskurses über Identität und sexuelle Praxis darstellen.

Eine verwirrende Vielfalt an Thesen, die sich, obgleich sie in der aktuellen Auseinandersetzung häufig vermischt und geradezu beliebig miteinander kombiniert werden, doch in zwei einander entgegengesetzte Theorien sortieren lassen. Die eine, für die Laqueur, Honegger und Dreger stehen, behauptet eine Verengung der Diskurse in der zweiten Hälfte des Jahrtausends, wobei das achtzehnte und das neunzehnte Jahrhundert als besonders einschneidend dargestellt werden. Die zweite Theorie glaubt in ebendieser Zeit eine Ausweitung und Auflösung der Kategorie Geschlecht zu bemerken. Beide Theoriestränge werden mit historischen Quellen untermauert.

Wie passt das zusammen? Ich werde im Folgenden aufzeigen, dass das scheinbare Paradox nicht notwendig eines ist und dass beide Teile, die Reduktion und die Erweiterung der Kategorie Geschlecht, sich geradezu notwendig bedingen. Die Zuspitzung des hegemonialen Diskurses auf Dualität hin und die Herstellung eines restriktiven Differenzmodells, das vom sechzehnten bis zum beginnenden zwanzigsten Jahrhundert so auffällig in Erscheinung tritt, produzierten als einen ihrer Effekte differenzierte Diskurse der Subkultur und ließen das Abweichende und Nichteindeutige, das sie selbst an den Rand der Gesellschaft gedrängt hatten, in aller Deutlichkeit zu Tage treten. Erst als die Dualität der Geschlechter als wissenschaftlich erhärtete Tatsache galt, konnte der Verweis auf eine über die Zwei hinausgehende Zahl Sinn machen.

Der durch die modernen Wissenschaften begründete Dualismus ist das stringenteste Geschlechtermodell der Geschichte. Vorausgegangene Vorstellungen waren weniger elaboriert, enthielten Widersprüche und nur grob standardisierte Beobachtungen und Empfindungen, die der Leserin des einundzwanzigsten Jahrhunderts als geradezu unglaubliche Absonderlichkeiten vorkommen mögen. Wie interpretieren wir heute diese Quellen? Sind Erzählungen über menstruierende Männer und andere Merkwürdigkeiten, die in medizinischen Berichten und philosophischen Betrachtungen niedergelegt sind, Evidenzen dafür, dass die Idee von Geschlecht in der Vergangenheit nicht von der Binarität zwischen Männern und Frauen geprägt war, wie dies einige AutorInnen getan haben?[1] Oder waren Vorstellungen von ejakulierenden Frauen und von Männern, die Milch aus ihren Brüsten spritzten, problemlos mit einem dualen Geschlechterbild kombinierbar? Dies würde voraussetzen, dass Menschen nicht immer und zu allen Zeiten in sich ausschließenden Oppositionen dachten. Gerade am Beispiel der Arbeit von Thomas Laqueur zeigt sich, dass es nur bedingt erhellend ist, das Material aus den Archiven mit der Gewalt einer wissenschaftlichen Überzeugung zurechtzubiegen und Ungereimtheiten im Nachhinein mit einer Eindeutigkeit zu versehen, die dem Material nicht inhärent ist.

1. Parallele Diskurse und unscharfe Grenzen: Geschlecht von der Antike bis zur Neuzeit

Thomas Laquer beginnt seine Untersuchungen in der griechischen Antike, von der gleich mehrere Geschlechtermodelle schriftlich überliefert sind. Eines der prominentesten geht auf Galen von Pergamon (130–200 n. d. Z.) zurück und betont die physische Ähnlichkeit der Geschlechter. Frauen, so Galens These, seien körperlich nichts anderes als invertierte Männer, deren Organe sich am falschen Platz, nämlich im Inneren des Leibes befänden. Wie die Augen

1 Vgl. Behrend 1995, Herdt 1994a.

eines Maulwurfs, die zwar vorhanden, aber unfähig sind, die Funktion von Augen zu erfüllen, seien auch die weiblichen Geschlechtsorgane nur verkümmerte Kopien der männlichen. Nach Laqueur ist Galen ein Protagonist des in der Antike herrschenden Eingeschlechtmodells.

Wenn wir unseren Blick ausschließlich auf die Konzeption der Geschlechtsorgane richten, scheint dies nur konsequent: Beide Geschlechter gelten in dieser Hinsicht als gleich ausgestattet, das eine (die Frau) lediglich unvollkommener als das andere.

Laqueurs Schlussfolgerung, in der Antike habe man nicht zwischen zwei biologischen Geschlechtern differenziert, ist allerdings sehr gewagt, unterschlägt sie doch eine Reihe weiterer Komponenten, die Geschlecht nach griechischer Vorstellung konstituierten. Laqueur selbst führt Hinweise in diese Richtung an, ohne sie aber weiterzuverfolgen. Als wichtigstes Unterscheidungsmerkmal zwischen Männern und Frauen, das Galen für die jeweilige Platzierung und Entwicklung der männlichen und weiblichen Organe verantwortlich macht, nennt er das geschlechtsspezifische Potential an Hitze, das »wichtigste Werkzeug der Natur«[2]. Die Theorie der Temperaturunterschiede zwischen den Geschlechtern geht keineswegs auf Galen zurück, sondern war, verbunden mit der Lehre des geschlechtsspezifischen Feuchtigkeitshaushaltes, die herrschende vorsokratische und hippokratische Geschlechtertheorie.[3] Frauen galten dabei als tendenziell kalt und feucht, womit man die Existenz von Menstruation und Brustmilch genauso begründete wie die weibliche Neigung, schnell in Tränen auszubrechen. Männer hielt man dagegen für heiß und trocken, Eigenschaften, die mit Geist, Selbstkontrolle und Intelligenz assoziiert wurden.

Aristoteles verdichtete diese Differenzen zwischen den Geschlechtern zu einer binären Reproduktionstheorie: die Frau liefere die Materie, der Mann den Geist und die Form. Zwar lassen sich bei ihm wie bei Galen ähnliche Bezeichnungen für einige männliche und weibliche Organe nachweisen, was Laqueur wiederum ermutigt, ihn ebenfalls als heimlichen Verfechter des Eingeschlechtmo-

2 Vgl. Laqueur 1992: 42.
3 Vgl. Detel 1997: 63.

dells vorzustellen. Andererseits unterscheidet er deutlich zwischen Uterus, als dem wichtigsten Organ der Frau, und dem Penis. Insgesamt bleibt unverständlich, wieso Laqueur Aristoteles überhaupt als Vertreter des Eingeschlechtmodells anführt,[4] wenn er nicht nur die unübersehbaren binaristischen Vorstellungen realisiert, sondern sogar zur Kenntnis nimmt, dass der Philosoph physische Qualitäten mit sozialen Rollen verknüpfte: »Das Weibliche steht dem Männlichen (im Reproduktionsprozess, Anm. der Autorin) gegenüber, und das Gegenteil zum Vater ist die Mutter.« (Laqueur 1992: 44)

Aus den jeweiligen Theorien über die Geschlechtsorgane, die Temperatur und den Flüssigkeitsgehalt leiteten die antiken Gelehrten verschiedene Sichtweisen auf die Körpersäfte ab. Die kleinen Hoden der Frauen, so Galen, produzierten Sperma, das nasser, kälter und kläglicher sei als das des Mannes, doch Hippokrates meinte, beide Geschlechter seien in der Lage, starkes und schwaches Sperma hervorzubringen. Sei das Sperma der Frau und des Mannes schwach, werde ein Mädchen gezeugt, sei es stark, erschaffe man einen Jungen. Aristoteles verglich die Menstruation mit dem Nasenbluten, das bei Männern schon deshalb häufiger sei, weil diese nicht menstruierten. In einer Hierarchie der Flüssigkeiten nehme Blut den Stellenwert des Ursprungs ein, von dem sich die anderen Säfte gleichsam ableiten. Auch Fett gehöre in diese Kategorie, es sei wie Sperma nichts anderes als durchgearbeitetes Blut. Da die Körperökonomie nach Balance zwischen den Säften strebe, sei verständlich, wieso fette Männer weniger Sperma produzierten als schlanke, und dicke Frauen weniger menstruierten als dünne. Sperma könne zu seiner Blutnatur zurückkehren, wenn der Mann zu häufigen Geschlechtsverkehr pflege, und der Samen von sehr jungen oder sehr alten Männern könne der formgebenden Qualitäten ermangeln, die zur Reproduktion nötig sind. Hippokrates war der Ansicht, Nasenbluten sei ein Zeichen, dass eine ausgebliebene Regel wieder einsetzen werde und dass, umgekehrt, eine einsetzende Menstruation zur Heilung beim Erbrechen von Blut führe. Selbst äußere Einflüsse wie das Wetter machten sich, diesen Theorien von Ausgleich und Substitution zufolge, bemerkbar, weshalb Frauen im Winter eine stär-

4 Vgl. Laqueur 1992: 42, 47.

kere Monatsblutung hätten als im Sommer, wenn ein Teil der Körperflüssigkeiten verdunste.

Welche Schlüsse zieht Laqueur nun aus diesen Thesen, deren Reihe sich noch weiter fortführen ließe? Er schreibt: »All diese Zeugnisse deuten darauf hin, dass in der Konstruktion des Ein-Geschlecht-Leibes die Grenzen zwischen Blut, Samen, anderen Residuen und Nahrung, zwischen den Fortpflanzungs- und anderen Organen ... ohne scharfe Trennlinie und von einer für den modernen Menschen fast unvorstellbaren Porosität waren.« (Laqueur 1992: 57) Das Zitat enthält zwei Thesen: 1) die bereits vorgestellte des Eingeschlechtmodells und 2) die der osmotischen Grenzen zwischen körperlichen Substanzen. Laqueurs erster These, die die Eingeschlechttheorie durch die geschlechtlich nicht exakt verorteten Körpersäfte zu belegen sucht, liegt die Vorstellung einer umfassenden geschlechtlichen Codierung des Körpers zugrunde, die man, auch vor dem Hintergrund kulturvergleichender Daten, nur als nicht verifizierbar bezeichnen kann. In jeder Gesellschaft gelten die meisten Bestandteile des Körpers, Organe, Blut und flüssige Substanzen als geschlechtsneutral oder werden nur in bestimmten Kontexten sexuell markiert. Auch in unserer eigenen Kultur, die, nach Laqueur, das der Antike entgegengesetzte Zweigeschlechtermodell vertritt, wird nur ein geringer Teil des Körpers sexuell codiert, fast alle Organe und Flüssigkeiten werden nicht mit einem Geschlecht in Verbindung gebracht, und selbst Menstruationsblut gilt nicht als essentiell von anderem Blut unterscheidbar.

Seine zweite These, die auf die Durchlässigkeit und Veränderbarkeit körperlicher Substanzen hinweist, ist sehr viel interessanter. Männliches und Weibliches wurde in der Antike, so kann man den zitierten Beispielen entnehmen, grundsätzlich als in Bewegung konzipiert, unumstößliche Grenzen waren rar, und vieles war eher eine Frage der Quantität als der Essenz. Der Grad an Hitze galt einerseits als konstitutiv für das Geschlecht, war andererseits aber selbst variabel, durch Krankheit und sogar die Außentemperatur veränderbar. Die Ökonomie der Flüssigkeiten trennte Nasenbluten nicht von Menstruationsblut und brachte in Bezug auf ein mögliches prokreatives Liquid nur wenig Standardisiertes zum Vorschein. Diese Pluralität von Ideen hielt die zitierten Philosophen aber keineswegs davon ab, eine weit reichende, sowohl medizinisch als auch soziologisch orientierte Geschlechtertheorie zu vertreten, die auf der Annahme basierte, Menschen seien entweder Männer oder Frauen. Erst vor diesem Hintergrund erhalten Dispute über die Quantität von Substanzen in den einzelnen Körpern ihre Sinnhaftigkeit.

Laqueurs These eines antiken und mittelalterlichen Eingeschlechtmodells verkürzt die Vielfalt der Vorstellungen zugunsten eines homogenen Ideensystems, das dem wissenschaftlichen Denken des zwanzigsten Jahrhunderts entspricht, aus den von ihm zitierten Quellen aber nicht ersichtlich wird.

Dazu kommt, was Laqueur allerdings nicht anmerkt, dass die besprochenen Auffassungen ohnehin nur einer gebildeten Oberschicht entstammten. Über die Vorstellungen der einfachen Bevölkerung wissen wir gar nichts, doch es gibt keinen Grund zur Annahme einer vereinheitlichten Geschlechtertheorie.

Zur Erhellung dieses Teils europäischer Ideengeschichte empfiehlt sich ein Buch der Historikerin Barbara Duden, die den Körperempfindungen der Eisenacher Bevölkerung im achtzehnten Jahrhundert anhand der Protokolle eines pedantischen Stadtphysikus nachgegangen ist. Die Symptome und Beschwerden, die der Arzt Johann Storch im Laufe seines Lebens akribisch niederschrieb, sowie seine eigenen Diagnosen der geschilderten Zeichen und seine Methoden, sie zu kurieren, offenbaren, dass man den Körper noch immer mit äußeren Bedingungen des Seins verbunden dachte und seine verborgenen Prozesse innerhalb eines Systems verortete, in dem die Balance der Flüssigkeiten eine entscheidende Rolle spielt. Alles kann transformiert und substituiert werden wie die Milch der Brust, die in den Mund aufsteigen und zu Speichel gerinnen oder als Exkrement über den Darm ausgeschieden werden kann.[5] Menstruationsblut wandelt sich in Milch,[6] Leberflecken zu üblem Atem[7] und manche Mädchen weinen blutige Tränen anstatt zu menstruieren.[8] »Das Innere«, schreibt Duden, »ist ein Ort der Durchlässigkeit und der Metamorphose: Säfte ändern sich im Leib, wechseln ihre Stoff-

5 Vgl. Duden 1989: 127.
6 Vgl. Duden 1989: 127.
7 Vgl. Duden 1989: 129.
8 Vgl. Duden 1989: 141.

lichkeit, Form, Farbe, Konsistenz, ihren Austrittsort und sind doch etwas Gleiches geblieben.« (Duden 1989: 129)

Auch scheint die Markierung von Geschlecht nicht immer eindeutig mit bestimmten physischen Vorgängen gekoppelt gewesen zu sein, denn Storch berichtet aus »bezeugter Erfahrung«[9] von Männern, die Milch in ihren Brüsten hatten. Die »bezeugte Erfahrung« orientiert sich allerdings nicht an einem selbst beobachteten Fall, und so darf man wohl annehmen, dass Storch hier ein ihm zu Ohren gekommenes Gerücht meint. Ein anderes Beispiel ist in seiner Quellenlage ebenfalls recht dubios: Storch erwähnt einen Mann, der »so viel Milch von sich gemolken, daß er Käse davon gemacht« (Duden 1989: 138).

Wenn sich die Flüssigkeiten im Körper wandeln und die Orte ihrer Exkretion nicht immer feststehen, dann liegt es nahe, auch verschiedene Arten des Blutens miteinander zu vergleichen. Storch stellt denn folgerichtig eine logische Verbindung zwischen verschiedenen männlichen Blutungen und der weiblichen Menstruation fest. So diene zum Beispiel die Hämorrhoidialblutung bei »vollblütigen« Männern ohne Bewegung der Entlastung von überflüssigen Säften. Das männliche Bluten, so Duden, sei im achtzehnten Jahrhundert kein marginales Thema gewesen, sondern sei in einer großen Zahl gelehrter Abhandlungen und Disputationen erörtert worden.[10] Sie erwähnt unter anderem die Schriften des Wilhelm Gottfried Ploucquet, in denen mit genauem Datum und Ortsangaben eine Reihe von Fällen aufgelistet ist, bei denen Männer sogar periodische Blutungen hatten. Die Orte, aus denen das »Monatliche« strömte,[11] reichten vom linken Daumen über Krampfadern am Bein bis zu Analblutungen.[12]

Welches Resümee lässt sich aus diesen Beispielen ziehen?

Andera Maihofer merkt richtig an, dass Dudens Ansatz sich von anderen konstruktivistischen Theorien durch die Betonung der

9 Zitiert nach Duden 1989: 137.

10 Vgl. Duden 1989: 136.

11 Unverständlich, dass Duden den Unterschied zwischen weiblichen und männlichen Blutungen ausgerechnet in der Periodizität der ersten zu finden meint. Vgl. Duden 1989: 136.

12 Vgl. Duden 1989: 137.

subjektiven Erfahrung unterscheidet, dass Körper nicht nur »historisch ... unterschiedlich wahrgenommen wird, sondern ... von den einzelnen Individuen jeweils sehr unterschiedlich erfahren, erlebt und erlitten wird« (Maihofer 1995: 39). Dies macht das Besondere ihrer Arbeit aus und unterscheidet sie von der Laqueurs, der die Meinung von Spezialisten wiedergibt, ohne zu hinterfragen, wie diese Meinungen gewirkt haben, welchen Verbreitungsgrad sie hatten und mit welchen gegenläufigen Theorien sie jeweils konkurrierten.

Duden selbst interpretiert ihre Daten im Rahmen des Kulturdeterminismus: »In außerordentlich verschiedenen Weisen kann Kultur Geschlechtlichkeit an Körperlichkeit binden, und Körperlichkeit als Zeichen für den Unterschied von Mann und Frau interpretieren. Kein morphologisches Element, und auch kein Vorgang wie der Samenerguß oder die monatliche Blutung sind immer und überall geschlechtseigentümlich verstanden worden. Erst wenn solche Momente durch das kulturbestimmte Auge erfaßt werden, werden sie zu Geschlechtscharakteristika. Das Geschlecht liegt im Auge des Betrachters.« (Duden 1989: 138)

Das macht den Eindruck großer Variabilität, so, als deute jede Kultur die Zeichen des Körpers unterschiedlich und unabhängig von den uns heute geläufigen Verknüpfungen. Duden würde sich vermutlich gegen eine solche Interpretation ihrer Theorie wehren – dies legt zumindest ihr heftiger Einspruch gegen Judith Butlers Modell der Konstruktion von Geschlecht nahe.[13] Doch sie bleibt missverständlich, und dies resultiert vor allem aus der unhierarchischen Darstellung pathologischer und gesunder Körperprozesse. Storchs Aufzeichnungen befassen sich mit krankhaften Entartungen natürlicher Prozesse, nicht mit den als natürlich empfundenen Abläufen körperlicher Funktionen. Methodisch ist es ein zweifelhaftes Unterfangen, diese pathologischen Befunde zur Grundlage einer These über das als »normal« Empfundene zu machen. Männer, die periodisch aus dem linken Daumen bluten, stellten auch im achtzehnten Jahrhundert Ausnahmen einer Regel von nicht blutenden Männern dar und können bestenfalls als Hinweis auf die Grenzen des für möglich Erachteten Geltung beanspruchen. Insbesondere dann,

13 Vgl. Duden 1993.

wenn diese Möglichkeiten mit grotesken Gerüchten untermauert werden (der Mann, der aus seiner Milch Käse herstellte), sollte man äußerste Vorsicht bei Versuchen walten lassen, sie in generalisierende Abstraktionen einzubinden.[14]

Nichts weist darauf hin, dass die Menstruation im Normalfall nicht ebenso als weibliche Funktion verstanden wurde wie die Produktion von Sperma als männliche. Andererseits zeigt die Fülle pathologischer Möglichkeiten, dass Spekulationen, empirisch erhärtete Befunde und persönliche Empfindungen noch nicht zu einem fest umrissenen Regelwerk verdichtet waren, im Rahmen dessen auch die Grenzen der Geschlechter ummauert und festgeschrieben wurden.

2. Dritte Geschlechter in Europas Städten?

Solche Grenzziehungen begannen, anders als erwartet, gar nicht unmittelbar mit einer strikteren Ausformulierung der Kategorien Mann und Frau. Diese blieben zunächst in ihrer relativen Diffusität unangetastet. Stattdessen wandte man sich einem Phänomen des von einer impliziten Norm Abweichenden zu, den Homosexuellen, die als sichtbare Folge der beginnenden Urbanisierung im sechzehnten Jahrhundert als signifikante Gruppe in Erscheinung zu treten begannen. Als Konsequenz eines Diskurses um Homosexualität in der frühen Neuzeit entstand, will man einer Theorie von Randolph Trumbach (1998) folgen, in einigen Ländern Europas die Konzeption einer modernen Sexualität, die bis in die sechziger Jahre des zwanzigsten Jahrhunderts anhielt.

Vor dieser Zeit wurde Homosexualität mit anderen Formen nichtlegitimer Sexualität unter dem Begriff »Sodomie« zusammengefasst. Der Terminus entstand im dritten Jahrhundert n. d. Z. in der theologischen Schule von Alexandria, die festlegte, dass sexuelle Handlungen nur dann gottgefällig und erlaubt seien, wenn sie der

14 Würden wir die Blüten unserer Klatschmagazine auf Absonderlichkeiten untersuchen, würden wir ebenfalls auf Befunde stoßen, die mit dem reinen Bild getrennter Geschlechter wenig gemein haben.

Fortpflanzung dienten. Dies schloss neben der Homosexualität und dem Sex mit Tieren auch den heterosexuellen Analverkehr aus.

Homosexualität selbst war, nach Trumbach, anhand von Alterskriterien hierarchisch organisiert und ereignete sich gewöhnlich zwischen einem erwachsenen Mann, der die aktive Rolle einnahm, und einem Knaben, der penetriert wurde.[15] Der Mann, vor allem wenn er dem Adel entstammte, verlor seinen maskulinen Status durch diese Handlungen nicht. Dem zeitgenössischen Bild eines Libertin entsprach es im Gegenteil, Männer und Knaben gleichermaßen zu penetrieren. Das änderte sich, Trumbachs Forschungen zufolge, im siebzehnten Jahrhundert. Erwachsene Männer begannen andere Männer zu begehren, und die strenge Aufteilung aktiver und passiver Rollen verschwand.

Theo van der Meer, der die Entwicklung des niederländischen Diskurses untersuchte und dabei insbesondere Gerichtsakten studierte, stellte fest, dass bis zur Mitte des achtzehnten Jahrhunderts nur eine geringe Anzahl an Prozessen wegen Sodomie anberaumt wurden. Zwar galt in fast allen Provinzen der »Constitutio Criminalis Carolina«, der für alle Arten der Sodomie den Tod durch Ertränken oder Verbrennen vorsah, doch unternahm man offensichtlich nur wenig Anstrengungen, um solche Verbrechen aufzudecken und zu verfolgen. Ja, allgemein galt Sodomie als seltenes Laster, das man nicht durch öffentliche Reden populär machen wollte. Konsequenterweise führte man Hinrichtungen auch im Verborgenen durch.

Diese Einstellung änderte sich um die Mitte des siebzehnten Jahrhunderts. Behörden und Öffentlichkeit wurden damit konfrontiert, dass homosexuelle Praktiken nicht so selten waren, wie man bisher geglaubt hatte, und die Zahl der Hinrichtungen stieg sprunghaft an.[16] Im Jahr 1730 steigerte sich die Sodomitenphobie bis zur Hysterie, eine Flut neuer Gesetze wurde erlassen, und man begann, die Hinrichtungen in der Öffentlichkeit durchzuführen, um eine abschreckende Wirkung auszuüben. Bis 1810 erschütterten mehrere

15 Dies entsprach auch der in der griechischen Antike gepflegten Praxis.

16 Dies betraf vor allem Männer aus sozialen Unterschichten, denn adligen Sodomiten ermöglichte man häufig die Flucht. Diese unverhohlene Solidarität innerhalb der herrschenden Klasse und die offene Praktizierung von doppelten Standards führte 1730 zu sozialen Unruhen.

Verfolgungswellen das Land, in deren Folge allein in der Provinz Holland innerhalb von zwei Jahren mehr als fünfundsiebzig Männer verurteilt wurden.[17] Die repressiven Maßnahmen wurden mit dem Verweis auf den biblischen Mythos von Sodom und Gomorrah und eine dezidierte Sündenvorstellung begründet, der zufolge Sodomie, zusammen mit anderen Lastern wie Völlerei und Glücksspiel, das Ergebnis eines unrechtschaffenen Lebenswandels sei. Die Niederlande standen unter der Herrschaft der Lehre Calvins und waren zu einem der reichsten und mächtigsten Länder Europas geworden. Im offiziellen Diskurs von Kirche und Staat war dieser Erfolg ein Ergebnis der Askese und Gottesfurcht der Bevölkerung. Die Sodomiten, so behauptete man nun, gefährdeten den Wohlstand aller durch ihr lasterhaftes Dasein.

Mit dieser Verschärfung eines Obrigkeitsdiskurses reagierte man auf eine veränderte Praxis der Homosexuellen selbst, die im urbanen Milieu sich entwickelnder Stadtkulturen aus ihrer isolierten Situation heraustraten. Bereits Mitte des siebzehnten Jahrhunderts existierten bestimmte Treffpunkte homosexueller Männer: Parks, Theater, Kirchen, öffentliche Toiletten, gewisse Straßen, Gebäude und Lokale. Eine Subkultur war entstanden, in der man sich an bestimmten Verhaltensweisen und einem geheimen Code gegenseitig erkannte. Es gab Homosexuelle, die sich schminkten, affektiv gestikulierten oder andere Formen der Imitation von Frauen praktizierten, doch es existierten auch weniger auffällige Signale sowie bestimmte Wörter, die nur Eingeweihten bekannt waren.[18]

Im Rahmen dieser urbanen homosexuellen Subkultur bildeten sich nicht nur eigene Formen von Verständigung, spezifische normierte Verhaltensweisen und Werte heraus, sondern es kam auch zu einem eigenen reflexiven Diskurs um die homosexuelle Identität.

17 Ähnlich wie die Hexenverfolgung bot die Sodomitenhysterie einen geeigneten Vorwand, unliebsame Gegner aus dem Weg zu schaffen. Einer dieser Fälle von eigennütziger Denunziation ist mit dem Namen des Gutsherrn Rudolph de Mesche in der Nähe der Stadt Groningen verbunden, der innerhalb eines einzigen Jahres zweiundzwanzig Männer hinrichten ließ, die ihm aus politischen oder persönlichen Gründen unbequem geworden waren. Vgl. Van der Meer 1994: 146.

18 Vgl. van der Meer 1994: 153.

Die Sodomiten lehnten die offizielle Interpretation ab, nach der homosexuelle Praktiken das Ergebnis eines sündhaften Lebenswandels seien. Stattdessen verwiesen sie auf ihre innere Natur, die schwach und weniger maskulin sei als die anderer Männer. Die Kultivierung eines weiblichen Habitus scheint dabei eine besondere Rolle gespielt zu haben. Dies wird nicht nur an femininen Attributen im Erscheinungsbild deutlich, sondern auch an weiblichen Rufnamen oder an Selbstbezeichnungen als *pussy* und *puppet dear*.[19] Der sodomitische Diskurs um den Homosexuellen als weiblichen Mann blieb nicht ohne Einfluss auf die öffentliche Meinung. Das lässt sich zum Beispiel an der Hinrichtungsart ablesen, die bis zur Mitte des siebzehnten Jahrhunderts im Verbrennen auf dem Scheiterhaufen bestand. Ab der Mitte des achtzehnten Jahrhunderts ging man dazu über, homosexuelle Delinquenten zu garottieren, eine Tötungsweise, die bis dato ausschließlich bei Frauen ausgeübt wurde, und ein Strafrechtsreformer schlug vor, Sodomiten in Frauengefängnisse einzusperren und in Frauenkleidung hinzurichten.[20]

Von diesem Zeitpunkt an, so van der Meer, wurden Sodomiten weiblich identifiziert, sowohl von der Gesellschaft als auch im eigenen Kreis. Sie galten allerdings nicht als wirkliche Frauen, sondern wurden eher mit Prostituierten verglichen – »Er-Huren« soll ein britischer Kommentator sie genannt haben.[21] Van der Meer bezeichnet sie daher als drittes Geschlecht, als eines, das weder männlich noch weiblich ist. Er folgt mit dieser These im Wesentlichen der Theorie Randolph Trumbachs, der seine Forschungsergebnisse zu einer großen Theorie der Entwicklung der Sexualität von der frühen Neuzeit bis zur Gegenwart verdichtete.[22]

19 Vgl. van der Meer 1994: 168.
20 Vgl. van der Meer 1994: 194.
21 Vgl. auch Trumbach 1989.
22 Einschränkend muss hier allerdings bemerkt werden, dass eine Entwicklung, wie sie für England oder Holland nachgewiesen wurde, nicht für alle Staaten Westeuropas Gültigkeit beanspruchen kann. In Frankreich zum Beispiel wurde die Polizei im achtzehnten Jahrhundert zwar angehalten, Sodomiten zu überprüfen und Daten über ihre sexuellen Gewohnheiten zu dokumentieren, doch daraus leitete man vorerst keine juridischen Richtlinien ab. Vgl. Taeger 1998.

3. Hermaphroditen und die medizinische Konstruktion von Geschlecht

Die Konstruktion des Homosexuellen als eines von Männern und Frauen unterscheidbaren Geschlechts, die als juridisches Phänomen im sechzehnten Jahrhundert begann, sollte im achtzehnten und vor allem im neunzehnten und beginnenden zwanzigsten Jahrhundert eine wissenschaftliche Ausformulierung erfahren. Michel Foucault hat diesen Prozess »Diskursivung des Sexus« (Foucault 1999: 23) genannt und die These formuliert, dass die Rede über den Sex seit dem achtzehnten Jahrhundert unaufhörlich vermehrt, beschleunigt und vervielfältigt wurde. Diese Entwicklung fällt unübersehbar mit zwei weiteren Phänomenen zusammen: mit der Etablierung der modernen Medizin als Leitwissenschaft vom Menschen und der Ausformulierung dezidierter Geschlechtergrenzen auf medizinischer, sozialer und politischer Ebene. Vermeintliche Gewissheiten darüber, was ein Mann und eine Frau sei, wurden genauen Überprüfungen unterzogen, und man experimentierte mit unterschiedlichen Kategoriensystemen, um die Essenz dessen, was man zu erforschen suchte, wissenschaftlich festzuhalten. Das betraf auch den Körper, für dessen geschlechtliche Zuordnung man Kriterien aufstellte, die weit über die vordem praktizierte visuelle Augenscheinnahme hinausging. Bis ins neunzehnte Jahrhundert hinein erfolgte die Feststellung des biologischen Geschlechts einer Person ausschließlich bei seiner Geburt, und im Falle von Uneindeutigkeit setzte man ein Geschlecht ein, das bis zum Erwachsenenalter Gültigkeit besaß. War die betreffende Person herangewachsen, stellte man ihr frei, die bei der Taufe getroffene Entscheidung anzunehmen oder abzulehnen und das entgegengesetzte Geschlecht zu wählen. Diese Wahl war nicht reversibel, und die nun einer persönlichen Neigung entstammende Entscheidung definierte *sex* und *gender* dauerhaft.

Dieser Diskurs um die Möglichkeit, Geschlecht frei zu wählen, verlor im achtzehnten und mehr noch im neunzehnten Jahrhundert entscheidend an Gewicht. Die aufstrebende Medizin erkannte die darin inhärenten sozialen Beliebigkeiten nicht an und strebte stattdessen nach einer im Sexus verborgenen Wahrheit, die endgültige Klarheit darüber verschaffen sollte, was einen Mann und eine Frau »faktisch« voneinander unterschied.

In einem ersten Versuch der Wahrheitsfindung glaubte man, die menschlichen Keimdrüsen als ultimative Essenzen von Geschlecht entdeckt zu haben.[23] Fortan sollte das Vorhandensein von Testikeln eine Person zu einem Mann machen und Ovarien das weibliche Geschlecht markieren. Eine Vielzahl von Modellen entstand, um physische Ambivalenzen innerhalb dieses binären Rasters zu verorten. Das wichtigste, das *Handbuch der Pathologischen Anatomie*, wurde von Theodor Albrecht Edwin Klebs im Jahr 1876 publiziert. Klebs unterschied intersexuelle Körper in wahre Hermaphroditen, Personen, die sowohl Ovarien als auch Testikel besitzen, und Pseudohermaphroditen, Menschen, deren äußere Erscheinung nicht ihren Gonaden entsprach. Pseudohermaphroditen könnten, so Klebs, vom äußeren Anschein und auch der Ausbildung ihrer äußeren Genitalien, vollkommen weiblich oder männlich wirken. Die Aufgabe des Mediziners sei es nun, hinter diesem äußeren Schein das »wahre«, d. h. in den Keimdrüsen manifestierte, Geschlecht ausfindig zu machen.

In der Praxis führte dieses Verfahren jedoch nicht nur zu offensichtlichen Absurditäten, sondern auch zu furchtbaren Katastrophen für die betroffenen Individuen. Dreger zitiert u. a. den Fall einer jungen Französin, die sich im Jahr 1909 in ein Hospital aufnehmen ließ, weil sie Tumore in ihren *labia majora* entfernen lassen wollte. Bei der Biopsie stellte sich heraus, dass es sich bei den vermeintlichen Geschwüren um Testikel handelte. Sie wurde daraufhin als maskuliner Pseudohermaphrodit und echter Mann klassifiziert. Die junge Frau hatte bis dahin ein unzweifelhaftes Leben als Frau geführt. Sie besaß einen perfekten weiblichen Körper, arbeitete als Modell und war mit einem Mann verlobt. Die bevorstehende Heirat war der Anlass der von ihr angestrebten Operation. Als behördlich erfasster Mann galt die Beziehung zu ihrem Verlobten jetzt als homosexuelle Beziehung, und eine Ehe widersprach

23 Dieser Umstand hat Dreger (1998) dazu veranlasst, von einem »Zeitalter der Gonaden« zu sprechen.

den Gesetzen. Es bedarf keiner großen Phantasie sich vorzustellen, welche Konsequenzen die Diagnose der Mediziner für die junge Frau bedeutete.

Ein bekannterer Fall von amtlicher Umschreibung der Geschlechtsidentität war der der Herculine Barbin, die ihren Leidensweg der Nachwelt in einer Autobiographie überlieferte.[24] Herculine wurde im Jahr 1838 geboren und als Mädchen getauft. Nach dem frühen Tod des Vaters wuchs sie im Kloster der Ursulinen von Chavagnes auf, wo sie eine gute Ausbildung erhielt. Nach Beendigung der Schule wurde sie Lehrerin an einer Mädchenschule, wo sie bald Anschluss zur Familie der Direktorin fand. Besonders zur gleichaltrigen Schwester der Schulleiterin entspann sich eine innige Freundschaft, die sich nach kurzer Zeit sogar zu einer Liebesbeziehung entwickelte. Detailliert schilderte Herculine ihre Gefühle für die Freundin und beider Versteckspiel, das immer wieder Gefahr lief, aufgedeckt zu werden. Eine Erkrankung Herculines machte schließlich allem ein Ende. Ärzte diagnostizierten sie als Mann, und sie wurde gerichtlich genötigt, ihre Identität und ihren Namen zu ändern. Als Abel Barbin hoffte sie, die Geliebte heiraten zu können, doch der Skandal war zu groß. Abel verlor die Arbeitsstelle, die Freundin und den familiären Rahmen, der ihm so wichtig gewesen war, und nahm eine Stellung als Mann in Paris an. Acht Jahre später fand man ihn an einer willentlich herbeigeführten Kohlenmonoxid-Vergiftung erstickt in seinem Zimmer.

Der Fall Barbin wurde von medizinischen Experten ausführlich diskutiert, der tote Körper in die medizinische Fakultät von Paris überführt und einer genauen Untersuchung unterzogen. Man notierte die Ergebnisse, und einer der beteiligten Experten veröffentlichte einen Artikel mit dem Titel »Un erreur de sexe par suite d'hemaphroditism apperent« in einem medizinischen Journal. Ein anderer Arzt hatte schon zu Herculines Lebzeiten einen Beitrag in der Zeitschrift »Annales d'hygiene publique« publiziert, und auch die Autobiographie war zum Zeitpunkt des Todes bereits gedruckt.

24 Die Autobiographie erschien erstmals 1874 und wurde 1978 von Michel Foucault, versehen mit einem längeren Vorwort, unter dem Titel *Herculine Barbin dite Alexina B.* wieder aufgelegt.

Herculine war der bekannteste Hermaphrodit des neunzehnten Jahrhunderts, und die Umstände ihrer Existenz befriedigten die medizinische Neugier in einer besonderen Weise. Sie stand den Experten bei Befragungen Rede und Antwort, hatte in ihrer Autobiographie ausführlich über ihre Gefühle Auskunft gegeben und endete schließlich auf dem Seziertisch, wo man mit dem Skalpell den Besonderheiten ihres Körpers nachgehen konnte.

Der Wissensdurst der Mediziner, der Menschen in einer entwürdigenden Weise zu lebenden Anschauungsobjekten machte, verursachte aber nicht nur großes persönliches Leid, sondern erwies sich für einige Personen als willkommener finanzieller Segen. Dreger erwähnt in diesem Zusammenhang den deutschen Hermaphroditen Gottlieb Göttlich, der sich zu Beginn des neunzehnten Jahrhunderts einen Namen als interessantes Beispiel physischer Devianz gemacht hatte. Göttlich war auf den Namen Marie Rosine getauft worden und wuchs als Mädchen auf. In der Pubertät traten deutliche maskuline Veränderungen auf, und ein Professor der Universität Heidelberg attestierte ihm, in »Wirklichkeit« ein Mann zu sein. Marie Rosine hieß fortan Gottlieb und schlug weidlich Kapital aus dem unverhohlenen Interesse, das ihm entgegengebracht wurde. Er bereiste mehrere europäische Länder und präsentierte sich unterschiedlichen medizinischen Instituten gegen ein einträgliches Salär.

Bis 1915 wurde die Theorie, dass Gonaden die einzig wahren Marker des Sexus seien, nicht ernsthaft angefochten. Für den Wandel, der dann einsetzte, zeichnete der britische Chirurg Blair Bell (1871–1936) vom Königlichen Krankenhaus in Liverpool verantwortlich. Zwei Fälle hatten ihn zum Nachdenken gebracht. Der erste war eine Frau, die er zum ersten Mal im November 1912 untersucht hatte, als sie siebzehn Jahre zählte. Ihre Menstruation, die im Alter von vierzehn eingesetzt hatte, war seit achtzehn Monaten ausgeblieben und ihre Stimme war deutlich tiefer geworden. Er verschrieb ihr weibliche Hormone. Als sie sich eineinhalb Jahre später, im August 1914, wieder in seiner Praxis vorstellte, schien sie noch männlicher geworden zu sein. Auf ihrer Oberlippe zeigte sich ein leichter Bartwuchs, und sie klagte über eine zunehmende Körperbehaarung. Sie hatte noch immer keine Monatsblutungen. Ihre Klitoris und eine

Drüse im Bauchraum war vergrößert. Letzteres veranlasste Blair zu einer Operation, und da er Krebs vermutete, entfernte er Eierstöcke, Eileiter und Uterus. Die Patientin erholte sich von der Operation, litt aber von diesem Zeitpunkt an unter Wechseljahresbeschwerden. Als Blair daraufhin die entnommenen Organe einer weiteren Untersuchung unterzog, entdeckte er, dass es sich bei der vergrößerten Drüse nicht um einen Tumor, sondern um ein Organ handelte, dass sowohl weibliche als auch männliche Keimdrüsen enthielt.

Der zweite Fall betraf die Patientin eines Kollegen, eine junge Frau von gutem Aussehen mit der Stimme und allen anderen Charakteristika einer Frau. Sie klagte über Blutarmut und Leibschmerzen. Bei einer ersten Untersuchung fand der Arzt heraus, dass ihre Vagina ungewöhnlich kurz war und er keinen Uterus ertasten konnte. Eine nachfolgende Operation brachte das Ergebnis, dass die Frau zwar keine Gebärmutter, aber nicht funktionierende Testikel besaß.

Blairs Urteil war klar und für die damals herrschenden Verhältnisse ungewöhnlich. Bei der ersten Frau diagnostizierte er zwar einen partialen Drüsenhermaphroditismus, sprach sich aber dafür aus, sie als Frau zu klassifizieren, und auch die zweite Patientin, die nach gonadischer Klassifikation unzweifelhaft als Mann gegolten hätte, ordnete er in die Kategorie Frau ein.

In einer Aufsehen erregenden Rede, die er am 11. 2. 1915 auf einer Versammlung der Liverpool Medical Institution hielt, kritisierte Blair das »Dogma der Gonaden« und verteidigte seine Diagnosen. Bei der ersten Patientin, so führte er aus, seien die äußeren und inneren Genitalien zwar teilweise männlich, doch ihre äußere Erscheinung und ihr Wesen sei absolut weiblich. Die zweite Patientin sei noch eindeutiger eine Frau, da nichts an ihr männlich sei bis auf ein paar nicht funktionsfähiger Testikel. Niemand sei berechtigt, schlussfolgerte er, einen Menschen zu einem Geschlecht zu verdammen, das weder seiner Erscheinung noch seinen Instinkten oder seiner sozialen Zufriedenheit entspräche. Diagnosen dürften nicht ausschließlich anhand der Gonaden vorgenommen werden, sondern müssten die gesamte Person mit einbeziehen.[25]

25 Vgl. Dreger 1998: 163 f.

4. Die Multiplizierung der Sexualität und die »Einpflanzung der Perversionen«

Dregers Studie über den Hermaphroditismus des neunzehnten und frühen zwanzigsten Jahrhunderts basiert auf einer reichhaltigen Hinterlassenschaft schriftlicher Aufzeichnungen, die Aufschluss über die Methoden wissenschaftlicher Untersuchungen, die einzelnen Fälle sowie die sich daran anschließenden Dispute geben. Sie sichtete ein Kompendium von dreihundert Artikeln, Kommentaren und Berichten, die zwischen 1860 und 1915 von Medizinern oder vereinzelt auch von Biologen verfasst worden waren. Hermaphroditismus war ein populäres Thema. Die Ursache dafür sieht Dreger einerseits in einer realen Zunahme von Hermaphroditen begründet, die sie auf eine Erhöhung der Umweltbelastung durch industrielle Gifte zurückführt, andererseits verweist sie aber auch auf den evolutionistischen Diskurs, der durch Darwin angeregt wurde. Darwin hatte behauptet, dass höhere Spezies sich von niederen durch eine deutlichere Trennung der Geschlechter auszeichneten. Hermaphroditen passten nicht in die menschliche Selbstkonstruktion als »Krone der Schöpfung«, da sie Grenzen verwischten, die zur Legitimation der besonderen Stellung des Menschen errichtet worden waren.

Dreger unterschätzt hier, meiner Meinung nach, die Bedeutung des Abnormen für die Konstruktion einer Norm. Gerade durch die Entdeckung nicht eindeutiger Körper konnte ein Bild von Eindeutigkeit entwickelt werden. Die geringe Anzahl von Hermaphroditen gefährdete die Vorstellung eines binären Sexus so wenig wie die Existenz von Blinden die Tatsache, dass Menschen über visuelle Sinne verfügen. Gänzlich abseitig wird ihre Argumentation, wenn sie auch die Ablehnung von Feministinnen als »Verhaltenshermaphroditen« in diesem Kontext erklären zu können meint und die politische Debatte um die Emanzipationsbewegung der Frauen auf eine medizinisch-evolutionistische Sichtweise verkürzt.

Ein Denkmodell, das sich zur Erhellung der Faszination für Hermaphroditen anbietet, ist Michel Foucault geschuldet. Er hat die These aufgestellt, dass das Reden über den Sex seit dem sechzehnten Jahrhundert unaufhörlich zugenommen hat und dass das Deviante, das Abweichende und Nichtnormierte in diesen Reden einen besonderen Platz einzunehmen begann. Er bezeichnet diesen Vorgang als »Einpflanzung von Perversionen« (Foucault 1999: 50) und vermerkt eine »Explosion der häretischen Sexualitäten« (Foucault 1999: 65).

Letzteres lässt sich in der Tat seit dem siebzehnten Jahrhundert beobachten. Nicht nur Homosexuelle betraten das Licht des öffentlichen Diskurses, sondern auch Prostituierte, die in zunehmender Zahl die Straßen und Bordelle der expandierenden Städte bevölkerten. Im Adel wurden sexuelle Ausschweifungen jeglicher Art im wahrsten Sinne des Wortes »salonfähig« und der meist männliche Libertin zu einer Leitfigur für persönliche Freiheit und Standesmacht.[26] Diese Entwicklung hatte vielfältige Konsequenzen. Eine Folge im Sozialen war die Erhöhung der Lebensrisiken für Angehörige ärmerer Schichten durch Verschärfung der Gesetze und ungehinderte sexuelle Übergriffe seitens der Libertins. Eine andere war die Etablierung von Provokationen gegen die herrschende Ordnung durch die Vertreter dieser Ordnung selbst. Die adligen Herren urinierten in Kirchen, lasen Teufelsmessen und produzierten ein eigenes literarisches Genre, das sich der detaillierten Schilderung erotischer Vergnügungen widmete. Der wohl bekannteste Vertreter dieser Literaten, dessen Werk durch die penible und geradezu buchhalterisch genaue Aneinanderreihung aller nur möglichen Tabubrüche besticht, war Donatien Alphonse François Marquis de Sade. Seine Schriften zeichnen sich ebenso durch einen strengen Antiklerikalismus wie durch eine unermüdliche Propagierung der Bisexualität aus, wobei seine Fetischisierung des Analverkehrs mit Männern und mit Frauen doch eine gewisse Priorisierung der Homosexualität nahe legt. Der Libertin ist für ihn eine Person, die sich ganz und ausschließlich dem Exzess hingibt, die sich in einem sexuellen Dauermarathon befindet und zur Steigerung eventuell nachlassender Begierden raubt, foltert, brandschatzt und mordet. Simone de Beauvoir hat in diesem Typus des provokanten Adligen scharfsinnig den im Abstieg begriffenen Vertreter einer Gesellschaftsschicht erkannt,

26 Vgl. Trumbach 1998.

der sich gerade, weil seine Macht unaufhaltsam entschwindet, ein Refugium errichtet, wo die Rolle des »selbstherrlichen Feudaldespoten« (de Beauvoir 1983: 14) noch Bestand hat.

Zwei widerstreitende und sich doch gegenseitig bedingende Diskurse durchdringen die Praktiken der Libertins: der Skandal und die öffentliche Entrüstung, die unter anderem strafgesetzliche Konsequenzen nach sich zog, und die Anerkennung des künstlerisch Besonderen, das man gerade am Ort des sich selbst Marginalisierenden ausmachte. Für de Sade bedeutete das wiederholte Einkerkerungen und gesellschaftliche Ächtung auf der einen und die erfolgreiche Aufführung seiner Stücke auf der anderen Seite. Beide Verfahren hatten letztendlich das gleiche Ergebnis: die Ausformulierung einer Welt des Lasters, die sich spiegelbildlich zur Welt der Norm verhielt und diese dadurch maßgeblich mitgestaltete. So hat de Sade in seinem Roman »Justine« die gleichnamige Heldin, die er als Stereotyp unterwürfiger Weiblichkeit darstellt, zu einer Person stilisiert, die ihren Opferstatus durch Dummheit und Gefangenheit in der Konvention selbst verschuldet hat. Seine Sympathie gilt Justines Schwester Juliette, einer selbstbewussten Sadistin, die es versteht, jede Situation zu ihrem Vorteil zu wenden. Durch die überzeichnete Skizzierung Juliettes zu einem ganz ihren Trieben hingegebenen Monster, dessen Weg zum Erfolg mit Leichen gepflastert ist, gerinnen seine eingestreuten philosophischen Plädoyers für die Emanzipation der Frau aber rasch zur Farce, und die Bewunderung der Leserinnen gilt letztendlich und unverhofft doch Justine, der es wie einer frühchristlichen Märtyrerin gelingt, Folter und Verführung zu trotzen und den eigenen Prinzipien treu zu bleiben.

Ohnehin dominierten die Figuren des Libertin und seines weiblichen Gegenstücks lediglich einige exaltierte Kreise des untergehenden Adels und besaßen niemals Leitbildfunktionen für den Neuentwurf der Geschlechtsrollen in der aufkommenden bürgerlichen Gesellschaft. Vielmehr fungierten sie als kontrapunktierende Reflektoren für die Ausformulierung ihres Gegenteils. Wissenschaftler, die die Moderne bereits im Entwurf so entscheidend mitgestalteten, extrahierten und isolierten das Moment des Bizarren aus den erotischen Texten und Praktiken der Libertins und verdichteten sie zu einem Korpus des Absonderlichen und Krankhaften und damit zu einem idealen Studienfeld. Eine Fülle von Publikationen[27] widmete sich um die Wende zum zwanzigsten Jahrhundert genau diesem Bereich des menschlichen Eros und wies ihm einen festen Platz an den Randzonen des sozialen Lebens zu. Dabei war das Ziel nicht Ausmerzung, sondern Lokalisierung, Erfassung, Kategorisierung und Durchdringung.[28] Eine große gesellschaftliche Debatte um das Geschlecht des Menschen hatte begonnen. Sie umfasste alle wissenschaftlichen Disziplinen und beherrschte auch die politischen Debatten.

5. Die Anthropologie des Weibes

Auslöser des Bedürfnisses, Klärung über etwas zu erlangen, was in den vorhergehenden Jahrhunderten als Selbstverständlichkeit galt, war die radikale ökonomische, politische und soziale Umwälzung der Gesellschaft, in deren Folge die funktionale »Sozialform des ganzen Hauses« (Rosenbaum 1982: 102) zerbrach und mit ihnen die Positionen der Hausmutter und des Hausvaters. Während Letzterer sich zum Bürger, das heißt zum rational handelnden autonomen Subjekt wandelte, dem universalistische Freiheitsrechte zugestanden wurden, unterlag die Frau einem ökonomischen Dequalifizierungsprozess, blieb von den revolutionären Errungenschaften weitgehend ausgeschlossen und erhielt neue Aufgaben als Reproduktionsinstanz und Repräsentationsobjekt ihres Gatten. Diese Transformation wurde seit Mitte des achtzehnten Jahrhunderts vom neu entstandenen Genre der erzieherischen Schriften begleitet, die junge Frauen auf diese Rolle vorbereiten und etwaige Zweifel zerstreuen sollten.[29]

Trotz dieser Bemühungen gestaltete sich die Genese der bürgerlichen Frau alles andere als widerspruchsfrei. Vielmehr war sie von einer Reihe gegenläufiger Diskurse durchzogen, die den Wert einer Entwicklung zur Differenz zwischen den Geschlechtern infrage

27 Vgl. u.a. Binet 1888, Chevalier 1885, 1907, 1911, Ellis/Symonds 1897, Freud 1905, Hirschfeld 1910, Krafft-Ebing 1886, Moreau 1880, Tarnowski 1886.

28 Vgl. Foucault 1999.

29 Vgl. u.a. Ewalt 1804, Gleim 1810, Rousseau 1762.

stellten und deren Konsequenzen in einem wenig vorteilhaften Licht darstellten.

Romantikerinnen beklagten die neuen Beschränkungen in der bürgerlichen Familie, dabei insbesondere die psychische Verelendung der Frauen, und feministische Aktivistinnen wie Flora Tristan oder Amalia Holst kritisierten, dass man Frauen keine andere Perspektive als die Versorgungsehe lasse, die damit in die Nähe zur Prostitution rücke.[30] Auf politischer Ebene hatten französische Revolutionärinnen wie Olympe de Gouges und Jean Antoine de Condorcét den Anspruch auf Gleichheit auch als Geschlechteregalität interpretiert,[31] und frühsozialistische Theoretiker wie Charles Fourier, William Godwin und Robert Owen hatten die Befreiung der Frauen in den Mittelpunkt ihrer Utopien gestellt. 1792 publizierte der preußische Beamte Theodor Gottlieb von Hippel, zunächst anonym, eine Streitschrift mit dem Titel »Über die bürgerliche Verbesserung der Weiber«, in der er volle Bürgerinnenrechte für Frauen proklamierte, und im gleichen Jahr erschien in England »A vindication of the rights of women«, in der die Autorin Mary Wollstonecraft für ein Ende der männlichen Herrschaft und für gleiche Bildung von Mädchen und Jungen argumentierte.[32]

Gegenreaktionen blieben nicht aus, und nach der fehlgeschlagenen Revolution von 1848 erschien eine Welle von Proklamationen, die sich mit dem Hinweis auf die Gefährdung von Familie, Sitte und Volk gegen die Emanzipation der Frauen aussprachen. Autoren wie Christoph Meiners[33] und Ernst Brandes[34] sahen gar den Untergang der menschlichen Zivilisation voraus, sollte es den Frauen gelingen, den ihnen zugewiesenen Handlungsspielraum zu verlassen und in die bislang dem männlichen Geschlecht vorbehaltenen Gefilde vorzudringen. Ja, so heftig und verbissen gestaltete sich die von Männern vorgetragene Abwehr jeglicher emanzipatorischer Ansätze, dass Honegger sich veranlasst sieht, von einer »genuine(n) poli-

30 Vgl. Schröder 1979: 73 f., 167.
31 Vgl. Gouges 1986.
32 Eine Auswahl von (übersetzten) frühfeministischen Texten findet sich in Schröder 1979.
33 Vgl. Meiner 1788–1800.
34 Vgl. Brandes 1787, 1802

tische(n) Männerbewegung« (Honegger 1991: 53) zu sprechen, die sich ganz dem Ziel verschrieben hatte, eine Zunahme weiblichen Einflusses in der Gesellschaft zu verhindern.

Honegger, die den Prozess der Ausdifferenzierung moderner Geschlechterrollen mit der Mitte des siebzehnten Jahrhunderts beginnen lässt, glaubt sie schon einhundert Jahre später abgeschlossen. »Während um 1850 … der ›Mensch als Mann‹ von den unterschiedlichen kognitiven Bemühungen erfasst wird, verschwindet der ›Mensch als Weib‹ aus dem Themenkanon der Human- und Geisteswissenschaften …« (Honegger 1991: 211), schreibt sie und negiert dabei die geradezu explodierende Menge an Veröffentlichungen, die innerhalb der Anthropologie von 1850 bis 1920 erschienen sind.[35] Angetrieben durch die sich organisierende Frauenbewegung[36] und die aus den ArbeiterInnenkämpfen entstandenen sozialistischen und kommunistischen Organisationen, die die Forderungen nach Frauenemanzipation auf der politischen Bühne verhandelten, aber auch durch die politischen Aktivitäten der Antifeministen[37] begann gerade zu dieser Zeit eine rege wissenschaftliche Schreibtätigkeit, um Argumente für konservative oder auch emanzipative Positionen zu formulieren.

Interessant ist nun die Art der Argumente, die in die Waagschale geworfen wurden. Anders als Honegger es für die so genannte »weibliche Sonderanthropologie« postuliert, war die Konstruktion eines natürlichen oder ontologischen Gegensatzes zwischen den Geschlechtern nur einer von zwei relativ gleichgewichtigen Argumentationssträngen. Der zweite, teilweise unmittelbar mit diesem verknüpfte, war ein kulturgeschichtlicher und zunehmend auch ethnologischer. Neben der Medizin, die sich, wie erwähnt, als Leitwissenschaft für die Behandlung der Geschlechterfrage etabliert

35 Vgl. u. a. Bachofen 1861, Fehling 1892, Goltz 1858, Hoffmann 1873, Jung 1850, Krische 1927, Lubbock 1875, McLennan 1970, Ploss/Bartels 1884, Reitzenstein 1923.

36 Ein erster Höhepunkt der sich bereits im deutschen Vormärz organisierenden Feministinnen war die Gründung eines Vereins zur Frauenbildung im Jahr 1865, unter anderem von Louise Otto Peters.

37 So wurde beispielsweise 1912 in Weimar der »Deutsche Bund zur Bekämpfung der Frauenemanzipation« gegründet. Vgl. zu diesem Thema auch: Planert 2000.

hatte, beanspruchten nämlich die Geschichtswissenschaft und die Ethnologie einen ebenbürtigen Platz in dem neuen Studienfeld der Anthropologie. Angeregt durch die Schriften von Jean Baptiste Lamarck[38], Herbert Spencer[39] und Charles Darwin[40] sowie durch die von Händlern, Missionaren und Kolonialresidenten in überseeischen Ländern gesammelten Daten über fremde Kulturen verknüpfte man Thesen über das Geschlecht an sich mit Theorien, die die menschliche Evolution und die Evolution der Geschlechterverhältnisse betrafen. Bemerkenswert ist, dass die Stellung der Frauen in den einzelnen Kulturen nahezu durchgängig als wichtigster Gradmesser für die Zuordnung zu einer Entwicklungsstufe galt. Kriterien, anhand deren beurteilt wurde, wie weit sich eine Gesellschaft von einem fiktiven Urzustand entfernt hatte, waren die Familien- und Eheform, die Organisation der Sexualität, die geschlechtliche Arbeitsteilung und das Moment männlicher Gewalt gegen Frauen. Man diskutierte darüber, ob die Ehe *per se* zum menschlichen Dasein zugehörig zu betrachten sei oder sich erst spät aus verschiedenen Phasen von Promiskuität entwickelt habe, darüber, ob Frauen in der Urzeit eine hohe oder eine niedrige Position eingenommen hatten, wie der kulturelle Fortschritt im Einzelnen vonstatten gegangen war und welchen Wert die eigene Gesellschaft im Gesamtgefüge der Evolution einnahm. Die überwiegende Mehrheit aller Wissenschaftler war davon überzeugt, dass die bürgerliche Gesellschaft und dabei insbesondere die Kultur der bürgerlichen Schichten den erfreulichen Höhepunkt menschlicher Entwicklung darstellten und die Geschlechter in ihrer schönsten Gestalt zeige.[41] Erst dort, »wo die

38 Lamarck hatte in seiner 1809 publizierten »Philosophie zoologique« demonstriert, dass die Arten einem evolutionären Wandel unterworfen sind und dass komplizierte Formen des Lebens den einfacheren historisch nachfolgen.

39 Spencer wendete Lamarcks auf die Biologie bezogene These auch auf das soziale Leben an, das er gleichfalls von niederen zu höheren Formen voranschreiten sah. In seinen Schriften *Principles of psychology* (1855), *Principles of biology* (1870–71), *Principles of ethics* (1892–93) und *Principles of Sociology* (1899) versuchte er, das gesamte anthropologische Wissen seiner Zeit innerhalb eines evolutionären Rahmens zu verorten.

40 Vgl. Darwin, Charles 1859.

41 Ausnahmen waren z. B. der demokratisch gesinnte amerikanische Ethnologe Lewis Henry Morgan, der Mitte des neunzehnten Jahrhunderts Forschungen

Noth, der Jammer der Erde, der rohe Kampf, das gierige Gewühl des Erwerbs aufgehört hat« (Jung 1850: 2), schrieb 1850 Georg Jung, könne sich die Frau wirklich entfalten. So genannte primitive Völker seien von diesem Idealzustand körperlich und kulturell weit entfernt, und »bei den Buschmännern und Californiern, diesen Thiermenschen … unterscheidet sich auch Mann und Weib nicht mehr wie beim Thiere« (Jung 1850: 31 f.).

In dieser Beschreibung erkennen wir ein Argument, das schon bei der Erörterung des Hermaphroditismus von Bedeutung war: Die Konstruktion von Differenz. In den Wissenschaften vom Menschen können wir drei miteinander verflochtene Differenzdiskurse unterscheiden: die Differenz zwischen höheren und niederen Kulturen, zwischen Krankem und Gesundem und zwischen Männern und Frauen. So wie es ein Merkmal des Menschen als Krone der Schöpfung sei, dass die Geschlechter körperlich eindeutig unterscheidbar seien, so sei es auch ein Zeichen höherer Kultur, dass sich Frauen und Männer sozial klar voneinander abhöben. »Die echte Zivilisation sondert und gliedert«, schrieb der Volkskundler Wilhelm Heinrich Riehl, »die schlechte ebnet aus.« (Riehl 1904/1862: 11) Ein unmissverständliches Plädoyer gegen die Frauenbewegung, die zu dieser Zeit begann, für das Frauenstimmrecht zu kämpfen und den Zugang von Frauen zu höherer Bildung und Erwerbstätigkeit einforderte.

Doch es wäre zu kurz gegriffen, wollte man die Konstruktion der Geschlechter auf eine soziale Komponente beschränken. Die von Jung zitierte Ähnlichkeit der Geschlechter bei den »Thiermenschen« schloss die äußere Erscheinung durchaus ein, und auch andere Autoren glaubten, dass Frauen primitiver Gesellschaften sich physiognomisch vom Mann nur wenig unterschieden. Friedrich von

bei den Irokesen durchgeführt hatte, oder sozialistische Theoretiker wie Friedrich Engels (1884) und August Bebel (1890). Morgan hatte die üblicherweise formulierten Thesen in seiner »Urgesellschaft« auf den Kopf gestellt und geschrieben: »Die Dame der Zivilisation, von Scheinhuldigungen umgeben und aller wirklichen Arbeit entfremdet, hat eine unendlich niedrigere gesellschaftliche Stellung als das hart arbeitende Weib der Barbarei, das in seinem Volk für eine wirkliche Dame galt und auch eine solche ihrem Charakter nach war.« (Morgan 1987: 58)

Hellwald schrieb vierzig Jahre nach Jung, »dass das vom Manne noch wenig differenzierte Weib der Urzeit, kräftig, mutig und grausam wie er (sei)« (Hellwald 1889: 120), und Riehl fand solche Thesen sogar für die Charakterisierung der eigenen Gesellschaft passend. Er meinte festzustellen, dass Männer und Frauen sich in den unteren Ständen weitaus mehr glichen als in den oberen, womit er nicht nur die Überlegenheit der letzteren begründete, sondern implizit einen Widerspruch der bürgerlichen Geschlechterkonstruktionen löste, der zu Kritik und sogar Spott geführt hatte.

Das Frauenbild, das Wissenschaftler wie Jung als paradigmatisch für die Gesellschaft des neunzehnten Jahrhunderts anführten, war nämlich nur für die bürgerlichen Stände erdacht worden. Arbeiterinnen und Bäuerinnen hielt man weder für zart besaitet und unfähig zu harter Arbeit, noch für überspannt und hysterisch wie bürgerliche Damen. Für sie forderten nur wenige die Beschränkung auf Haushalt und Kindererziehung um ihrer Gesundheit und Würde willen.[42] Die Frauenrechtlerin Hedwig Dohm brachte die doppelte Moral, die hinter der neu geschaffenen Idee von Weiblichkeit stand, auf den Punkt: »Ein Bild der Frauen, die in Glashütten, Papiermühlen, Leimsiedereien, Tabakfabriken usw. frohnen, in glühenden Baumwollmühlen halb entkleidet arbeiten, in erstickendem Staub und Schmutz sich zugrunde richten, in den Flachsspinnereien durch dauerndes Imwasserstehen sich in frühen Jahren die Schwindsucht zuziehen. Frauen waren schon damals tätig in Ziegeleien, beim Feststampfen der Steine, als Metallarbeiterinnen, als Grubenarbeiterinnen, sie nähten sich für Hungerlöhne Stich für Stich zu Tode, sie verrichteten damals wie heute schwerste Feldarbeit – aber die weibliche Konstitution ist zu zart (so sagt der Patriarch), um Frauen die Universitäten zu öffnen.« (zit. nach Janssen-Jurreit 1980: 16)

Riehl und vor ihm die Ethnologen, die die nicht differenzierte Frau der Primitiven skizzierten, konnten Dohm und anderen frü-

42 Nur eine verschwindende Minderheit von Wissenschaftlern forderte Arbeitsbeschränkungen für Frauen der unteren Schichten. Zu ihnen zählt der Mediziner Fehling, der ein gesetzliches Verbot der Fabrikarbeit für verheiratete Frauen forderte. Vgl. Fehling 1892: 25.

hen Feministinnen entgegenhalten, dass es sich bei den erwähnten Ziegel- und Metallarbeiterinnen um eine niedere Form von Frauen handelte, für die selbstverständlich auch andere Regeln galten als für das entwickelte Weib des bürgerlichen Standes.

Genau besehen hatte die weibliche Sonderanthropologie niemals das weibliche Geschlecht als Ganzes im Blick, sondern stets nur die Frau der bürgerlichen Schichten. Dies gilt auch für die Naturalisierung von Frauen als dem in jeder Hinsicht schwächeren Geschlecht. Es ist richtig, dass von männlicher Seite beträchtliche Anstrengungen unternommen wurden – nicht nur im achtzehnten Jahrhundert, wie Honegger meint, sondern auch im neunzehnten und beginnenden zwanzigsten Jahrhundert –, um die Frau als Naturwesen dem Mann als Kulturwesen gegenüberzustellen. Dafür stehen Schriften wie Paul Julius Möbius »Über den physiologischen Schwachsinn des Weibes« oder die anthropologischen Druckerzeugnisse der Mediziner Ploss[43] und Fehling[44]. Doch sie richteten sich ausschließlich an die bürgerliche Frau bzw. den bürgerlichen Mann. Die Codierung von Geschlecht als physische, psychische und soziale Differenz war zunächst nur für diese gesellschaftliche Gruppe von Bedeutung. Hier wurde sie sowohl mit einem zivilisatorischen Anliegen als auch unter medizinischer Perspektive betrachtet. Der Standort der Betrachtung entsprang dabei der wissenschaftlichen Ausbildung der Autoren. Möbius beschwor die Verkümmerung der »Mutterorgane« bei gebildeten Frauen,[45] und Goltz glaubte, mangelndes technisches Verständnis beim Weibe auf eine innere Natur zurückführen zu können[46], während Reitzenstein[47] und Bachofen[48] die kulturgeschichtlichen Dimensionen der Geschlechterdifferenzierung betonen.

Die Diskussionen um die Konstruktion des Mannes und der Frau, die die Debatten um die Organisation von Gesellschaft seit Mitte des achtzehnten Jahrhunderts so offensichtlich dominierten,

43 Vgl. Ploss 1887.
44 Vgl. Fehling 1892.
45 Vgl. Möbius 1901: 23.
46 Vgl. Goltz 1904: 19.
47 Vgl. Reitzenstein 1902.
48 Vgl. Bachofen 1861.

führten nicht, wie einige Konservative erwartet hatten, zu einem neuen Paradigma. Zwar bildete sich eine hegemoniale Diskurslinie heraus, diese blieb jedoch umstritten und musste sich mit einer Fülle unentwegt neu entstehender Ideen, Forderungen und Modelle auseinander setzen. Diejenigen, die das weibliche Geschlecht räumlich, sozial und politisch abseits vom männlichen lokalisierten, mussten teilweise schon Mitte des neunzehnten Jahrhunderts einsehen, dass sich ihre Vorstellungen gesellschaftlich nicht mehr durchsetzen ließen. Das Frauenstimmrecht wurde erstmals 1869 im US-Staat Wyoming erlassen, und die erste Universität öffnete im Jahr 1855 in Iowa ihre Tore für Frauen. In Australien durften Frauen ab 1902 wählen, in Finnland ab 1906, in Norwegen 1913, in Dänemark und Island 1915, in Kanada, Holland und der Sowjetunion 1917 und in Deutschland, England, Irland und Luxemburg 1918. Schlusslichter dieser Entwicklung bildeten Frankreich (1944), Italien (1945), Belgien (1948) und die Schweiz (1971). In Deutschland hatten verschiedene Frauenverbände 1893 private Oberlehrerinnenkurse eingerichtet, deren Absolventinnen nach ministerieller Genehmigung als Gasthörerinnen an preußischen Universitäten zugelassen waren; 1903 wurde das Staatsexamen für Oberlehrerinnen eingeführt und ab 1909 ein dreijähriges Universitätsstudium an bestimmten Fakultäten für die Qualifikation zum höheren Lehramt eingeführt. 1918 erhielten Frauen das Recht auf Immatrikulation an allen Universitäten, aber noch nicht auf die Ausübung aller akademischen Berufe. Beispielsweise wurden Juristinnen erst ab 1922 zum Richteramt zugelassen.

Diese Entwicklung zur gesellschaftlichen Partizipation von Frauen bedeutet allerdings nicht, dass man den Gedanken an Geschlechterdifferenz grundsätzlich zurückgewiesen hätte. Auch feministische Autorinnen wie Marianne Weber oder Lily Braun reproduzierten das bürgerliche Ideal der Frau als liebevoller Mutter und schöngeistiger Gefährtin ihres Mannes. Diese Selbstaffirmierung an das hegemoniale Weiblichkeitskonstrukt war nicht verwunderlich, denn, befreit von den Fesseln des Ausschlusses aus dem öffentlichen Leben, stellte es sogar die reizvollere Hälfte des binären Geschlechterpaares dar. Allzu leicht vergisst man nämlich in der Diskussion um die weibliche Sonderanthropologie, dass auch der Mann Objekt eines mehr als zweifelhaften Konstruktionsprozesses war. In den anthropologischen Schriften erscheint er nicht nur als vernunftbegabtes und zu großen geistigen Leistungen fähiges Geschlecht, sondern auch als sexbesessener Vergewaltiger und brutaler Rohling, dessen Existenz auf Krieg, Raub und Unterdrückung anderer basiert.[49] Ein ihrer negativen Konnotationen entledigtes Denkmodell von der Frau als friedfertigem sozialem Wesen konnte hier ein attraktives Gegenbild sein, das seinerseits zur Etablierung eines »wissenschaftlich fundierten« Differenzmodells beitrug.

6. »Invertierte« und andere homosexuelle Selbstentwürfe

Zeitlich parallel zum oben geschilderten Diskurs um die Differenzierung von Männern und Frauen und die Herstellung von Eindeutigkeit von Geschlecht verlief ein anderer, der den ersten auf eine subversive Art infrage stellte und von seinen Rändern her mit Auflösung bedrohte. Es waren Homosexuelle, die ihn führten, in erster Linie homosexuelle Männer, die sich mit der hegemonialen Konstruktion von Männlichkeit nicht identifizieren konnten und für die Anerkennung ihres Andersseins warben.

Trumbach und van der Meer hatten in ihren Diskussionen von Sodomiten und Sapphistinnen von dritten und vierten Geschlechtern gesprochen, und damit auf einen Begriff zurückgegriffen, den Honoré de Balzac bereits 1834 in seinem Stück »Splendeur et misères des courtisanes« verwendet hatte.[50] Dreißig Jahre später sollte der Terminus in den Schriften Karl Ulrichs eine größere Popularität erreichen. Das dritte Geschlecht waren für ihn Personen, die er »Uranier« oder »Urninge« nannte, im Gegensatz zu den »Dioningen«, den Heterosexuellen. Urninge unterschieden sich von Dioningen vor allem durch ihre Seele, die ganz und gar weiblich sei, führte Ulrichs aus. Als Folge dieser Seele richtete sich ihr »geschlechtlicher Liebestrieb« nicht auf Frauen, sondern auf Männer. Mit dieser Definition hatte Ulrichs einen Bruch zu der in der Wis-

49 Vgl. u.a. Jung 1850, Lubbock 1875, McLennan 1970, Reitzenstein 1908: 174, Weber 1907: 528 f.

50 Vgl. Hekma 1994: 215.

senschaft vorherrschenden Meinung vollzogen, dass homosexuelle Handlungen Ausdruck besonderer Lasterhaftigkeit seien. Unschwer erkennt man hier eine Fortführung des Weiblichkeitsdiskurses, den van der Meer für die holländischen Sodomiten nachgewiesen hatte. Wie diese vertrat Ulrichs die Auffassung, die Liebe zum gleichen Geschlecht sei in der Natur eines Menschen angelegt und daher könne sich niemand seinem Schicksal entziehen.

Die weibliche Seele der Urninge, so betonte Ulrichs in seinen frühen Schriften, richtete sich wie die der Frauen auf Dioninge, auf Männer mit einer männlichen Seele. Er bemüht hier einen Begriff von Homosexualität, der in vielen Kulturen verbreitet ist und nach der nur der Mann in der weiblichen, gewöhnlich als passiv bezeichneten, Rolle als Homosexueller gilt, während derjenige, der den aktiven Part einnimmt, weiterhin innerhalb der ihm zugewiesenen, heterosexuell markierten Rolle bleibt.[51] Offensichtlich beeinflusst durch die zahlreichen Briefe, die er in Folge seiner Publikationen erhielt, revidierte er diese Definition später und teilte die Kategorie der Urninge in drei Untergruppen: die der Weiblinge, Männern, die maskuline Männer begehren, die der Männlinge, die feminine junge Männer zu Partnern nehmen und eine Zwischengruppe. Außer diesen Gruppen existierten seiner Meinung nach zwei weitere Kategorien: bisexuelle Uranodioninge und Uraniaster, gelegentliche Homosexuelle, die nicht wirklich urnisch veranlagt, sondern lediglich uranisiert seien. »Der Uraniaster«, so schreibt er, »ist und bleibt Mann. Seine Mannesnatur ist nur zeitweilig in den Hintergrund gedrängt. Seine männliche Liebesempfänglichkeit für Weiber hört nie auf. Nie empfindet er bei geschlechtlicher Berührung mit dem weiblichen Körper den urnischen Horror.« (Ulrichs 1868)

Ulrichs eifrige Wortschöpfungen wurden, so Magnus Hirschfeld, der seine Schriften posthum in gesammelter Form herausgab, von dessen Umgebung wenig honoriert. Fachzeitschriften ignorierten seine Begriffe, und selbst unter Homosexuellen fanden sie wenig Anklang.

Auch hinsichtlich seiner politischen Ziele ist Ulrichs gescheitert. Sein erklärtes Anliegen war die gesellschaftliche Anerkennung

51 Vgl. Ulrichs 1864.

der Urninge und eine Reform des Strafrechts. Die deutschen Kleinstaaten verfuhren recht unterschiedlich mit Homosexuellen, und Ulrichs fürchtete, bei der sich abzeichnenden Vereinigung zu einer Nation könne der rigide preußische Paragraph 143, der Homosexualität mit Gefängnis ahndete, allgemeine Gültigkeit erlangen.[52] Die Geschichte bestätigte seine schlimmen Ahnungen, und 1871 wurde Homosexualität nach dem Paragraphen 175 in ganz Deutschland unter Strafe gestellt.

Ulrichs war jedoch nicht der Einzige, der sich um eine Liberalisierung des Strafrechts und um soziale Akzeptanz für Homosexuelle bemühte. So hatte der ungarische Arzt Karl Maria Benkert unter dem Pseudonym Kertbeny in den Jahren 1869 und 1870 zwei Broschüren herausgegeben, die sich gegen die Diskriminierung von Homosexuellen wandten,[53] und der bekannte deutsche Professor Rudolf Virchow unterzeichnete, zusammen mit anderen Medizinern, ein »Gutachten der Königlichen wissenschaftlichen Deputation für das Medizinalwesen«, indem er für ein Ende der Kriminalisierung von Homosexuellen eintrat. Die Verfasser argumentierten damit, dass Homosexualität in medizinischer Hinsicht nicht schädlich sei. Gegen den Paragraph 143 sprach sich auch der Berliner Psychiater Carl Westphal aus, der die Auffassung vertrat, dass diese »menschlichen Seelenzustände« in die Hände von Ärzten und nicht von Juristen gehörten. Westphal führte den Begriff »conträre Sexualempfindung« in die Diskussion ein, die er als Empfindung definierte, »dem ganzen inneren Wesen nach dem eigenen Geschlecht entfremdet zu sein« (Westphal 1869: 75). Westphal diskutiert in seinem Artikel den Fall einer Lesbe und eines heterosexuellen Transvestiten und koppelt das Phänomen der Sexualempfindung nicht notwendig an ein gegengeschlechtliches erotisches Begehren. Es ist daher weniger mit einer sexuellen Praxis, sondern eher mit dem Identitätsbegriff des ausgehenden zwanzigsten und beginnenden einundzwanzigsten Jahrhunderts vergleichbar.

52 Vgl. Hekma 1994: 219 f.

53 Er war der Erste, der diesen Begriff benutzte, was Ulrichs, Hirschfeld zufolge, sehr erboste. Er beschuldigte Benkert, seine Begriffe aus Eifersucht nicht übernommen zu haben. Vgl. Hirschfeld 1963: 16.

Anders als Ulrichs phantasievolle Terminologien fand Westphals Begriff der »conträren Sexualempfindung« breite Zustimmung und wurde von viel gelesenen Autoren wie H. Gock[54], Richard von Krafft-Ebing[55], Moll[56] und Havelock Ellis[57] verwendet – nicht immer allerdings mit der gleichen Konnotation. So reduzierte Krafft-Ebing beispielsweise Homosexualität auf die sexuelle Praxis und ließ den von Westphal betonten Aspekt der Identität vollkommen außer Acht.

Ein Problem dieser Autoren wie auch der gesamten von Medizinern und Psychiatern geführten Debatte war, das hat Hekma richtig bemerkt, eine Pathologisierung des Phänomens.[58] Das Abweichende galt den Wissenschaftlern zwar nicht als Straftatsbestand wie den Juristen, dafür aber als krankhaft[59] – eine Diagnose, die vielleicht auch das große Interesse begründete.

Trotz der medizinischen Dominanz innerhalb des Diskurses gab es einflussreiche andere Stimmen. Der bekannteste Streiter für die Anerkennung der Homosexualität als einer der Heterosexualität gleichwertigen Lebensform war Magnus Hirschfeld, der auch als Begründer der ersten Homosexuellenbewegung gilt. Hirschfeld eröffnete 1897 das »Wissenschaftlich-Humanitäre Komitee« und gab von 1899 bis 1923 das *Jahrbuch für sexuelle Zwischenstufen* heraus. In einer Vielzahl von Publikationen präsentierte er das zeitgenössische Wissen über Homosexualität und warb für ein Ende der Diskriminierung. Eine seiner bekanntesten Schriften befasst sich mit der Homosexuellenszene im Berlin der Jahrhundertwende. Sie trägt den bezeichnenden Titel *Berlins drittes Geschlecht.* Mit seiner Theorie von Homosexuellen als drittem Geschlecht steht Hirschfeld in unmittelbarer Tradition des frühen Karl Ulrichs und vertritt wie dieser die Meinung, männliche Homosexuelle bildeten Zwischenstufen zum Weiblichen hin.

54 Vgl. Gock 1875.
55 Vgl. Krafft-Ebing 1886.
56 Vgl. Moll 1891.
57 Vgl. Ellis 1897.
58 Vgl. Hekma 1994: 225.
59 Krafft-Ebing entfernte sich in seinen späten Schriften von dieser Position. 1901 veröffentlichte er einen Beitrag in Hirschfelds »Jahrbuch für sexuelle Zwischenstufen«, in dem er Homosexualität als angeboren und nicht pathologisch bezeichnete.

Diese These war unter Homosexuellen seiner Zeit nicht unumstritten. Der Dichter und Maler Elisar von Kupffner und der Führer der Homosexuellenbewegung »Die Gemeinschaft der Eigenen«, Adolf Brand, lehnten die Idee von Zwischenstufen radikal ab und vertraten einen Kult von Hypermaskulinität, der sich an der päderastischen Knabenliebe der antiken Griechen und der germanisch-römischen Freundschaftstradition orientierte. Ein dritter einflussreicher Gegner der Theorie vom dritten Geschlecht, der sowohl in Hirschfelds *Jahrbuch für sexuelle Zwischenstufen* als auch in Brandts Zeitschrift *Der Eigene* publizierte, war Benedict Friedländer, der die Liebe unter Männern als Grundlage des Staatsgefüges ansah.

Hekma nimmt diese Kritiken zum Anlass, die Denkfigur des dritten Geschlechts grundsätzlich zu problematisieren. Sie sei eine kraftvolle Metapher, schreibt er, doch sie sei gleichzeitig ein großes Hindernis für junge Männer, sich zu ihrer Homosexualität zu bekennen, da sie dadurch auf eine nicht-männliche Identität festgelegt würden.[60] Ihre Popularität habe sie deshalb erreicht, weil sie nicht bedrohlich für den heterosexuellen Mann sei.[61]

Ich halte es für fraglich, ob sich heterosexuelle Männer in ihrer eigenen Männlichkeit weniger von maskulinen homosexuellen Männern bedroht fühlen als von femininen Homosexuellen. Die Geschichte der Verfolgung und Diskriminierung von Homosexuellen hat bis dato keinen Beweis für diese These erbracht. Vielmehr hat sie gezeigt, dass Homosexualität, wenn sie mit männlichen Tugenden wie Aggressivität, Kampfeslust und militärischem Heldentum verbunden ist, sehr wohl von heterosexuellen Männern akzeptiert wird und sogar ein heimliches Leitbild einer männlichen Kultur darstellen kann, das sich durch extreme Verachtung alles Weiblichen auszeichnet. Dies wurde schon bei Friedländer deutlich, der seine Idee männlicher Liebe mit militärischer Überlegenheit zu kombinieren wusste und ein entschiedener Gegner der Frauenemanzipation war. Diese Art der maskulinen Homosexualität spielte in der deutschen Geschichte, wie der Historiker Klaus Theweleit in exzellenter Weise am Beispiel der deutschen Freikorps aufgezeigt

60 Vgl. Hekma 1994: 239.
61 Vgl. Hekma 1994: 234.

hat, sogar eine besonders unheilvolle Rolle, in der revoltierende Arbeiter, linke Intellektuelle, Frauen und weibliche Homosexuelle gleichermaßen zum Opfer von Gewalt und Unterdrückung wurden.[62]

7. Quer zum *mainstream*: Frauen in Männerrollen

Über eine biologische Dichotomisierung der Geschlechter hinaus wurden Männer und Frauen in Europa hinsichtlich ihrer Handlungsspielräume differenziert, die mit festgelegten kulturellen Codes und einer Vielzahl hierarchisch geordneter Zeichen verknüpft waren. Einige dieser Zeichen waren für die geschlechtliche Markierung einer Person von geringer Bedeutung, andere aber so weit privilegiert, dass ihre Verschiebung sofort als Moment von Überschreitung interpretiert wird. Zu diesen dominanten Bedeutungsträgern zählten Kleidung, Haartracht, Gestik und sexuelle Praktiken sowie bestimmte Aktionsfelder, die von einem Geschlecht monopolisiert wurden. Der mit der Definition von Männlichkeit am stärksten verbundene Handlungsraum war der Krieg, die bewaffnete Auseinandersetzung und, davon abgeleitet, das Tragen und das Wissen um den Gebrauch von Waffen.

Die Vorstellung, dass Frauen Männern dieses Monopol streitig machen könnten, hat in der Geschichte des Abendlandes wiederholt angstvolle Phantasien ausgelöst, die in farbenprächtigen Geschichten bis heute überdauert haben. Die wirkmächtigsten dieser Erzählungen sind wohl die Amazonensagen, die der griechische Historiker Herodot der Nachwelt bereits im fünften Jahrhundert vor der Zeitenwende in seiner Schrift *Histories Apodexis* überliefert hat. Herodots Aufzeichnungen basieren auf ausgedehnten Reisen durch Griechenland, Babylon, Ägypten und Kleinasien und reflektieren einen Versuch, sich mit den Nachbarvölkern von einer wissenschaftlichen Perspektive aus zu befassen. Dabei schrieb er Gesehenes und Gehörtes gleichermaßen nieder und entwarf Bilder von den die Griechen umgebenden Gesellschaften, die nicht selten ein Zerrbild griechischer Werte darstellten und das Skandalöse und Unbegreif-

62 Vgl. Theweleit 1977.

liche in den Mittelpunkt stellten. Aus der Perspektive eines griechischen Mannes waren die Amazonen eine Verdichtung des Unerhörten. Frauen, die Krieg führten und die Position politischer Führerinnen innehatten, waren das genaue Gegenteil zur Realität der griechischen Frauen, die, wie Sklaven und Kinder, nicht als vollständige Mitglieder der Gesellschaft galten. Herodot identifiziert die Amazonen mit den Skythen und sagt ihnen wie jenen extreme Grausamkeiten nach, die sich vor allem gegen Männer richtete. So sollen sie Menschen geopfert und Männer verstümmelt haben, um sie als Haussklaven zu missbrauchen. Nach einem von ihm aufgezeichneten Mythos soll aus der Begegnung einer im Krieg versprengten Amazonengruppe mit skythischen Männern das Volk der Sauromanten entstanden sein. Die Skythen, so will es der Mythos, wollten die Amazonen zu Ehefrauen nehmen, doch diese weigerten sich, von ihren Sitten zu lassen. Die Amazonen setzten sich durch und widmeten sich nach wie vor dem Jagen und dem Krieg. Der Krieg sei so elementar für die Frauwerdung einer Amazone, dass es einem Mädchen erst dann erlaubt sei zu heiraten, wenn es bereits einen Mann getötet habe.

Etwa vierhundert Jahre nach Herodot nahm der sizilianische Historiker Diodorus das Amazonenthema erneut auf. In seinem vierzigbändigen Werk *Bibliotheka Historica* berichtet er von einer Amazonenkönigin, die die Stadt Themiskyra am Thermodon begründet und auf ihren Kriegszügen viele Länder in Asien erobert habe. Wie Herodot betonte Diodorus das Monströse der Amazonen. Auch er schrieb über Knaben, die man verstümmelte, um sie für den Krieg untauglich zu machen und sie in der Küche, zum Wollespinnen und zum Kinderbeaufsichtigen einzusetzen. Dieser Zurichtung des männlichen Körpers im Sinne einer Entmaskulinisierung entsprach die Manipulation des weiblichen Körpers als Entfeminisierung. Denn, so Diodorus, auch die Amazonen selbst waren Verstümmelte. Jedem Mädchen würde bereits in jungen Jahren eine Brust amputiert, um den Gebrauch von Bogen und Schwert zu erleichtern. Aus dieser Praxis resultiere auch ihr Name, der »die Brustlosen« bedeute.

Diodorus lokalisierte die Amazonen an der nordöstlichen Grenze des griechischen Territoriums sowie in Nordafrika, wo er einen Staat ausmachte, der das genaue Gegenbild der griechischen Welt darstellte. Unter der Herrschaft einer mächtigen Königin namens Myrina sollen Frauen die alltäglichen Geschäfte geführt haben, während Männer das Haus zu hüten hatten. Die Erzfeinde der afrikanischen Amazonen, so will es die Sage, sei nun ausgerechnet eine andere Frauenpopulation, die Gorgonen, gewesen. Gorgonen und Amazonen sind Figuren im Heraklesmythus, der schildert, wie der Held der Weiberherrschaft dank seiner überlegenen Kräfte ein Ende macht.

Herodot und Diodorus haben ohne Zweifel ein angstbesetztes Gegenbild ihrer eigenen Gesellschaft und somit ein Phantasieprodukt geschaffen.[63] Die Anregung zur Produktion dieser Phantasie lässt sich aber möglicherweise auf das Phänomen weiblicher Kriegerinnen zurückführen, das erst in den letzten Jahren durch archäologische Funde offenkundig wurde. In der Schwarzmeerregion, just also der Gegend, in der man die asiatischen Amazonen vermutete, hatte man Gräber entdeckt, in denen Frauen in voller Rüstung und unter Beigabe der verschiedensten Waffen beerdigt wurden. Archäologen ordneten die Gräber dem Nomadenvolk der Sauromanten zu, das um 600 v. u. Z. nach Westen ins Skythenland wanderte, wo sich auch die griechische Kolonie Alopeke befand. Bis jetzt tut man sich schwer, diese Funde zu interpretieren und Rückschlüsse auf die sauromantische oder skythische Gesellschaftsordung zu ziehen. Handelte es sich um weibliche *gender crossers*, denen man gestattete, eine männliche Rolle einzunehmen, vergleichbar mit den »geschworenen Jungfrauen« Albaniens oder den »männerherzigen« Kriegerinnen nordamerikanischer Indianer?[64] Oder waren es vielleicht Gattinnen großer Krieger, die deren militärische Position nach deren Tod übernahmen? Es existieren keine Überlieferungen, die näheren Aufschluss geben könnten.

Dies ist ähnlich im skandinavischen Raum, wo man ebenfalls Kriegerinnengräber fand. Der römische Historiker Saxo Grammaticus glaubt, wie schon Herodot und Diodorus, Genaueres über das

63 Für Bullough und Bullough symbolisieren die griechischen Amazonensagen die »Schwäche des griechischen Patriarchats« (1993: 31).

64 Vgl. Kapitel 3.

Leben dieser Frauen zu wissen. In seiner 1200 n. u. Z. geschriebenen *Geschichte der Dänen* schildert er anschaulich deren Leben, das aus einer endlosen Kette militärischer Ertüchtigungen bestanden haben soll, nicht allerdings ohne anzumerken, wie unnatürlich und unweiblich ihn diese Beschäftigungen anmuteten.

Es ist unbestritten, dass die Schilderungen der genannten Geschichtsschreiber zum größten Teil auf Projektionen basieren oder zumindest maßlose Überzeichnungen sind. Andererseits geben die archäologischen Funde und jüngeren Geschichtsforschungen neue Denkanstöße. Mittlerweile ist überzeugend nachgewiesen worden, dass weibliche Kriegerinnen auch in anderen europäischen Gesellschaften keineswegs nur ein Produkt einer überspannten männlichen Phantasie darstellen. So hat die Mediävistin Megan McLaughlin aufgezeigt, dass Frauen als Kämpferinnen im Mittelalter keineswegs selten waren. Besonders adlige Witwen übernahmen häufig die militärische Position ihrer Ehemänner, manchmal sogar, um gegen Mitglieder ihrer eigenen Familie zu kämpfen, wie Richilde von Hainaut, die im elften Jahrhundert gegen den Bruder ihres Mannes in Kassel zu Felde zog. Erst in den folgenden Jahrhunderten war eine Reihe restriktiver Reaktionen zu verzeichnen, die von legislativen Maßnahmen bis zu einer Veränderung der Volksmeinung reichte.[65] Dies wird auch an einer veränderten Geschichtsschreibung deutlich. War die aktive Teilnahme von Richilde an der Schlacht von Kassel im elften Jahrhundert noch unkommentiert vermerkt worden, bemühte ein Chronist im dreizehnten Jahrhundert schon das Argument möglicher Hexerei, um ihr ungewöhnliches Verhalten zu erklären.[66] Geschlechtsrollenüberschreitungen konnten jetzt öffentliche Anklagen und sogar Verurteilung zum Tode zur Folge haben. Das populärste Beispiel für eine Frau, die, mit der Begründung, ihre Anmaßung der männlichen Rolle sei Ketzertum, hingerichtet wurde, ist zweifellos Jeanne d'Arc. Jeanne hatte für sich das Modell der Jungfrau als legitime, gleichwohl zwischen den Geschlechtern stehende Existenzweise beansprucht und ihre Funktion als Heerführerin mit religiösen Visionen begründet.

65 Vgl. McLaughlin 1990: 200.
66 Vgl. McLaughlin 1990: 200.

Wenn sich auch nicht alle Frauen mit der Veränderung des gesellschaftlichen Klimas widerspruchslos in eine vorgeschriebene friedfertige weibliche Rolle fügten, so war doch die langfristige Konsequenz dieser Umwälzung eine zunehmende Verdrängung aus allen Bereichen, die mit militärischen Fähigkeiten assoziiert wurden, und mit dem Ende des Mittelalters hatte sich das Schlachtfeld zu einer exklusiven männlichen Sphäre entwickelt, in der Frauen nurmehr als Ehefrauen, Prostituierte und Marketenderinnen vorkamen.

Die Ursache für diese fundamentale Umstrukturierung der mittelalterlichen Gesellschaft sieht McLaughlin in den Veränderungen der Kriegsführung begründet. Im Mittelalter, so führt sie aus, war die Organisation des Kriegs »ihrem Charakter nach essentiell häuslich«, d. h., sie basierte auf kleinen Gruppen von Kriegern, die eine enge Verbindung mit ihrem Führer hatten. Viele der Gefolgsleute lebten in der Burg ihres Führers, aßen, schliefen und trainierten dort. Frauen und Mädchen waren von der Welt der Kämpfer nicht getrennt, schauten ihnen beim Training zu und erwarben zumindest theoretische militärische Kompetenzen. Die Kunst der Selbstverteidigung galt bei Frauen nicht als anstößig, und noch im fünfzehnten Jahrhundert zählte die Schriftstellerin Christine da Pisan militärische Führungsbereitschaft und eine Grundkenntnis der Waffenführung zu den wünschenswerten Fähigkeiten adliger Damen, damit diese im Bedarfsfall in der Lage seien, das Anwesen gegen Angreifer zu verteidigen.[67]

Mit der Aufstellung von militärischen Elitegruppen veränderte sich diese haushaltsgestütze Art der Kriegsführung. So wurden beispielsweise in Dänemark Ende des zehnten Jahrhunderts militärische Camps für Elitesoldaten eingerichtet, in denen weiblicher Zu-

67 Christine da Pisan, jung verwitwete Mutter, schrieb zwischen 1390 und 1429 Gedichte, Geschichten und Allegorien, um ihren Lebensunterhalt zu verdienen. In ihren Büchern *La cité des dames* und *Le livre de la cité des dames* entwirft sie ein weibliches Utopia. Vgl. auch Rinaldi 1994. Auf Deutsch sind von da Pisan bislang folgende Titel erschienen: *Das Buch von der Stadt der Frauen*. Berlin 1987; Opitz, Claudia, Hg.: *Der Schatz der Stadt der Frauen: weibliche Lebensklugheit in der Welt des Spätmittelalters: ein Quellentext*. Freiburg im Breisgau 1996, sowie Zimmermann, Margarete, Hg.: *Wege in die Stadt der Frauen: Texte und Bilder der Christine da Pisan*. Zürich 1996.

tritt strikt verboten war. Auch die Urbanisierung arbeitete in die gleiche Richtung, war doch die militärische Organisation nicht länger an den Haushalt als vielmehr an ein bestimmtes Stadtviertel gebunden. »Der Langzeiteffekt dieses Wandels«, schreibt McLaughlin, »war die Minimisierung der Rolle der alten Haushaltseinheit – und dadurch die Rolle der Frauen.« (McLaughlin 1990: 204)

McLaughlins pessimistische Einschätzung, dass sich nach dieser Zeit keine Hinweise mehr auf weibliche Kriegstätigkeit finden lassen, ist allerdings durch neuere Forschungen entkräftet worden. Verdeckt oder offen haben Frauen auf den meisten, wenn nicht allen Schlachtfeldern der westlichen Welt gekämpft. Teilweise geschah dies durch die Annahme einer männlichen Identität, wie Lotte van der Pol und Rudolf Dekker in einem 1989 erschienenen Buch anschaulich dargestellt haben. Die beiden HistorikerInnen untersuchten einhundertneunzehn Fälle verdeckten weiblichen Geschlechtsrollenwechsels in den Niederlanden zwischen 1550 und 1839, die meisten von ihnen im siebzehnten und achtzehnten Jahrhundert. Eine der Frauen, die ihr Leben als Mann lebten, war Maria van Antwerpen, 1719 in Breda geboren, bereits mit zwölf Jahren Waise geworden und bei einer Tante aufgewachsen, die sie schlecht behandelte. Maria verdingte sich einige Jahre als Hausmädchen, verließ dann ihre Stellung und fand sich ohne rechte Perspektive in Wageningen, einer ländlichen Gegend in den östlichen Niederlanden wieder. Sie war siebenundzwanzig Jahre alt, hatte keine Verwandten, Arbeit war rar, und sie fürchtete, als Prostituierte zu enden. In dieser Situation beschloss sie, Männerkleidung anzulegen und zur Armee zu gehen. Mitten in der Nacht, so erfahren wir aus ihrer Autobiographie, verließ sie Wageningen und wurde in einem Wirtshaus als Jan van Ant, sechzehn Jahre, rekrutiert. Ihre Einheit zog von einem Ort zum anderen. Da Soldaten einen Ruf als Weiberhelden hatten, schrieb Maria, beschloss auch sie, an den Stationen, wo sie Halt machten, um Frauen zu werben und nach Kräften zu flirten. In Coevorden lernte sie Johanna Kramer, die Tochter eines Sergeanten, kennen, mit der sich nach kurzer Zeit ein ernsthaftes Verhältnis entwickelte, und im August 1748 heirateten die beiden Frauen. Jan genoss jetzt alle Vergünstigungen eines verheirateten Soldaten. Das Paar nahm einige Pflegekinder in den Haushalt auf, Jan arbeitete in seiner freien Zeit als Schneider und seine Frau als Wäscherin. Die männliche Identität war perfekt, und Zeitgenossen beschrieben ihn als Pfeife rauchenden Patriarchen mit einer Leidenschaft fürs Fischen. Johanna soll während der gesamten Ehe nicht über das wahre Geschlecht ihres Gatten Bescheid gewusst haben, der dem ehelichen Beischlaf unter dem Vorwand einer chronischen Krankheit ausgewichen sei. 1751 wurde ihre Identität von einem Mitglied einer Familie enttarnt, für die sie einst als Magd gearbeitet hatte. Maria wurde verhaftet und aus Breda verbannt. Einige Zeit vagabundierte sie umher, jetzt wieder als Frau, und ließ sich dann in Gouda nieder. Hier traf sie auf Jansje van Ooijen, die Nichte einer Gutsbesitzerin, mit der sie zusammen nach Rotterdam zog. Maria übernahm in der Beziehung die Rolle eines Mannes und versuchte, für beider Unterhalt zu sorgen. Als dies misslang, brachte sie die Freundin zurück zu ihrer Tante. In der folgenden Zeit trug Maria sowohl Frauen- als auch Männerkleidung. Sie machte die Bekanntschaft von Cornelia Swartsenberg, die ihre Geschichte kannte und sie überredete, wieder als Mann zu leben. Cornelia war schwanger, und die beiden heirateten in Zwolle. Maria trug jetzt den Namen Machiel van Antwerpen. Das Kind starb, doch Cornelia gebar noch zwei weitere Kinder. Maria verdingte sich während dieser Ehe zweimal als Soldat, arbeitete aber auch in einer Reihe von zivilen Berufen. Eine erneute zufällige Entdeckung mit anschließender Verhaftung und Verbannung folgte 1769, und 1781 starb sie verarmt in Breda.

Die Motive für Marias Geschlechtsrollenwechsel sind vielschichtig. Sie suchte als junge Frau offensichtlich ihr Schicksal zu verbessern und wählte die männliche Existenz, weil sie die bessere Perspektive darstellte. Andererseits schien sie bald Gefallen an ihrer neuen Rolle gefunden zu haben, da sie sich in Gouda auch ohne äußeren Anlass »als Amazone«[68] zeigte. Vor Gericht gab sie an, keine sexuellen Beziehungen zu den Frauen unterhalten zu haben, mit denen sie zusammengelebt hatte. Sie hätten sich zueinander lediglich wie Schwestern verhalten. Nun sind Gerichtsakten keine verlässlichen Quellen, wenn es um die Ermittlung verbotenen Verhaltens geht, und man kann mit einiger Berechtigung fragen, aus welchem

68 Vgl. Dekker/van der Pol 1989: 66.

Grund sie die Verbindungen zu Jansje und mehr noch zu Cornelia eingegangen sein soll, wenn nicht aus einer tiefen Passion heraus.

Marias Aussehen und Auftreten muss sehr wenig weiblich gewesen sein, wenn es ihr gelungen ist, an verschiedenen Orten und in nahezu jeder Situation als Mann so überzeugend gewirkt zu haben, dass niemand Verdacht schöpfte. Dekker und van der Pol werfen die Frage auf, ob es sich bei ihr vielleicht um einen Fall vom Pseudohermaphroditismus gehandelt haben könnte,[69] eine Möglichkeit, die indes wenig wahrscheinlich ist, da Maria im Rahmen ihrer Prozesse zweimal medizinisch untersucht und ihre weibliche Anatomie bestätigt wurde. Ihre Identität muss jedoch eine männliche gewesen sein, und so antwortete sie in dem Prozess von 1769 auf die Frage, ob sie sich als Mann oder als Frau verstehe: »Von Natur und Charakter ein Mann, aber vom Aussehen her eine Frau.«[70]

Viele der Frauen, die als Seeleute und Soldaten lebten, spielten ihre männliche Rolle perfekt, und ihr biologisches Geschlecht wurde erst nach ihrem Tode entdeckt. Einige von ihnen hatten diese Rolle aus Not gewählt, andere aus Abenteuerlust oder aus Neigung. Fast alle, deren Geschichten van der Pol und Dekker auswerteten, kamen aus ärmlichen Verhältnissen, die meisten waren Waisen oder hatten zumindest ein Elternteil verloren. Dies legte für die beiden WissenschaftlerInnen den Schluss nahe, dass ein maßgebliches Motiv wohl die Verbesserung der Lebensperspektive sei.

In ähnlicher Weise argumentierten auch Bullough und Bullough für weibliches *cross-dressing* im Allgemeinen. Im Gegensatz zu einer Geschlechtsrollenüberschreitung von Männern, die negativ stigmatisiert sei, erreichten Frauen mit der Übernahme einer Männerrolle gewöhnlich einen höheren sozialen Status.[71] Dies galt insbesondere dann, wenn Frauen einen ihnen verschlossenen Bereich männlicher Existenz in Anspruch nahmen, wie sie z. B. die Positionen des Klerus darstellten. Mancher Mönch entpuppte sich nach seinem Tod als Frau, und Mutmaßungen über eine weibliche Päpstin beflügeln noch heute die Phantasie von Romanschriftstellern. Auch stellt die Masku-

69 Dekker/van der Pol 1989: 67.
70 Zitiert nach Dekker/van der Pol 1989: 68.
71 Vgl. Bullough/Bullough 1993: 68.

linisierung weiblicher Heiliger ein beliebtes Erzählmuster christlicher Hagiographien dar. Das bekannteste Beispiel ist wohl das der portugiesischen Prinzessin Wilgefortes, die nach dem Willen ihres Vaters mit dem König von Sizilien vermählt werden sollte. Wilgefortis, die diese Heirat ablehnte, flehte zu Gott um Hilfe, und dieser ließ ihr einen stattlichen Bart wachsen. Der Verlobte nahm daraufhin Abstand von der Ehe, so erzählt die Sage, und der erzürnte Vater schlug seine Tochter ans Kreuz.

Nicht immer geschah die Verwandlung von einer Frau in einen Mann im Verborgenen, und die Entdeckung eines weiblichen Körpers bei einem männlichen Asketen erntete nicht zwangsläufig Verurteilung. Es wird berichtet, dass ein Bischof, als offenkundig wurde, dass der Mönch Eugenius einst Eugenia hieß, den Wechsel zur männlichen Identität ausdrücklich guthieß, da Eugenius in einer männlichen Weise agierte.[72] Entstammten die Frauen, die mit ihrer weiblichen Rolle brachen, dem Adel, galten ohnehin andere Bedingungen, und sie konnten das Argument des hohen Status gegen eine Beschränkung ihrer sozialen Lebensbedingungen ins Feld führen. So hatte Elisabeth I. von England das Modell der Jungfrau bemüht, um ihre Ehelosigkeit zu legitimieren und sich im männlich dominierten politischen Terrain uneingeschränkte Autorität zu sichern. Christina von Schweden war als Staatsoberhaupt weniger erfolgreich, lebte dafür aber ihre Identität als *gender crosser* kompromissloser aus. Ihr Vater Gustavus Aldolphus starb, als sie sechs Jahre alt war, und sie wurde fortan in männlichen Tugenden unterwiesen, die sie befähigen sollten, die Nachfolge anzutreten, sobald sie das Alter von achtzehn Jahren erreichen würde. Konflikte mit ihren männlichen Ratgebern, die sie als Frau nicht ernst nahmen, machten ihr das Regieren unangenehm, sodass sie elf Jahre nach der Thronbesteigung abdankte und ihren Cousin zu ihrem Nachfolger ernannte. Unter dem Namen Count Dohna verließ sie Schweden und siedelte nach Rom über, wo sie den Katholizismus annahm und eine bekannte Kunstmäzenin wurde. Zeit ihres Lebens trug Christina männliche Kleidung und fiel durch ihr männliches Verhalten auf. Selbst ihre Stimme soll tief wie die eines Mannes gewesen sein. Sie

72 Vgl. Ansom 1974: 22.

heiratete nie, hatte aber zahlreiche Liebesbeziehungen mit Männern und mit Frauen.

Abgesehen von Geschlechtsrollenüberschreitungen aus religiösen und politischen Gründen, aus transvestitischen Neigungen oder aus lesbischer Passion erfreute sich das Spiel mit Geschlechtsidentitäten im sechzehnten und siebzehnten Jahrhundert einer gewissen allgemeinen Beliebtheit. Figuren wie die Amazone und der Hermaphrodit wurden zur Steigerung der erotischen Reizbarkeit bemüht und inspirierten Maskenbälle und andere Anlässe, sich zu verkleiden. Dekker und van der Pol berichten von heterosexuellen Prostituierten, die ihre Attraktivität durch ein männliches Outfit zu steigern suchten, und von adligen Kurtisanen, die, als Männer verkleidet, junge Mädchen verführten.[73] Auf den Bühnen der Renaissance-Theater spielten *boy actors* Frauenrollen, und Frauen stellten Männer dar, der Kastrat Farinelli wurde zum Frauenheld, und in der Literatur befasste sich eine zunehmende Zahl von Texten mit den Verwirrungen, die durch *gender crossing* und die Annahme falscher Geschlechtsidentitäten entstanden.[74] Als Beispiel sei hier *Orlando Furioso*[75] von Ludovico Ariosto genannt, die Geschichte der jungen Amazone Bradamante, deren Heldentaten sich mit denen männlicher Ritter messen können und die, nach einer Kopfverletzung, die sie zwingt, ihr Haar kurz zu schneiden, häufig mit ihrem Zwillingsbruder verwechselt wird. Die spanische Prinzessin Fiodispina verliebt sich in Bradamante, und die beiden Frauen gehen eine sexuelle Beziehung miteinander ein. Bradamante erzählt ihrem Bruder Ricciardetto von der neuen Liebe, und dieser, als er erkennt, dass es sich bei der Geliebten um eine Frau handelt, die er selbst schon lange begehrte, verkleidet sich als seine Schwester und sucht Fiodispina auf. Anstatt seine Identität zu lüften, erzählt er von einer magischen Verwandlung, und Fiodispina bleibt, im Glauben, es handele sich um Bradamante, so lange mit Ricciardetto zusammen, bis die Wahrheit ans Tageslicht kommt.

Führen wir uns all die oben genannten Beispiele für weibliche Geschlechtsrollenüberschreitungen in der europäischen Geschichte

73 Vgl. Dekker/van der Pol 1989: 54.

74 Vgl. Schleiner 1996.

75 Die erste Fassung wurde von 1516–21 geschrieben, die letzte 1531.

vor Augen, so wird deutlich, dass sie kaum einem einheitlichen Motiv folgen. Zwischen der frühchristlichen Heiligen, die den Geboten ihres Glaubens zu folgen versucht, und der maskierten Adligen, die ausschließlich an einer Steigerung ihres sexuellen Genusses interessiert ist, liegen Welten. Nicht selten war die Beschränkung des weiblichen Handlungsspielraums Anlass, eine männliche Identität anzunehmen. Dies gilt insbesondere für die Frauen, deren Lebensgeschichten Dekker und van der Pol auswerteten, aber auch für andere Fälle, in denen Frauen sich entschieden, Soldaten zu werden. Patriotische Gefühle oder der Wunsch, nicht von dem eingezogenen Gatten getrennt zu werden, so zeigen zum Beispiel die Studien von Julie Weelwright (1989) und Richard Hall (1993), waren wichtige Gründe, in der Armee zu dienen. Da Frauen der Zutritt zu diesen Institutionen verweigert wurde, waren sie genötigt, sich zu verkleiden und ihre wahre Identität zu verschleiern. Das primäre Motiv war in diesen Fällen, Zugang zu einem verwehrten Aktionsfeld zu erlangen.

Angesichts dieser Erkenntnis stellt sich die Frage, ob es sinnvoll ist, eine Überschreitung oder einen Wechsel der Geschlechtsrolle in erster Linie an der äußeren Erscheinung festzumachen, die vielleicht nur eine Sekundärerscheinung darstellt. In gewissen Kontexten könnte, wie Karen Jo Torjesen meint, auch die Wahrnehmung männlich definierter Freiheiten schon als *gender crossing* bezeichnet werden. In einem Aufsatz über die Frühzeit des Christentums stellt sie anhand der Biographie der Märtyrerin Thekla fest, dass ihre »männlichen« Tugenden Stärke, Furchtlosigkeit und Mut ebenso ausschlaggebend für die Definition einer männlichen Identität waren wie der »maskuline Akt der Selbstbestimmung« (Torjesen 1996: 84). Auch die Grenzen zur Mode sind teilweise schwer zu ziehen. Im England des siebzehnten Jahrhunderts war es beispielsweise, zum Ärger konservativer Kreise, weit verbreitet, dass Frauen männliche Kleidung trugen, und im neunzehnten Jahrhundert begannen Frauen in ganz Europa, Reitkostüme zu tragen, die den Anzügen der Männer nachempfunden waren.[76]

Dabei ist die Grenze zwischen dem als extravagant Geschätzten und dem als deviant Diskriminierten fließend. Die Frau, die die

76 Lehnert 1997: 27 f.

»Hosen anhat«, galt noch bis in die sechziger Jahre hinein als Sinnbild einer lächerlich-maskulinen Zwittergestalt, während man gleichzeitig die Hosenmode einer Marlene Dietrich als ultimativen Ausdruck von Erotik und Verlockung feierte.

Kapitel 3

Institutionen des *gender crossing*

Bewaffnete Frauen, Kriegerinnen und Soldatinnen, stellten in der europäischen Geschichte Ausnahmeerscheinungen dar, die niemals institutionalisiert wurden. Im Gegenteil, sie galten als bizarre Abweichungen vorgegebener Rollenstereotypen. Trotzdem wies der hegemoniale Geschlechterdiskurs bis in die jüngste Zeit ein gewisses Maß an Flexibilität auf, das es ermöglichte, verschiedene Theorien zur Phänomenologie des Weiblichen und Männlichen nebeneinander bestehen zu lassen sowie soziale, emotionale und physiologische Abweichungen zu integrieren. Vor etwa dreihundert Jahren wurde dieser relative Pluralismus der Vorstellungen zugunsten eines einzigen dominanten Diskurses aufgegeben, der universelle Gültigkeit beanspruchte. Mediziner und Historiker versahen die Idee der sozialen und physiologischen Dualität der Geschlechter mit einer wissenschaftlichen Argumentation und verfestigten die bis dahin eher vage gehaltenen Ideen zur Geschlechterdichotomie zum Postulat einer natürlichen Ordnung der Geschlechter.

Diese Entwicklung innerhalb der Grenzen Europas wurde allerdings durch gegenläufige außereuropäische Befunde konterkariert. Reisende, Missionare in Übersee und EthnologInnen berichteten schon früh über Phänomene, die den heimischen Geschlechterverhältnissen so gar nicht entsprachen. Bereits im achtzehnten Jahrhundert sammelte man, im Kontext der Verfassung allgemeiner Hypothesen über die menschliche Evolution, die der Zügelung der erotischen Leidenschaften als Katalysatoren und Gradmesser für die kulturelle Entwicklung besondere Aufmerksamkeit schenkten, Berichte über sexuelle Gepflogenheiten außereuropäischer Populationen und bekundete dabei ein starkes Interesses für Abweichungen vom normierten Geschlechterideal der bürgerlichen Gesellschaft. Die Daten fanden Eingang in wissenschaftliche Abhandlungen, die Titel wie »Konträre Sexualerscheinungen bei der Negerbevölkerung Sansibars«[1] oder »Hinweise auf Homosexualität bei Naturvölkern«[2] trugen.

Moralische Verurteilungen der vorgefundenen Praktiken waren, anders als man erwarten könnte, nicht die Regel und verschwanden sogar ganz, als feldforschungsgestützte Studien die von Laien gesammelten Primärdaten zu ersetzen begannen. In den wichtigsten Pionierstudien über Transvestismus und Transsexualität, wie sie beispielsweise die Arbeiten von Pater J. Winthuis[3] und Sigrid Westphal-Hellbusch im Irak[4] darstellen, war von einer Verurteilung oder negativen Exotisierung dieser Phänomene keine Rede. Die am meisten zitierte komparative Untersuchung über geschlechtliche Ambiguität war bis in die achtziger Jahre hinein eine von Hermann Baumann verfasste Publikation aus dem Jahr 1955 mit dem Titel *Das doppelte Geschlecht.* Akribisch hatte der Autor hunderte von Publikationen zum Thema Geschlechtsrollenwechsel in Kult, Mythos und symbolischer Ordnung ausgewertet und eine beeindruckende Übersicht über die diesbezügliche zeitgenössische Forschung erstellt. Ebenso wie die SozialwissenschaftlerInnen der neunziger Jahre war sich Baumann des provokativen Gehalts der von ihm präsentierten Daten bewusst, verstand sie aber in Zusammenhang mit naturwissenschaftlichen Erkenntnissen. Er schrieb: »Es ist noch nicht allzu lange her, daß man die grundsätzliche Trennung der Geschlechter in anatomischer, biologischer und psychologischer Betrachtung als gegeben hinnahm, selbst in unserem abendländischen Kulturkreis. Mediziner, Anatomen, Zoologen, aber auch Geisteswissenschaftler haben allerdings diese Überzeugung in den letzten Jahrzehnten gründlich erschüttert … Wir wissen heute, daß es trotz aller unbe-

1 Haberland, 1899.
2 Bastian 1869.
3 Vgl. Winthuis 1928.
4 Vgl. Westphal-Hellbusch 1956.

streitbaren Unterschiede doch mannigfaltige Zwischenstufen zwischen dem betont Männlichen und dem betont Weiblichen in Soma und Psyche gibt, daß die sexuelle Differenzierung des Lebendigen sich nicht stetig und gleichmäßig herausbildete, daß Männliches im Weiblichen und Weibliches im Männlichen enthalten ist.« (Baumann 1955: 9)

Baumanns geradezu revolutionäre Sichtweise ist weder in noch außerhalb der Ethnologie in größerem Umfang zur Kenntnis genommen worden. Im Konservativismus der fünfziger Jahre wurde sein Buch als Beitrag über die exotischen Sitten außereuropäischer Völker geschätzt, nicht aber als Herausforderung, das eigene Selbstverständnis zu hinterfragen. Ein Großteil seiner Überlegungen gilt der Rolle von Doppelgeschlechtlichkeit in der Kosmologie sowie der Bedeutung von Geschlechtsrollenwechsel in religiösen Zeremonien, dabei insbesondere in schamanistischen Riten. Eine ähnliche Perspektive sollte, einige Jahre später, Gisela Bleibtreu-Ehrenberg einnehmen.[5] Auch sie blieb innerhalb der Disziplin mit ihren Thesen eine randständige Figur.

Erst mit dem Aufkommen der interdisziplinären Debatte um *gender*-Kategorien verlor die Forschung zu außergewöhnlichen Geschlechterkonzeptionen ihren marginalen Status. Vor allem in den USA, in denen man die Theorien der *gender studies* zu den wichtigsten kritischen Impulsen der Geisteswissenschaften zählt, feiert man die neuen empirischen Studien als Provokationen für überkommene Denkmuster, die man mit einer gewissen Berechtigung als »westlich« identifiziert, eine Bezeichnung, die zunehmend zum Synonym für patriarchal, sexistisch und engstirnig wurde. Demgegenüber zeichnen nicht wenige AutorInnen ein idealtypisches Gegenbild nichtwestlicher Gesellschaften, bei denen das Vorhandensein von institutionalisiertem *gender crossing* allein schon als Hinweis gedeutet wird, dass sie liberalere Prinzipien beherzigten. In der so kreierten Dichotomie zwischen dem Westen und dem Nichtwesten reduziert man westliche Gesellschaften auf eine rigide Ideologie des Geschlechterbinarismus, während man von außereuropäischen Gesellschaften annimmt, sie praktizierten ein über die Zwei hinausgehendes Modell.

5 Vgl. Bleibtreu-Ehrenberg 1970, 1984, 1997.

Im Folgenden sollen aus der Fülle an Arbeiten zu Institutionen des *gender crossing* eine Auswahl vorgestellt und einer genauen Analyse unterzogen werden, die Aufschluss über die jeweiligen indigenen Geschlechterkonzeptionen geben soll. Im Anschluss daran soll erörtert werden, was die ausgewählten Beispiele zur gegenwärtigen Debatte um Geschlechterkategorien beitragen können.

1. *Xanith* in Oman

Im Jahr 1978 entspann sich in der renommierten amerikanischen Zeitschrift *Man* eine heftige Kontroverse über die Existenz eines »dritten Geschlechts« in Oman. Anlass war die Publikation eines Aufsatzes der norwegischen Ethnologin Unni Wikan mit dem Titel »Man becomes woman« in einem vorangegangenen Band. Wikan beschreibt darin das Phänomen der *xanith*, homosexueller Männer, die eine Rolle zwischen den Geschlechtern einnehmen. Diese Zwischenstellung zeigt sich bereits in der äußeren Erscheinung: Sie tragen eine Kombination von Frauen- und Männerkleidung, zeigen sich barhäuptig in der Öffentlichkeit, während Männer und Frauen ihr Haar verhüllen, und wählen eine halblange Frisur, die weder dem männlichen (kurz) noch dem weiblichen Stil (lang und geflochten) entspricht. Wie Männer verschleiern sie ihr Gesicht nicht, doch andere Komponenten ihres Auftretens zeugen vom Versuch, weibliche Attraktivität mimetisch zu kopieren: Sie sind gewöhnlich stark parfümiert und auffällig geschminkt, befleißigen sich eines grazilen Gangs und imitieren die hohe Stimmlage von Frauen.

Auch hinsichtlich ihres Bewegungsradius besetzen *xanith* ein Feld zwischen den Geschlechtern. Während Frauen weitgehend auf die häusliche Sphäre beschränkt sind und Männer den öffentlichen Raum einnehmen, besitzen *xanith* die Freiheit, zwischen diesen Welten zu wandern. Sie genießen das Privileg, sich wie Frauen innerhalb der geschlossenen Frauengemächer zu bewegen und gleichzeitig wie Männer auf den Markt zu gehen und im Café zu sitzen.

Das erotische Begehren der *xanith* richtet sich ausschließlich auf Männer, und in sexuellen Beziehungen nehmen sie immer den passiven Part ein. Viele *xanith* gehen befristete erotische Beziehungen mit Männern ein oder verdienen ihren Lebensunterhalt als Prostituierte.

Wikan hat in ihren Schriften mehrfach versucht, die *xanith* klassifikatorisch zu bestimmen. In einer auf ihren Forschungen basierenden Monographie über Oman diskutiert sie die Frage, ob es sich bei ihnen eher um Transvestiten oder um Transsexuelle handelt und kommt dann zu einer in der Ethnologie beliebten Lösung, auf die indigene Terminologie zu verweisen, die weder den einen noch den anderen Begriff kennt und die *xanith* anhand vollkommen anderer Kriterien definiert.[6] Diese für eine interkulturelle Debatte wenig brauchbare Strategie wird an anderer Stelle aber sogleich wieder verworfen, wenn sie den Begriff des »dritten Geschlechts« einführt und auch im Verlauf mehrerer Publikationen an ihm festhält. Das hat die deutsche Ethnologin Heike Behrend dazu verführt, Wikans Daten dahingehend zu interpretieren, dass in Oman eine Dichotomie der Geschlechter unbekannt sei und anstelle des Zweigeschlechter-Modells ein Dreigeschlechter-Modell praktiziert werde.[7]

Beide, Wikans Klassifizierung und mehr noch Behrends Schlussfolgerung, widersprechen nun aber fundamental den indigenen Ideen der Omanis über Geschlecht. Dies sieht auch Wikan, die die omanische Gesellschaft an anderer Stelle als »streng geschlechtergetrennt« (Wikan 1977: 306) charakterisiert und die omanischen Klassifikationskriterien folgendermaßen skizziert: »Dennoch erkennen die Omanis, wie alle anderen Menschen auf der Welt, den fundamentalen, unbestreitbaren Charakter des anatomischen Geschlechts (*sex*) an. Mädchen und Jungen, weiblich und männlich sind Identitäten, die bei der Geburt zugeschrieben werden.« (Wikan 1977: 307)

Die Ethnologin ermittelt drei Geschlechter, die Omanis lediglich zwei: ein männliches und ein weibliches. Das emische Kategoriensystem der Omanis erweist sich nur bedingt als kompatibel mit dem ethischen System der Ethnologin. Anders als die Wissenschaftlerin, die explizit von *gender-role* spricht, trennen die Omanis nicht zwischen *sex* und *gender*. Niemandem ist es in Oman gestattet, die

6 Vgl. Wikan 1982: 172.
7 Vgl. Behrend 1995: 181.

Grenzen seines *sex* so weit zu überschreiten, dass die Übernahme des gegengeschlechtlichen *gender* tatsächlich möglich wäre. Dies zeigt sich darin, dass es dem *xanith* bei Androhung von Prügel und Gefängnis verboten ist, weibliche Kleidung zu tragen und optische Grenzen zum weiblichen Geschlecht zu verwischen. Andererseits – wie lassen sich seine, einem weiblichen *gender* entlehnten, Privilegien erklären? Wikan greift hier auf das Modell der sexuellen Praxis für die Konzeption des *gender* zurück: »Es ist der sexuelle Akt, nicht die sexuellen Organe, der für Geschlecht (*gender*) konstitutiv ist. Ein Mann, der wie eine Frau handelt, ist sozial eine Frau. Und es ist keine Konfusion zwischen männlichem und weiblichem Geschlechtsverkehr möglich. Der Mann dringt ein, die Frau empfängt, der Mann ist aktiv, die Frau passiv. Verhalten und nicht Anatomie ist die Basis für die omanische Konzeptualisierung von Geschlecht (*gender*).« (Wikan 1977: 309)

Der Widerspruch zu den vorhergehenden Feststellungen über die Konstruktion von *sex* und *gender* bleibt bei Wikan unkommentiert. Folgt sexuelle Identität der Anatomie oder der sexuellen Praxis? Wird der *xanith* aufgrund seines Penis als Mann wahrgenommen oder aus seiner sexuellen Orientierung heraus als Frau imaginiert? Um diese Frage zu klären, möchte ich den Blick auf die Interdependenz zwischen Körper und Handlung richten, wie die Omanis sie, Wikan zufolge, selbst herstellen.

Der *xanith*, schreibt Wikan, »wird behandelt wie ein Eunuch« (Wikan 1977: 309). Damit ist nicht gemeint, dass ihm der Besitz des Penis abgesprochen wird, sondern dass das Organ als nicht aktiv gilt. *Xanith* gelten als impotent. In den Gemächern der Frauen sind sie nicht deshalb geduldet, weil sie homosexuell sind, sondern weil sie als unfähig zur Penetration gelten. Weisen *xanith* nach, dass sie penetrieren können, verändert sich ihr Status, und sie gelten fortan als Männer. Und damit als potentielle Verführer von Frauen.

Männlichkeit wird damit als Kombination zweier Signifikanten verstanden: 1) der Besitz eines Penis und 2) der Gebrauch des Penis zur Penetration. Ist nur das erste Signifikant vorhanden, wird die Person zwar grundlegend als Mann wahrgenommen, in dem Sinn, dass ihm jederzeit die Option, ein wirklicher Mann zu werden, offen steht, doch er wird in Bezug auf mögliche sexuelle Interaktionen als Frau klassifiziert. Diese Dichotomie entspricht der dualen Matrix, die das Verhältnis zwischen Frauen und Männern in einer grundsätzlichen Weise gestaltet. Männer sind diesem Modell nach Personen, die penetrieren, Frauen und *xanith* sind dagegen Personen, die penetriert werden. In dieser Definition liegen auch die Grenzen der Konstruktion eines sozialen Geschlechts begründet. Es kann nicht unabhängig von der Anatomie der Definierten gedacht werden. Um ein Mann zu sein, muss eine Person einen Penis besitzen und diesen zur Penetration einsetzen. Frauen, die keinen Penis besitzen, können daher niemals Männer werden.

Die These Behrends, in Oman sei der Dualismus der Geschlechter nicht existent, kann aus dem von Wikan vorgelegten Material nicht abgelesen werden. Die omanische Gesellschaft differenziert durchaus binär: in Frauen, d. h. Personen ohne Penis, und in Männer, Personen mit Penis. Diese Unterscheidung erfolgt bereits bei der Geburt. Erst in einem zweiten Differenzierungsvorgang, der frühestens mit der Pubertät einsetzt, werden Männer noch einmal in zwei Kategorien eingeteilt: in diejenigen, die penetrieren, und in diejenigen, die penetriert werden.

In Oman existiert ein doppeltes Klassifizierungssystem: ein duales, das sich ausschließlich anhand der Anatomie, also des *sex*, orientiert und die Kategorie Frau hinsichtlich ihres *sex* und ihres *gender* eindeutig festlegt, und ein dem dualen untergeordnetes, das die Kategorie der Männer einer weiteren Differenzierung unterzieht.

Während Menschen mit weiblichen Geschlechtsorganen sexuell und sozial unverrückbar weiblich definiert werden, besitzen Menschen mit Penis das Recht, sich temporär oder dauerhaft zwischen dem männlichen und dem weiblichen Geschlecht zu entscheiden. Diese Option ist ein ausschließlich männliches Privileg, und es herrscht ein durchaus spielerischer Umgang mit diesen Möglichkeiten. Wikan benennt drei verschiedene Modalitäten: 1) den *xanith*, der diese Rolle bis ins hohe Alter beibehält, 2) den *xanith*, der nach einer homosexuellen Phase heterosexuell wird und heiratet und 3) den *xanith*, der mehrfach zwischen homo- und heterosexuellen Phasen wechselt.[8]

Wikan ist von Kritikern zu Recht vorgeworfen worden, *xanith*

8 Vgl. Wikan 1982: 172.

nicht im Kontext anderer Formen omanischer Homosexualität erörtert zu haben,[9] und Shepherd mutmaßt gar, sie habe kein »drittes Geschlecht« beschrieben, sondern lediglich eine Spielart des im Vorderen Orient und nördlichen Afrika auftretenden Phänomens des homosexuellen »noch-nicht-erwachsenen-Mannes« (Shepherdt 1978: 665).

Andererseits hat sie eine kluge Analyse der sozialen Umstände entworfen, vor deren Hintergrund die allgemeine Akzeptanz dieser ungewöhnlichen Geschlechtsrolle verständlich wird. Gerade die dichotomen Vorstellungen von Geschlecht und die unterschiedlichen Erwartungen an Männer und Frauen sind es nämlich, die der Institution des *xanith* sozialen Sinn verleihen. So wird Männlichkeit mit phallischer Virilität assoziiert, und man nimmt an, Männer besäßen einen starken Trieb, der nach häufiger Entladung verlange. Sexuelle Aktivität erhält den Status einer Notwendigkeit, die die Natur selbst begründet. Für Frauen gilt sexuelle Betätigung vor und außerhalb der Ehe jedoch nicht als wünschenswert, und ihnen wird, im Gegenteil, das Ideal von Jungfräulichkeit und außerehelicher Keuschheit auferlegt. Wären unverheiratete Männer und solche, die, bedingt durch Arbeitsmigration, von der Ehefrau getrennt sind, hinsichtlich ihrer sexuellen Triebabfuhren auf Frauen als Sexualpartnerinnen angewiesen, ergäbe sich für die duale Gesellschaftsstruktur der Omanis ein schwer lösbares Problem: Entweder müsste die Norm weiblicher Keuschheit aufgehoben werden – bzw. Ausnahmeregelungen für weibliche Prostituierte gefunden werden –, oder die virilen Männer müssten sich der gleichen Askese unterwerfen, die für Frauen gefordert wird. Die Institution der *xanith*, die die nicht erreichbaren Frauen sexuell ersetzt, löst dieses Problem und ermöglicht die Erfüllung sich gegenseitig ausschließender Normierungen, denen Männer und Frauen unterliegen.

Die Existenz der *xanith* als drittes *gender* – oder besser: als zweites männliches *gender* – stellt weder die herrschende Dichotomie der Geschlechter noch die männliche Dominanz in Frage. Das Gegenteil ist der Fall: *xanith* stabilisieren den hegemonialen binären Geschlechterdiskurs.

9 Vgl. Carrier 1980: 541.

2. Weibliche Ehemänner in Afrika

Soziale Rollen werden, davon handelt dieses Buch, häufig geschlechtsspezifisch zugeordnet und gelten damit als privilegierte Domäne von Männern oder von Frauen. Das gilt insbesondere für diejenigen, die Positionen innerhalb eines Verwandtschaftssystems markieren. Mit den Begriffen Mutter, Vater, Bruder, Schwester, Tochter und Sohn verbinden wir eindeutige Zuordnungen, auch bezüglich des körperlichen Geschlechts. Ja, es scheint, dass gerade die essentialistische Bezugnahme auf die Physis sich in diesem Kontext als mächtigstes Bollwerk gegen die durch die Emanzipationsbewegung hervorgerufene Erosion familialer Rollen erweisen könnte. Dass ein Mann keine Mutter sein kann und eine Frau kein Vater, gilt uns als unumstößliche Wahrheit, die auch in homosexuellen Elternkonstellationen nicht hinterfragt wird.

Wie sehr diese vermeintlich unverrückbaren, sich angeblich durch die Biologie selbst begründenden Positionen jedoch ebenfalls kulturell hergestellt werden, kann uns die Figur des »weiblichen Ehemannes« in Afrika zeigen, die eng mit zwei weiteren ambivalenten Verwandtschaftskonstruktionen verbunden ist, der der »männlichen Töchter« und des »weiblichen Vaters«.

Kontextuell an diese Überschreitungsmodelle gekoppelt, als deren Voraussetzung oder Erweiterung, ist das Phänomen der Gynaegamie, der Heirat zwischen Frauen, die in über dreißig Gesellschaften Afrikas praktiziert wird.[10] Elisabeth Tietmeyer definiert sie als »sozial anerkannte, vertraglich geregelte Zweckgemeinschaft zwischen zwei oder mehreren Frauen, die mit dem Ziel eingegangen wird, eine Familie zu gründen und legale Nachkommen hervorzubringen« (Tietmeyer 1998: 164). Tietmeyer betont damit die reproduktive Funktion als entscheidenden Grund, solche Verbindungen

10 In Ostafrika wird diese Heiratsform von den Nuer, Dinka, Shilluk (Sudan), den Agikuyu, Gusi, Kipsigis, Luo, Kamba, Taita, Taveta, Kuria, Suba, Iregi, Kenye, Ngereme, Keyo und Nandi (Kenia) sowie den Simbete (Tansania) praktiziert, in Südafrika von Koni, Lovedu, Narene, Pedi, Phalaborwa, Sotho, Tawana, Venda und Zulu, in Westafrika von den Akoko, Fon, Gana-Gana, Igbo, Ijaw, Kalabari, Nupe Bunu und Yoruba. Vgl. auch Tietmeyer 1985: 17.

einzugehen, die sich in dieser Hinsicht nicht von heterosexuellen Ehen unterscheiden. Ohnehin stellen jene das wichtigste Orientierungsmuster für Gynaegamien dar, sowohl im Hinblick auf die interne Struktur als auch auf ihre Funktion innerhalb der Gesellschaft. Das impliziert die Konstruktion männlicher und weiblicher Rollen und Identitäten zwischen den beteiligten Frauen, die keineswegs eine egalitäre Beziehung eingehen. Vielmehr nimmt eine der Frauen die Position eines Ehemannes ein, eine oder mehrere andere die der Ehefrau(en). Der heterosexuellen Vorgabe entsprechend initiiert der weibliche Ehemann die Verbindung, ist der aktiv werbende Part, verhandelt mit den Angehörigen der Auserwählten und bezahlt den Brautpreis. Dafür erwirbt er das Recht auf die durch einen Liebhaber der Frau gezeugten Kinder sowie auf bestimmte, Männern zustehende Arbeitsleistungen der Ehefrau. Über diese recht allgemeinen Feststellungen hinaus existieren keine nennenswerten Gemeinsamkeiten zwischen den verschiedenen Formen afrikanischer Gynaegamien. Die Ausformulierung aller Rechte und Pflichten, die über die oben skizzierten hinausgehen, die Definition der Handlungsspielräume der Akteurinnen und die Konkretisierung ihrer Rollen variieren von Gesellschaft zu Gesellschaft und weisen sogar innerhalb einzelner Kulturen eine beachtliche Bandbreite auf. Anhand einiger gut erforschter Beispiele sollen im Folgenden daher lediglich markante Grundzüge des Phänomens dargestellt werden.

In der Wissenschaft sind Frauenheiraten seit den dreißiger Jahren des zwanzigsten Jahrhunderts bekannt. Der erste Anthropologe, der darüber publizierte, war Melville Herskovits, der seine Feldforschung bei den Fon im westafrikanischen Dahomey durchführte. Die Fon sind in patrilineare Abstammungsgruppen organisiert, die unter der formalen Autorität des ältesten Mannes in großen Hofanlagen zusammenwohnen. Männer, die über einen gewissen Wohlstand verfügen, heiraten mehrere Frauen, denen sie im Gehöft jeweils eine eigene Hütte für sich und ihre Kinder bauen, wo sie ökonomisch und sozial über eine nicht unbeträchtliche Autonomie verfügen.

Wie in vielen westafrikanischen Gesellschaften sind Frauen nicht nur im Subsistenzbereich tätig, sondern arbeiten als Händlerinnen auf den lokalen Märkten. Erfolgreiche Marktfrauen können ein beachtliches Vermögen anhäufen, über das sie frei verfügen. Mit diesen Mitteln können sie unter anderem eigene Ehefrauen erwerben. Diese Möglichkeit wird besonders von unfruchtbaren Frauen genutzt, doch grundsätzlich steht es jeder Frau, also auch Müttern, frei, sich auf diese Weise einen eigenen Haushalt aufzubauen und, über die leiblichen Kinder hinaus, über eine Anzahl von Personen zu verfügen, deren Arbeitskraft für eigene Projekte nutzbringend eingesetzt werden kann.[11] Von der Vermehrung des Reichtums, die solchermaßen vorangetrieben wird, abgesehen, profitiert die männliche Frau auch sozial von ihrer Rolle als Haushaltsvorstand, die mit einem großen Prestigegewinn verbunden ist.

Das Muster der Frauenehen folgt ganz dem der heterosexuellen Verbindungen. Nach der Übergabe einer Reihe von Geschenken und dem Bezahlen eines in Verhandlungen festgesetzten Brautpreises baut der weibliche Ehemann seiner Ehefrau ein eigenes Haus nahe dem seinen, folgt also dem Modell der heterosexuellen Residenzregelung, und wählt einen Liebhaber als Genitor für die zukünftigen Kinder. Dieser hat weder einforderbare Ansprüche auf seine Geliebte noch auf die von ihm gezeugten Kinder. Seiner Geliebten steht es, ebenso wie ihm selbst, frei, die Beziehung jederzeit zu beenden und einen anderen Partner zu wählen.

Den Fon in vielerlei Hinsicht vergleichbar sind die Igbo, die den Südosten Nigerias bewohnen und mit fünf Millionen Menschen eine der größten sozio-linguistischen Gruppen Afrikas bilden. Wie jene sind sie mehrheitlich patrilinear organisiert,[12] und das wichtigste Produktionsmittel, Land, ist Eigentum der Männer. Frauen erwerben lediglich Nutzungsrechte. Für den Fortbestand einer Verwandtschaftsgruppe, eines Haushaltes, gelten Söhne daher als ebenso unverzichtbar wie bei den Fon. Dazu kommt noch eine religiöse Komponente, denn man glaubt, dass die Ahnen sich in ihren Nachkommen reinkarnieren. Die Igbo lösen das Problem eines fehlenden männlichen Erben durch die Substituierung durch eine Frau, die so genannte »männliche Tochter«, *nhanye*, die im Erbrecht einem Sohn

11 Herskovits 1937: 358.

12 Bilineare Filiation besteht bei der Untergruppe der Afikpo-Ibo. In dieser Gruppe besitzen auch Frauen Eigentumsrechte auf Land.

gleichgestellt ist oder durch die Institution des *igba ohu*, des »weiblichen Ehemannes«, die sich nur unwesentlich von der bereits beschriebenen der Fon unterscheidet.

Einige, aber nicht alle *igba ohu* sind auch männliche Töchter, und nicht immer wird die Übernahme der Rolle des Ehemannes durch ein Nachfolgeproblem innerhalb einer Patrilineage hervorgerufen. Frauen können auch aus eigenen Interessen heraus eine andere Frau heiraten. So wählen zum Beispiel unfruchtbare Frauen oder Frauen, die nur Töchter besitzen, diese Lösung, da sie ihre sozialen Sicherheiten verlieren würden, wenn ihr Mann stirbt und sie keine eigenen Söhne besitzen; andere heiraten, um ihren eigenen Reichtum zu mehren.

Häufig heiraten Frauen eine andere Frau im Namen ihres Ehemannes oder auch im Namen eines fiktiven Sohnes. Diese sind dann nominell die Ehemänner, während die Frau, die den Brautpreis bezahlt hat, lediglich eine Stellvertreterinnenposition einnimmt. Eileen Krige (1974) erwähnt in ihrer Diskussion afrikanischer Frauenheiraten, dass Igbo-Frauen ihr Vermögen auch für den Erwerb einer Frau für ihren Sohn einsetzen. In diesem Fall beanspruchen sie ebenfalls bestimmte Rechte über die erworbene Frau, die denen über eine eigene Ehefrau ähnlich sind. In all diesen Fällen erscheint es fraglich, ob die Institution des *igba ohu* mehr ist als eine rhetorische Figur, die zur Bezeichnung einer erweiterten Schwiegermutterrolle oder eines nominellen Aneignungsvorgangs der Kinder einer anderen Frau dient. Krige hat den Gebrauch des Begriffs »Heirat« bei den gynaegamen Verbindungen der Igbo aus diesem Grund als irreführend bezeichnet (Krige 1974: 14), eine Kritik, die zwar die Schwachstellen des theoretischen Konzepts »Gynaegamie« aufzeigt, letztendlich aber doch zu kurz greift, da sie alle anderen Formen der Frauenheirat bei den Igbo ausblendet und die Komplexität der Institution nicht berücksichtigt.

In einigen Fällen zahlen Frauen, die eine Position als weibliche Ehemänner anstreben, den Familien ihrer eigenen Ehemänner den für sie gezahlten Brautpreis zurück und leben fortan ausschließlich in der männlichen Rolle, in anderen Fällen sind solche Frauen gleichzeitig Ehefrauen (gegenüber ihrem Ehemann) und Ehemänner (gegenüber der von ihnen erworbenen Ehefrau).

Im Kontext einer sehr viel weiteren Konzeption von Ehe finden wir die Frauenheirat bei den sudanesischen Nuer, die durch die Publikationen des britischen Sozialanthropologen Edward Evans-Pritchard bekannt geworden sind. Außer der gewöhnlichen Ehe zwischen einem Mann und einer Frau und einer Reihe institutionalisierter nichtehelicher Sexualbeziehungen, die zum Beispiel Witwen offenstehen,[13] praktizieren die Nuer eine eheähnliche temporär begrenzte Verbindung zwischen unverheirateten Männern und Knaben[14] und die so genannte Geistheirat, bei der ein Mann eine Frau stellvertretend für einen kinderlos verstorbenen Verwandten ehelicht.[15] Einer unfruchtbaren Frau steht die Möglichkeit der Gynaegamie offen. Bei den Nuer werden unfruchtbare Frauen sozial als Männer klassifiziert. Sie können Vieh erben wie Männer und erhalten, wie alle anderen Männer der Verwandtschaftsgruppe, einen Teil des Brautpreises, der für die Mädchen der Familie gezahlt wird. Falls sich nach ihrem Tod in ihrer Familie Unglück und Krankheitsfälle häufen sollten und man nach Befragung der Orakel zu dem Schluss kommt, ihr unzufriedener Geist sei dafür verantwortlich, kann es sogar vorkommen, dass einer ihrer Brüder oder Neffen eine Frau in ihrem Namen heiratet und ihr auf diese Weise die ersehnten Nachkommen beschert. Der Mann nimmt, nach Evans-Pritchard, allerdings nur eine Onkelrolle ein und ist auch nicht der Erzeuger der Kinder. Für diese Funktion sucht er einen Fremden, unter Umständen sogar einen Angehörigen der Nachbarethnie der Dinka.[16]

Wenn eine unfruchtbare Frau über materielle Mittel verfügt, und dies kommt häufig vor, vor allem wenn sie als Wahrsagerin arbeitet, heiratet sie eine oder mehrere Frauen im Namen eines verstorbenen Verwandten, ihres verstorbenen Mannes oder in ihrem eigenen Namen. Weder die Hochzeitsriten noch die Höhe des Brautpreises unterscheiden sich von einer heterosexuellen Heirat.

13 Evans-Pritchard spricht von »Witwen-Konkubinaten« (1951: 17).

14 Vgl. Evans-Pritchard 1970, 1973, 1974: 36.

15 Im Alltag agiert der Stellvertreter als gewöhnlicher Vater und Ehemann, rechtlich gesehen nimmt der Verstorbene diese Position ein. Die Frau wird *ciekjooka*, Frau eines Geistes, und die Kinder werden *gaatjooka*, Kinder eines Geistes, genannt. Vgl. Evans-Pritchard 1951: 109 ff.

16 Vgl. Evans-Pritchard 1945: 112.

Auch die Adresstermini gleichen sich: Der weibliche Ehemann spricht von seiner Ehefrau oder seinen Ehefrauen und wird von deren Kindern Vater genannt. Die Liebhaber der Frauen, vom weiblichen Ehemann ausgesucht, erhalten von der Geliebten Essen, arbeiten auf ihren Feldern, wohnen aber nicht im Gehöft. Die Besuche finden vorzugsweise nachts statt. Bei der Heirat eines von ihnen gezeugten Mädchens erhalten sie eine Kuh aus dem Brautpreis für ihre geleisteten Dienste. Geht eine Ehefrau sexuelle Beziehungen zu einem Mann ein, ohne die Erlaubnis des Ehemannes einzuholen, kann dieser Schadensersatz verlangen.

Anders als bei den Fon oder den Igbo nimmt der weibliche Ehemann bei den Nuer sozial eine Rolle ein, die dem männlichen Vorbild entlehnt ist. Evans-Pritchard erwähnt eine Wahrsagerin, die mehrere Frauen gegen die Bezahlung von Vieh heiratete. Im Alltag, schildert er, kümmerte sie sich um ihre Rinderherde wie ein Mann und schlug ihre Frauen, wenn sie faul waren.[17]

Ein sozialer Geschlechtsrollenwechsel wird auch von den weiblichen Ehemännern der kenianischen Nandi erwartet, über die Regina Smith Oboler geschrieben hat.[18] Im Gegensatz zu den älteren, strukturfunktionalistisch geprägten Quellen eines Herskovits oder Evans-Pritchard berücksichtigt Smith Oboler in ihren Veröffentlichungen die bei der Heirat agierenden Subjekte und deren Geschlechtsidentität. Dabei wird deutlich, dass die weiblichen Ehemänner nicht nur in einem kulturell männlich definierten Raum als Männer agieren, sondern auch eine dezidierte männliche Identität besitzen. »Nein, ich trage keine Dinge auf meinem Kopf«, zitiert sie einen weiblichen Ehemann, »das ist Aufgabe einer Frau und hat nichts mit mir zu tun. Ich wurde ein Mann, und ich bin ein Mann, und das ist alles. Warum sollte ich jemals wieder Frauenarbeit auf mich nehmen?« (Smith Oboler 1980: 69) Diese Selbsteinschätzung stimmt nun exakt mit den gesellschaftlichen Erwartungen an einen weiblichen Ehemann überein. Die Gesellschaft der Nandi basiert, wie auch die anderen hier genannten Gesellschaften, auf einer strikten geschlechtsspezifischen Arbeits- und Aufgabentrennung, über

17 Vgl. Evans-Pritchard 1945: 31 f.
18 Vgl. Smith Oboler 1980, 1985.

die sich die Geschlechter gewissermaßen selbst als Männer und Frauen konstituieren. Ein Mann muss sich um Vieh und Land kümmern und steht dem Haushalt nach außen und innen vor. Er nimmt an politischen Diskussionen und bestimmten Ritualen teil. Frauen sind von all diesen Bereichen ausgeschlossen. Sie definieren sich über andere Tätigkeiten wie Kochen, Waschen, die Betreuung der kleinen Kinder und das erwähnte Tragen von Dingen auf dem Kopf. Weibliche Ehemänner meiden die weibliche Handlungssphäre und übernehmen stattdessen die Gesamtheit der männlichen Verpflichtungen. Innerhalb der Familie und im öffentlichen Raum werden sie dafür als Männer respektiert.

Die Identifikation mit der männlichen Rolle geht so weit, dass weibliche Ehemänner, wie andere Männer, fürchten, durch die Kinder ihrer Frauen – für die sie Väter sind – rituell verunreinigt zu werden und aus diesem Grund nahe Beziehungen meiden. Hier existiert ein eklatanter Widerspruch zwischen den beiden wichtigsten Rollen, die ein weiblicher Ehemann Kindern gegenüber einnimmt, nämlich der der Großmutter und der des Vaters. Während er den Kindern seiner Tochter warmherzig und aufgeschlossen gegenübertritt, ist er den Kindern seiner Ehefrau gegenüber äußerst reserviert.[19] Das Meidungsgebot zwischen Männern und Kindern geht auf die Vorstellung zurück, dass Frauen und Kinder, insbesondere aber die ihnen anhaftenden Körperflüssigkeiten, imstande sind, Männer physisch zu schädigen. Man fürchtet vor allem Impotenz, aber auch eine Beschleunigung des Alterungsprozesses und Hautkrankheiten. Obgleich weibliche Ehemänner nicht von Potenzängsten geplagt werden, nimmt man an, dass der Wechsel der sozialen Geschlechtsrolle ihre körperliche Gesamtkonstitution nicht unbeeinflusst lasse und dass sie, wie physische Männer, durch weibliche und kindliche Körper essentiell gefährdet werden können. Interessanterweise gilt dies nur in der Beziehung zu den »eigenen« Kindern, denen gegenüber die Rolle des Vaters eingenommen wird. Agiert ein weiblicher Ehemann als Großmutter, gilt sie nicht als verwundbar.

Die Motivation, die Rolle eines weiblichen Ehemannes anzunehmen, liegt bei den Nandi, wie bei anderen Ethnien auch, maß-

19 Vgl. Smith Oboler 1980: 79.

geblich in der Unfruchtbarkeit einer Frau begründet oder darin, dass sie nur Töchter geboren hat. Die Nandi praktizieren zur Behebung des Problems eines fehlenden männlichen Erben zwar noch zwei weitere Methoden – den Kauf eines Kindes und die Verheiratung einer jungen Frau mit dem »Pfosten eines Hauses«, wodurch ihre von Liebhabern gezeugten Kinder als legitime Nachkommen ihrer Verwandtschaftsgruppe gelten –, doch ist die Gynaegamie der am meisten gewählte Lösungsweg.

Smith Oboler hat auch die Motivation der Ehefrauen eines weiblichen Ehemannes erforscht und festgestellt, dass es sich in der Vergangenheit häufig um Frauen handelte, die aufgrund eines mentalen oder physischen Defektes als wenig attraktiv galten. Heute sind es oftmals Frauen, die schwanger sind oder ein uneheliches Kind besitzen. Das lässt darauf schließen, dass dieser Eheform ein Makel anhaftet. Allerdings erwähnt die Ethnologin auch mehrere Gründe, warum junge Frauen weibliche Ehemänner männlichen vorziehen. Man sei lieber mit einer reichen Frau als mit einem armen Mann verheiratet, entgegneten einige ihrer Informantinnen, und andere betonten, dass eine Frau als Ehemann ihnen größere Freiheiten lasse und sie besser behandele.[20]

Zu den interessantesten Fällen von Gynaegamie zählen die Frauenheiraten bei den südafrikanischen Lovedu, die von dem südafrikanischen Ethnologenpaar Eileen und Jack Krige erforscht wurden.[21] Die Lovedu praktizieren eine präferentielle Kreuzkusinenheirat, was bedeutet, dass die ideale Ehefrau eines Mannes die Tochter seines Onkels mütterlicherseits darstellt. Bei dieser Heiratsform verwendet ein Vater den Brautpreis, den er für seine Tochter erhalten hat, um eine Frau, gewöhnlich die erste und ranghöchste Frau, für seinen Sohn zu erwerben. Im Gegenzug gibt dieser Sohn dann, wenn er selbst eine Tochter besitzt, diese dem Sohn seiner Schwester zur Ehefrau. Der Brautpreis besteht bei dieser Heirat aus Rindern, und man spricht von einer »Rinderbindung« zwischen Bruder und Schwester. Genau genommen ist es eine Verbindung zwischen zwei

20 Vgl. Smith Oboler 1980: 76.

21 Eileen Krige führte mehrere Feldforschungen durch und beschäftigte sich über fünfzig Jahre mit den Lovedu.

Häusern oder Familiengruppen, die durch den kontinuierlichen Austausch von Frauen und Rindern aufrechterhalten wird. Das System funktioniert natürlich nur, wenn in jeder Generation mindestens eine Frau und ein Mann in der jeweils richtigen Gruppe zur Verfügung stehen. Während die Quellen darüber schweigen, was bei männlicher Unfruchtbarkeit passiert,[22] werden die Folgen weiblicher Unfruchtbarkeit, zumindest bei vermögenden Frauen, durch die Heirat einer anderen Frau behoben. Diese Frau oder der weibliche Ehemann wählen einen Genitor, der bezeichnenderweise *boho*, Bulle, genannt wird. Er soll sich seiner Geliebten diskret nähern und übernahm in der Vergangenheit keine Verantwortung gegenüber den Kindern. Für seine Dienste wurde er mit einem Rinderschädel entlohnt. Heute scheint der Genitor zunehmend aus der versteckten Rolle herauszutreten. Krige (1980: 18) schildert gelegentliche Kleidergeschenke an die Kinder oder das Bezahlen des Schulgeldes.

Doch nicht nur aus Gründen der Aufrechterhaltung einer bestehenden Heiratsallianz gehen Lovedu-Frauen Ehen mit anderen Frauen ein. Krige erwähnt das Fehlen eines männlichen Nachkommens für eine politische Position, die Möglichkeit, dass Töchter beim Tod des Vaters dessen Frauen »erben«,[23] oder die Heirat, um den eigenen Wohlstand zu vermehren. Der letztgenannte Aspekt ist, so wie Krige ihn darstellt, nur schwer von einer schwiegermütterlichen Position zu trennen, da weibliche Ehemänner die von ihnen geheirateten Frauen teilweise an ihre Söhne weitergeben.[24]

Eine Institution, die die Gesellschaft der Lovedu in der Vergangenheit aus der Masse der Gynaegamie praktizierenden Ethnien herausgehoben hat, war die der gynaegamen Polygamie ihrer Königin. Die Lovedu werden seit Beginn des achtzehnten Jahrhunderts von Herrscherinnen regiert, denen man magische Kräfte, vor allem im Hinblick auf das Wetter, nachsagt. Als Regenköniginnen haben sie die Aufgabe, über den Wechsel der Jahreszeiten zu wachen und Wol-

22 Möglicherweise wird dieses Problem inoffiziell durch das Hinzuziehen eines Liebhabers als externen Genitor geregelt. Das legen zumindest Verweise auf die freien Sexualbeziehungen der Lovedu nahe.

23 Üblicherweise erben Söhne beim Tod des Vaters dessen Ehefrauen, doch wenn ein Sohn fehlt, kann dieses Recht auch auf eine Tochter übergehen.

24 Vgl. Krige 1980: 19.

ken in Regen zu verwandeln, um die Erde nach der Trockenzeit zu kühlen und wieder fruchtbar zu machen.[25] Nach dem Vorbild weniger einflussreicher männlicher Häuptlinge übergab man den Regenköniginnen bei vielerlei Anlässen eine Ehefrau: um ein rituelles Vergehen zu sühnen, eine Bitte nachdrücklicher zu machen oder einfach, um an Einfluss zu gewinnen. Diese jungen Ehefrauen, *vatanoni* genannt (Sing. *motanoni*), lebten in der Hauptstadt, bearbeiteten die Felder der Königin, gingen heterosexuelle Liebesverhältnisse ein und wurden gewöhnlich nach kurzer Zeit schwanger. Sie kehrten dann für ein bis zwei Jahre zu ihren Eltern zurück und wurden, wenn das Kind entwöhnt war, von der Herrscherin an einen politischen Würdenträger als Ehefrau weitergegeben. Der Würdenträger verpflichtete sich, der Königin später eine Tochter als *motanoni* zurückzugeben. Schwangere *vatanoni* mussten darüber hinaus durch eine jüngere Schwester ersetzt werden. *Vatanoni*, die nicht in den ersten Jahren ihrer Ehe schwanger wurden, erhielten von der Königin ein eigenes Haus. Die Kinder, die sie von diesem Zeitpunkt an gebaren, galten als Kinder der Königin, nannten diese Vater und galten als Halbgeschwister deren leiblicher Kinder.

Die spezielle Ausprägung der Gynaegamie bei den Lovedu ist ein Ergebnis der besonderen Gestaltung ihrer Geschlechterverhältnisse, die es Frauen möglich machte, auf jeder gesellschaftlichen Ebene machtvolle Positionen einzunehmen. Als Schwestern einer Rinderbindung hatten sie sozialen, politischen und rituellen Einfluss in der Familiengruppe, sie agierten als Distriktvorstände und sie stellten die Königin. Die Gynaegamie verstärkte diese Tendenz noch. Durch die Übernahme der Rolle eines weiblichen Ehemannes besaß jede Frau, in welcher politischen Position sie sich auch befand, ein Mittel, ihre Macht zu vergrößern und ihren Status zu erhöhen. Der Königin galt sie darüber hinaus als eines der wichtigsten Herrschaftsinstrumente. Das System der *motanoni* schuf ein quasiverwandtschaftliches Beziehungsnetz zwischen der Königin und ihren Distriktvorständen sowie anderen einflussreichen Personen.[26] Das gynaegame System war daher die wichtigste Strategie der Alli-

25 Vgl. Krige/Krige 1947: 271 ff.
26 Vgl. Höckner 1997.

anzbildung und sorgte darüber hinaus für eine große Zahl von Arbeitskräften in der Hauptstadt, die die Versorgung des Hofes und seiner ständigen Gäste garantierten.

Dies alles gehört jedoch der Vergangenheit an. Der Kolonialismus schwächte die Position der Königin, und viele angesehene *vatanoni* verließen die Hauptstadt. Im Jahr 1982 beendete die fünfte Herrscherin das *motanoni*-System mit ihrem Amtsantritt. Sie nimmt nur noch Geld- und Warengeschenke entgegen.[27]

Auch in anderen afrikanischen Gesellschaften haben Kolonialismus und Mission, aber auch die Gesetze der modernen Nationalstaaten für eine erhebliche Erosion der Frauenheiraten gesorgt. Bei den Nachbarn der Lovedu, den Zulu, die die gesellschaftlich anerkannte Position des Genitors auch traditionell betonten, wurde die Rolle des Erzeugers zunehmend mit der des Ehemannes verschmolzen, da die weiße Administration, die auf der Registrierung jeder Heirat bestand, die gynaegame Tradition ebenso wenig wie die Gerichte in Nigeria akzeptierte. Bei der Geburt eines Kindes trugen sie den Genitor konsequenterweise als Ehemann ein. Der weibliche Ehemann der Frau fungierte nur noch als Trauzeugin. Für Nigeria betont Ifi Amadiume, die den patriarchalisierenden Einfluss von Kolonialismus und Christentum für die nigerianischen Frauen vermerkt und die Konsequenzen in einer starren Auslegung von *gender*-Rollen sowie einem weitgehenden Ausschluss von Frauen aus Kirche und Politik sieht,[28] dass die Rolle von weiblichen Ehemännern in der Gesellschaft zunehmend weniger anerkannt werde. Dies bestätigt auch eine Untersuchung von Isabel Okonjo, die feststellte, dass ungebildete Frauen aus ländlichen Gegenden die Institution mehrheitlich bejahten, während städtisch sozialisierte und gebildete Frauen sie fast durchgehend ablehnten.[29]

Elisabeth Tietmeyer zitiert zu diesem Thema eine Rechtsstreitigkeit, die die juridische Position der Gynaegamie im heutigen Nigeria deutlich macht.[30] Eine unfruchtbare Frau hatte eine andere

27 Vgl. Höckner 1997: 289.
28 Vgl. Amadiume 1987: 119 ff.
29 Vgl. Okonjo 1976.
30 Tietmeyer zitiert hier Akpamgbo 1977.

Frau im Namen ihres Ehemannes, eines polygynen Häuptlings, geheiratet und deren Kinder als ihre eigenen aufgezogen. Als der Häuptling starb, wurde die Frau nach den Gesetzen des Levirats von dessen ältestem Sohn, den ihm seine erste Frau geboren hatte, als eigene Ehefrau »übernommen«. Nach dem Tod der Frau entbrannte ein Disput über das Erbrecht ihres Sohnes, das von ihrem zweiten Ehemann bestritten wurde. Der oberste Gerichtshof, vor dem die Klage verhandelt wurde, lehnte die Rechte des Sohnes mit der Begründung ab, dass es sich bei der gynaegamen Verbindung nicht um eine legitime Heirat gehandelt habe und den daraus hervorgegangenen Kindern keine Rechtsansprüche auf das Eigentum ihres weiblichen Vaters erwüchsen.

Nicht nur die Auslegung der Gesetze durch nationale Gerichte, die eine heterosexuelle Norm zugrunde legen und für die Nachkommen weiblicher Ehemänner eine erhebliche Rechtsunsicherheit verursachen, tragen zum Rückgang von Frauenheiraten bei. Auch Bildung und Religion erschüttern die Akzeptanz dieser Einrichtung. Krige hat festgestellt, dass gebildete Frauen die Gynaegamie oftmals mit einem Verweis auf die christliche Lehre ablehnen.[31] Trotzdem ist die Institution weit davon entfernt zu verschwinden. Vor allem in ländlichen Regionen wird sie weiterhin praktiziert.

Frauenheiraten in Afrika weisen eine erhebliche Bandbreite an Variationen auf.[32] Dieser Vielfalt entsprechend ist auch die Figur des weiblichen Ehemannes keineswegs einheitlich. Gemeinsam ist allen Formen der kulturellen und sozialen Ausgestaltung dieser Rolle, dass es sich um einen graduellen Prozess von Geschlechtsrollenüberschreitung handelt, bei der es einzelnen Frauen ermöglicht wird, in die männlich definierte Sphäre einzudringen. Dabei ist es allerdings fraglich, ob man von einem Geschlechtsrollenwechsel oder einer Multiplikation der Geschlechterrollen (Tietmeyer 1998) sprechen kann. In vielen Fällen ist der Begriff des weiblichen Vaters lediglich eine rhetorische Figur zur Sicherung des legitimen Nachwuchses einer Frau im patrilinearen Deszendenzsystem. Dies trifft

31 Vgl. Krige 1974: 18.

32 Eine kulturvergleichende Studie der Institution wurde von Elisabeth Tietmeyer (1985) vorgelegt.

vor allem für die Beispiele zu, in denen eine Frau eine andere Frau im Namen ihres Ehemannes oder ihres Sohnes heiratet. Mit diesen Ehen müssen keine weitergehenden Überschreitungen der weiblichen Geschlechtsrolle verbunden sein. In gewissem Sinn erschaffen sie sogar die Option, zwei der für ältere Frauen wichtigsten Rollen einzunehmen: die der Schwiegermutter und die der Großmutter. In anderen Fällen steht ebenfalls nicht die Auflösung der Geschlechtergrenzen, sondern die Vermehrung der persönlichen Macht im Vordergrund. Dies gilt beispielsweise für die westafrikanischen Händlerinnen und Geschäftsfrauen. Obwohl diese Frauen keineswegs an einer sozialen Maskulinisierung interessiert sind, bewegen sie sich teilweise als Männer in einem männlichen Aktionsrahmen. Vor allem, wenn sie Frauen in ihrem eigenen Namen ehelichen, und mehr noch, wenn sie sich parallel aus ihrer heterosexuellen Ehe loskaufen, um nur noch in der Position des männlich definierten Haushaltsvorstandes zu agieren, haben sie sich von den Beschränkungen ihrer eigenen Geschlechtsrolle losgesagt. Dies gilt auch für die Lovedu und andere Gesellschaften Südafrikas, bei denen weibliche Ehemänner in ihrer Rolle der politischen Führer als Männer agieren. Sehr viel ausgeprägter ist dieser Aspekt bei den Nandi oder Nuer, deren weibliche Ehemänner sozial als Männer gelten und eine männliche Identität annehmen.

Leider existieren bis dato nur rudimentäre Forschungen darüber, wie solche alternativen Identitäten gelebt werden. Zwar betonen Autorinnen zunehmend, dass soziale Vaterschaft vor der biologischen rangiere, und Frauen, »losgelöst von ihrer realen Körperlichkeit … zu Akteurinnen jenseits der Geschlechtlichkeit (werden können)« (Höckner 1997: 289) oder dass *sex* und *gender* in afrikanischen Gesellschaften entkoppelt und flexibel gestaltet würden (Amadiume 1987: 17, 1997: 112, Smith Oboler 1980), doch diese Aussagen bilden in erster Linie strukturelle Merkmale ab. Wenn Frauen verwandtschaftliche, politische oder soziale Positionen besetzen, die männlich definiert werden oder zumindest von Männern dominiert sind, ist das zweifellos ein Eindringen in den männlichen Aktionsraum. In Gesellschaften mit rigiden Geschlechtergrenzen mag dies auch subjektiv und/oder in der öffentlichen Meinung zu einem ambivalenten Status führen. Wie weit sich Frauen aber tatsächlich als

Männer oder als zwischen den Geschlechtern stehend fühlen und welche Konsequenzen es für ihr alltägliches Handeln bedeutet, beantwortet dieser Ansatz nur unzureichend. Smith Oboler hat für die Nandi, die das Moment des Geschlechtswechsels rhetorisch ausgesprochen stark betonen, festgestellt, dass im Alltag sehr wohl Unterschiede zwischen der Ausübung einer männlichen Geschlechtsrolle durch einen Mann und der einer Frau bestehen. Weibliche Ehemänner gelten als häuslicher, weniger gewalttätig und unterstützender bei den zu verrichtenden Arbeiten. Dies, so meinten Smith Obolers Informantinnen, mache sie in gewisser Hinsicht attraktiver als männliche.[33]

Ein Moment, auf das Joseph Carrier und Stephen Murray hingewiesen haben[34] und das in der Literatur zu Frauenheiraten vollkommen vernachlässigt wird, betrifft das Sexualverhalten innerhalb der Frauenehen. Im offiziellen Diskurs gelten weibliche Ehemänner als asexuell oder heterosexuell, eine Meinung, die von der Mehrheit aller Ethnologen und Ethnologinnen wohl auch deshalb übernommen wurde, weil sie lesbische Beziehungen nicht bemerkt haben. Carrier und Murray illustrieren dies am Beispiel der Forschung von Robert Brain bei den Bangwa in Kamerun, dessen beste Freundin ein weiblicher Ehemann war. Trotz ihres häufigen Zusammenseins und ihres vertrauten Verhältnisses, schreibt Bain, hatte er lange Zeit nicht realisiert, dass die Beziehung zwischen dem weiblichen Ehemann und seiner Frau mehr war als eine in der gesellschaftlichen Struktur angelegte Pflichterfüllung.

3. »Geschworene Jungfrauen« auf dem Balkan

Regional randständig, gleichwohl aber in Europa angesiedelt ist das Phänomen der so genannten »geschworenen Jungfrauen«[35] in Albanien, Mazedonien, Montenegro und dem Kosovo. Es handelt sich

33 Vgl. Smith Oboler 1980: 78.
34 Vgl. Carrier/Murray 1998: 262 f.
35 *Vajze e betuar* im Albanischen und *zavjetovana djevojka* im lokalen slavischen Dialekt.

hierbei um Personen weiblichen Geschlechts, die einen männlichen Habitus pflegen und in ihrer männlichen Rolle von der Gesellschaft anerkannt werden. »Geschworene Jungfrauen« besitzen einen männlichen Namen, tragen männliche Kleidung, einen männlichen Haarschnitt, rauchen und trinken. Sie führen ausschließlich männliche Tätigkeiten wie pflügen, Holz hacken oder Heu machen aus, tragen Waffen und nehmen an Jagden und kriegerischen Handlungen teil. Ihre Verhaltensweisen entsprechen dem albanischen Männlichkeitsstereotyp, und man findet sogar ausgesprochene Mysogynisten.[36] Auftreten und Erscheinung sind oft so überzeugend, dass Reisende erst, nachdem sie darauf hingewiesen wurden, davon erfuhren, dass sich unter dem männlichen Gewand ein weiblicher Körper befand.

Was bewegt Frauen in Albanien, ein soziales Leben als Männer zu führen? Die von Réne Grémaux als auch von Antonia Young zusammengetragenen Daten zeigen, dass weniger persönliche als vielmehr soziale Ursachen zu einem solchen Geschlechtsrollenwechsel führen. »Geschworene Jungfrauen« leben ausschließlich in Haushalten, die einen eklatanten Männermangel aufweisen. Biographisch wurden sie entweder bereits als Kinder ermutigt, die Rolle eines Sohnes einzunehmen, wenn in der Familie nur Mädchen geboren wurden, oder sie entschieden sich zu einem späteren Zeitpunkt für die männliche Rolle, weil alle Brüder starben und die weiblichen Angehörigen allein zu bleiben drohten.

Die Position eines Mannes ist in der albanischen Familie unverzichtbar. Das liegt zum einen an der ausgeprägten Arbeitsteilung, die Männern und Frauen unterschiedliche Handlungsräume zuweist, ist aber auch in der Verwandtschafts- und Sozialorganisation begründet, die auf patrilinearen Abstammungsgruppen basiert. Diese Gruppen sind Eigentümer von Haus, Land und Vieh, Gütern, die ausschließlich in männlicher Linie an Männer weitergegeben werden. In der Regel wird das Erbe zu gleichen Teilen an die Söhne eines Patriarchen vererbt. Die Gruppen sind über fragile Heiratsallianzen und durch gemeinsame Klanmitgliedschaft miteinander

36 Grémaux zitiert die Reisende Mary Edith Durham, der eine *tobelija* mit männlich-chauvinistischer Verachtung begegnete. Vgl. Grémaux 1994: 271.

verbunden. Frauen sind in diesem System vor allem Mittel zur Reproduktion der Gruppe ihres Mannes, im ökonomischen als auch im generativen Sinn. Ihr Platz ist das Haus, wo sie fest umrissene Aufgaben auszuführen haben, zu denen auch das Bedienen der Männer und ihrer Gäste gehört. Eine gewisse Machtposition können sie nur dann erlangen, wenn sie Söhne gebären und diese Söhne sich später eine Ehefrau nehmen. In den Schwiegertöchtern finden sie Personen, die ihnen gegenüber zu Gehorsam verpflichtet sind und sie bei den täglichen Aufgaben entlasten – eine Perspektive, mit der unfruchtbare Frauen oder Mütter, die ausschließlich Töchter geboren haben, nicht rechnen können.

Während Frauen für das Funktionieren des Haushaltes im Inneren sorgen, vertreten ihn Männer nach außen. Politik, die öffentliche Rede, Verhandlungen und gewalttätige Auseinandersetzungen mit anderen Haushalten sind ihr Metier. Von all diesen Zuständigkeitsbereichen nimmt die Fehde eine besondere Rolle ein. Die albanische Vorstellung von männlicher Ehre gebietet eine aggressive Präsentation, und Konflikte werden häufig gewaltförmig ausgetragen. Soziale Zusammenkünfte wie Dorffeste und Hochzeiten enden nicht selten gewaltsam.[37] Das Gesetz der Blutrache[38] gebietet, jede Tötung mit einer anderen zu vergelten, und langjährige, ja sogar sich über mehrere Generationen hinziehende Fehden sind keine Seltenheit. Nach Young verloren bis in die zwanziger Jahre des zwanzigsten Jahrhunderts dreißig Prozent der männlichen Bevölkerung bei Blutfehden ihr Leben, und andere wagten sich für Jahre nicht mehr aus dem Haus.[39] Doch weit davon entfernt, nur eine Belastung des täglichen Lebens darzustellen, werden gewalttätige Auseinandersetzungen als Gelegenheiten gesehen, männliche Stärke zu zeigen, agnatische Solidarität zu demonstrieren und soziale Bande zu erneuern.

Die rigide Arbeitsteilung bedingt eine notwendige Kooperation

37 Denich 1974: 250.

38 Es handelt sich hier nicht nur um ein lokales Gewohnheitsrecht, sondern um eine Regel, die in einer *Kanun* genannten Sammlung von Texten niedergelegt ist, die als verbindliche Grundlage des traditionellen Lebens gilt. Vgl. Young, Antonia 2000: 41.

39 Vgl. Denich 1974.

der Geschlechter im Alltag, und man glaubt, dass weder eine Frau noch ein Mann in der Lage ist, alleine zu wirtschaften. Diese Komplementarität sollte aber nicht mit Gleichheit verwechselt werden. Die soziale und politische Struktur der albanischen Gesellschaft, die patrilineare Abstammungs-, Eigentums-, Residenz- und Erbregelung sowie die Bedürfnisse nach Schutz und Vergeltung privilegieren eindeutig den Mann. Ohne einen Haushaltsvorstand, der nur als Mann gedacht werden kann, besitzt eine Familie keine Vertretung nach außen und ist jeglicher Aggression ausgeliefert. Fehlt ein männlicher Erbe, gehen alle Besitztümer des ehemaligen Vorstandes an einen entfernteren Verwandten. Witwen werden ebenfalls, nach der Form der Leviratsehe, vom Bruder des Ehemannes oder einem anderen Erben »übernommen«, und alle im Haus verbleibenden Frauen kommen unter eine »fremde« Autorität.

Aus all diesen Gründen kann es vorkommen, dass man ein fehlendes männliches Kind durch ein weibliches substituiert und ein kleines Mädchen als Jungen sozialisiert. In anderen dokumentierten Fällen entschieden sich ältere Mädchen beim Tod ihrer Brüder für einen Geschlechtsrollenwechsel. Die Annahme einer gegenteiligen Geschlechtsidentität gilt dann als vollzogen, wenn das Mädchen den Schwur ablegt, für immer Jungfrau zu bleiben.[40] Aus diesem Grund nennt man sie dann auch *tobelija*, die, die einen Schwur abgelegt hat.

Trotz einer bestechenden Logik, die das Phänomen der *tobelija* aus der Sozialstruktur der albanischen Gesellschaft erklärt, kann man es nicht allein darauf reduzieren. Wenigstens zwei weitere Kontexte lassen sich durch empirische Daten belegen. Dazu gehört die Option für junge Frauen, sich einer ungewollten Heirat zu entziehen[41] und eine persönliche Neigung zur männlichen Geschlechtsrolle. Young nahm die Biographien mehrerer *tobelija* auf, die bekundeten, schon seit frühester Kindheit das Leben von Jungen geführt zu haben, ohne dass es hierfür einen strukturellen Anlass gegeben habe. Im Falle der Lebensgeschichte der *tobelija* Lule wird deutlich, dass es einer geschworenen Jungfrau sogar gelingen kann, den Platz

40 Leider existieren keine Daten über das Prozedere dieses Übergangs.
41 Vgl. Grémaux 1994: 278.

eines noch lebenden Bruders einzunehmen.[42] Hier bietet die albanische Gesellschaft offensichtlich einen Freiraum für Frauen, die nicht gewillt sind, sich in die traditionelle Rolle zu fügen.

Wie jeder andere Mann hat die *tobelija* das Recht und die Pflicht, ihre Familie in der erweiterten Verwandtschaftsgruppe und der Dorfgemeinschaft zu repräsentieren. Ihr steht ein Platz in der Versammlung der Männer zu, und ihr Wort hat Gewicht. Sie beteiligt sich bei Überfällen und gewalttätigen Auseinandersetzungen und übernimmt offene Rechnungen, die aus einer Blutfehde erwachsen sind.

Trotz der vielfältigen Anerkennungen ist die Rolle einer *tobelija* aber von Ambivalenzen und Unsicherheiten geprägt. So berichtet Grémaux, dass den Verwandten der *tobelija* Tone vom Stamm Kelmend, die mit allen männlichen Ehren auf dem Land des Stammes Grude, ihres Exils, beerdigt wurde, von den Grude ein öffentliches Lamento am Grab verweigert wurde.[43] Dies sei, so ihr Argument, nur wirklichen Männern vorbehalten. Auch die montenegrinische *tobelija* Stana wurde mit den Grenzen ihres sozialen Geschlechts konfrontiert. Ihr, einer leidenschaftlichen Jägerin, verweigerte man die Mitgliedschaft in einem örtlichen Schützenverein. Zu ihrer Genugtuung fand sich aber eine Gelegenheit zu beweisen, dass sie der bessere Mann sei: Als während eines Schießwettbewerbs alle Schützen das Ziel verfehlten, griff sie, die Zuschauerin, selbst zur Waffe und traf ins Schwarze.[44] Solche Benachteiligungen produzieren Empfindlichkeiten. Von der *tobelija* Mikas wird berichtet, dass sie diejenigen, die sie bei ihrem weiblichen Namen Mika nannten, mit Steinen bewarf. Obszöne Hänseleien, die auf ihr Geschlecht anspielten, beantwortete sie sogar mit dem Einsatz ihres Gewehrs.[45]

Was für eine Kategorie von Geschlecht stellt die *tobelija* dar? Young betont den Aspekt des Geschlechtsrollenwechsels und verweist bereits im Titel ihres Buches darauf, dass es sich um Frauen handelt, die Männer werden. Grémaux dagegen ordnet sie dem

42 Lule leitet einen Haushalt, der u.a. aus ihrem verheirateten Bruder, seiner Frau und seinen Kindern besteht. Vgl. Young, Antonia 2000: 72.

43 Vgl. Grémaux 1994: 256.

44 Vgl. Grémaux 1994: 261.

45 Vgl. Grémaux 1994: 251.

Begriff des »dritten Geschlechts« zu. In der albanischen Sprache kommt eine Reihe von Begriffen zum Tragen: neben den bereits erwähnten, die sich auf den Schwur beziehen, sind dies: *ostajnica* – »die, die bleibt« (im Haus), *muskobanja* – »männliche Frau«, *harambasha* – »Frau-Mann«, *zena covjec* – »Frau-Mann« oder *momak djevojka* – »Mädchen-Junge«. Der wichtigste ist jedoch der Begriff der Jungfrau, *verginesha*, die den Status einer dritten Kategorie einnimmt. Dabei wird aber streng zwischen unverheirateten Frauen vor der Ehe und *tobelijas* unterschieden. Erstere stehen unter strenger Aufsicht ihrer männlichen Verwandten, Letztere sind selbst diejenigen, die andere kontrollieren.

In den Quellen besteht wenig Kongruenz darüber, ob und inwieweit die Sexualität einer *tobelija* gesellschaftlichen Restriktionen unterworfen ist. Erotische Beziehungen zu einem Mann unterliegen starken Sanktionen, die in einigen Regionen mit der Todesstrafe (Steinigung, Verbrennen) geahndet werden. Häufig lösen sie auch Blutfehden zwischen der Verwandtschaftsgruppe der *tobelija* und der ihres Liebhabers aus. Andererseits scheint es aber auch vorgekommen zu sein, dass *tobelijas* sich ohne größere Konflikte von ihrer männlichen Rolle verabschiedet und geheiratet haben.[46]

Weniger strikt als bei heterosexuellen Beziehungen scheint man mit lesbischen Passionen zu verfahren. Im Rahmen von unter Männern geführten machistischen Reden ist es *tobelijas* gestattet, weibliche Attraktivität zu kommentieren, und gelegentlich finden sich lesbische Paare. Von einer Institution, die sich »Blutsschwesternschaft« (Grémaux 1994: 271) nennt, nimmt man ebenfalls an, sie begünstige homosexuelle Verhältnisse unter Frauen.

Klassifikatorisch setzt sich das Phänomen der geschworenen Jungfrauen aus einer Reihe von Einzelphänomenen zusammen: Frauen, die temporär in eine soziale Männerrolle schlüpfen und solche, die sich dauerhaft dafür entscheiden; Frauen, die sich einer arrangierten Heirat widersetzen, weil sie einen anderen lieben oder, weil sie aus anderen Gründen nicht mit dem für sie ausgesuchten Ehemann einverstanden sind; Frauen, die sich von frühester Kindheit an für die männliche Rolle begeistern, und solche, die durch fa-

46 Vgl. Grémaux 1994: 270.

miliären Männermangel genötigt werden, ihre Geschlechtsrolle zu wechseln. Die meisten dieser Erscheinungen resultieren aus der patriarchalen Struktur der albanischen Gesellschaft, der Unverzichtbarkeit von Männern in der Familie und der Rigidität der sozialen Organisation, die eine männliche Identität für Frauen reizvoll machen,[47] andere können vielleicht mit persönlicher Neigung erklärt werden. Die Geschlechterrollen in Albanien sind nicht nur binär strukturiert, sie sind auch dezidiert ausformuliert und lassen wenig Spielraum für Individualitäten. Es gibt nur zwei Optionen: entweder eine ganze Frau oder ein ganzer Mann zu sein. Während es für Männer keinen Ausweg aus der männlichen Rolle gibt,[48] gesteht man Frauen zu, als »Jungfrauen« sozial in die Welt der Männer überzuwechseln.

4. *Travestis* in Brasilien

Ein rituelles Ereignis, das Überschreitungen jeglicher Art ermutigt und hervorruft, ja, das seine Attraktivität gerade aus der Vielfältigkeit möglicher Regelbrüche und Grenzverletzungen schöpft, ist der Karneval. In dieser Zeit ist es erlaubt, Politiker und Klerus zu beleidigen, die strengen Gebote der ehelichen Treue zu durchbrechen, betrunken und grölend durch die Straßen zu ziehen und sich mit den Kleidern des jeweils anderen Geschlechts zu schmücken. Während man in Deutschland durch karnevaleske *Travestie* in erster Linie die grotesken Aspekte von Geschlecht hervorhebt, betont man in Brasilien, der Gesellschaft, die den Karneval perfektioniert und ins Zentrum ihrer Kultur gestellt hat, insbesondere seine erotische Komponente. In einer Atmosphäre, in der Tausende leicht bekleidete Mitglieder von Samba-Clubs tanzend durch die Straßen ziehen und die Schönheit des eigenen Körpers feiern, gestalten sich auch

47 Diesen Aspekt betont vor allem Dickemann 1997: 199.

48 Die männliche Rolle ist allerdings nicht ausschließlich heterosexuell konzipiert. Nach Whitaker (1981) ist Homosexualität unter Jugendlichen weit verbreitet, und Murrays historische Studien (1997) zeigen, dass sich unter türkischem Einfluss das Phänomen der »Knabenliebe« etabliert hatte.

die Spiele der Geschlechterverwirrung anders als in der Alten Welt. Man verkleidet sich nicht mit zerzauster Perücke und Kittel als Putzfrau, sondern parodiert Geschlechterstereotypen in einer Weise, die tatsächliche Irritationen oder sogar falsche Gewissheiten auslösen. Karneval ist die Zeit all derjenigen, die auch im Alltag spielerisch oder ganz ernsthaft Geschlechtergrenzen überschreiten, verunsichern oder verschieben: Transsexuelle, Transvestiten und *travestis*. *Travestis* gelten dabei von den Genannten als diejenigen, die den Geist des Karneval am konsequentesten verkörpern.

Sie besetzen eine fragile Grenze zwischen den Kategorien männlich und weiblich, bedienen sich dieser Kategorien rhetorisch und performativ, um sich selbst als geschlechtliche Wesen zu verorten, und beanspruchen eine besondere Position innerhalb des brasilianischen *gender*-Systems.

Travestis sind in jeder Beziehung randständige Existenzen, und eine Assoziation zu Butlers Begriff der »Verworfenen« liegt bei ihnen näher als bei jedem anderen Phänomen des *gender crossing*. Eine kleine Minderheit verkauft sich zu gutem Preis in der brasilianischen Unterhaltungsindustrie, moderiert Shows oder brilliert auf Schönheitswettbewerben,[49] die überwiegende Mehrheit jedoch lebt von der Prostitution, oft in Verhältnissen großer Armut und in fortwährender Bedrohung durch Polizei und Militär.

Der schwedische Ethnologe Don Kulick hat acht Monate bei einer Gruppe von *travestis* in der Stadt Salvador gelebt und geforscht. Seine Aufzeichnungen, die auf Beobachtungen und einer Vielzahl von Gesprächen basieren, bilden die wichtigste Quelle meiner Überlegungen zu verschiedenen Aspekten der Selbstkonstruktion der *travestis* und ihrer Beziehungen zum hegemonialen brasilianischen Geschlechtersystem.

Klassifikatorisch können *travestis* als Mann-zu-Frau-*crossers* definiert werden. Sie wurden als Männer geboren und besitzen ausnahmslos intakte männliche Geschlechtsorgane. Penis und Skrotum

49 Im urbanen Kontext der brasilianischen Gesellschaft hat Travestie seit Beginn des zwanzigsten Jahrhunderts einen festen Platz, und die meisten Varietés haben mindestens einen Darsteller, der auf der Bühne *cross-dressing performances* aufführt. Vgl. Green 1999: 235.

sind allerdings die einzigen optischen Hinweise auf eine maskuline Physiologie. Der Rest des Körpers ist vollkommen feminin. *Travestis* nehmen hohe Dosen weiblicher Hormone ein und injizieren sich mehrere Liter Silikon in Hüften, Schenkel, Gesäß und Brüste. Sie legen Wert auf eine vollkommene weibliche Erscheinung und betonen, dem brasilianischen Schönheitsideal entsprechend, vor allem die Rundungen unterhalb des Nabels. Make-up, hohe Schuhe, figurbetonte Kleidung, eine weibliche Frisur, Gestik und Mimik vervollständigen den Eindruck perfekter Feminität.

Don Kulick hat seine Gesprächspartner gefragt, warum sie ihren Körper diesen schmerzhaften, kostspieligen und gesundheitsgefährdenden Manipulationen unterwerfen. Die Antwort, die er erhielt, war einfach: Sie wollten den Körper einer Frau haben, entgegneten sie. Dieser Wunsch erstreckt sich allerdings nicht auf die Genitalien. *Travestis* lehnen Geschlechtsumwandlungen ab, sie sind keine Transsexuellen (*transsexuals*), und sie äußerten Kulick gegenüber niemals, sich als Frau zu empfinden. Im Gegenteil, *travestis*, die behaupten, Frauen zu sein, werden als geistig verwirrt bezeichnet. Man zieht eine deutliche Grenze zu Transsexuellen, deren Begehren man für unerfüllbar und zum Scheitern verurteilt erachtet. *Travestis* glauben, dass kein Mann durch operative Geschlechtsumwandlung zu einer wirklichen Frau werde, er werde lediglich zu einem orgasmusunfähigen Kastraten.

Sexualität ist ein wichtiger Teil der Selbstkonstruktion der *travestis*, und diese Sexualität hat einen explizit phallischen Aspekt. Kulicks Informanten betonten ihr Vergnügen, männliche Kunden zu penetrieren oder sich oral befriedigen zu lassen ebenso wie ihre Lust, penetriert zu werden oder einen Mann oral zu befriedigen. Als Prostituierte setzen sie das visuelle Versprechen ihres Körpers in sexuelle Praxis um und erschaffen sich sowohl im Hinblick auf *sex* als auch auf *gender* als Wesen, in denen die binären Kategorien Mann und Frau zu einer Einheit verschmelzen.

Ihre nichtkommerziellen Liebesbeziehungen unterscheiden sich allerdings deutlich von diesen grenzauflösenden Praktiken. Im Privaten geben sich *travestis* konservativ und reproduzieren den hegemonialen Geschlechterdiskurs in einer extremen Ausprägung. Sie legen bei der Auswahl ihrer Partner Wert auf die Einhaltung männlicher Standards und schätzen muskulöse Körper, einen möglichst großen Penis und eine Reihe als männlich identifizierter Verhaltensweisen, die an den Traditionen des lateinamerikanischen *machismo* orientiert sind. Gewalttätigkeit und besitzergreifende Eifersucht gelten dabei ebenso als männliche Charakteristika wie ein Hang zur Promiskuität. *Travestis* erwarten, dass ihre Liebhaber unentwegt versuchen, sexuelle Begegnungen mit Frauen zu haben, und dass sie ihnen davonlaufen, wenn sich ein attraktives Angebot ergibt.

Die wichtigste Eigenschaft, die einen Mann auszeichnet, besteht aber weniger aus solchen psychischen Dispositionen, sondern resultiert aus seiner sexuellen Praxis. Ein wirklicher Mann, *homem* oder *bofe* genannt, besitzt nicht nur einen Penis, sondern er reduziert seine Sexualität ausschließlich auf den Penis. Alle *travestis*, die Kulick befragte, betonten, dass sie niemals eine Liebesbeziehung mit einem Mann eingehen würden, der auch eine Neigung für die passive Rolle verspürt. Ein solcher Mann wird nicht als *homem* bezeichnet, sondern fällt in die Kategorie *bicha*, die einen passiven Homosexuellen bezeichnet. Die *travestis* selbst nennen sich ebenfalls *bicha* und legen sich damit in ihrer privaten Sexualität auf die passive Rolle fest. Dabei gehen sie so weit, auf einen eigenen Orgasmus zu verzichten. Da ein wirklicher Mann niemals die Genitalien eines anderen Mannes berühren würde und eine solche Handlung den Partner unweigerlich ebenfalls zur *bicha* degradieren würde, beschränkt sich ihre sexuelle Stimulation auf das Penetriertwerden. Viele *travestis* tragen im Bett sogar kleine Slips, um zu verhindern, dass ihr Partner visuell oder haptisch mit ihrem Genital in Berührung kommt.

Der Grund für dieses Bemühen, in ihrer privaten Sexualität die Illusion von Weiblichkeit auch auf Kosten der eigenen Lust aufrechtzuhalten, ist die Annahme, dass wirkliche Männer Frauen lieben und *travestis*, wenn sie von ihnen begehrt werden wollen, wie Frauen sein müssen. *Travestis* bekunden eine Passion für Männer und sehen sich als Homosexuelle. Da sie aber an eine tief verankerte Heterosexualität von »wirklichen« Männern glauben – und nur solche werden von ihnen als Partner begehrt –, versuchen sie das Objekt der männlichen Begierde mimetisch und durch körperliche Angleichung zu kopieren. Diese Anstrengungen zahlen sich gleich in mehrerer Hinsicht aus. Zum einen steigern sie ganz offensichtlich den Verdienst. Männliche Kunden, so wurde Kulick belehrt, lieben weibliche Formen, und manch ein *travesti* hat den finanziellen Unterschied vor und nach einer Hormon- und Silikonbehandlung am eigenen Leib erfahren. Zum anderen erleben *travestis*, die ihren Körper zu einem Ideal von Weiblichkeit umgeformt haben, von ihren Kunden und Liebhabern die Bestätigung, attraktiv und begehrt zu sein.

Die Gestaltung und Umformung des Körpers, als Mittel zum Zweck einer Steigerung von Attraktivität und Verdienst erklärt, ist mehr als dies. Sie steht, neben dem Sex, im Mittelpunkt der alltäglichen Handlungen, strukturiert die Gruppe und liefert Anlass für die vielfältigen kleinen Gespräche über Feminität. *Travestis* injizieren sich gegenseitig Silikon und helfen sich bei verschiedenen Praktiken der Feminisierung wie dem Zupfen der Augenbrauen. Sie beurteilen die erzielten Ergebnisse und bewundern nichts so sehr wie eine geglückte Verweiblichung. Über einen zwölfjährigen *travesti*, der bereits mit acht Jahren begonnen hatte, Hormone zu spritzen, sagte man, sie sei ein wirkliches Mädchen, ohne eine Spur von Männlichkeit – das höchste Kompliment, das einem *travesti* gemacht werden kann. Das Repertoire der täglichen Gesprächsstoffe kreist um Männer, Silikon, Hormone und Lippenstifte – im Weitesten also um die Objekte der eigenen Passionen und um die vielfältigen Bemühungen, sich für diese Objekte erotisch anziehend zu gestalten. Die Ergebnisse werden kommentiert und verglichen, nicht zuletzt, um den eigenen Wert zu taxieren. In der Konkurrenz um Kunden und Liebhaber zählt Schönheit und die Demonstration eines bescheidenen materiellen Erfolgs in Form von teurem Parfum und eleganten Schuhen.

In Gesprächen mit Kulick definierten *travestis* Weiblichkeit zu einem guten Teil über die Waren der Weiblichkeitsindustrie, wobei Aufstieg entsprechend der gesellschaftlich geltenden Vorstellungen als Steigerung der Kaufkraft definiert wird. Weiblich zu sein bedeutet für *travestis* keine Bezugnahme auf essentialistische Werte und Eigenschaften, sondern lediglich den Zugang zu Attributen, die Weiblichkeit verkörpern. Weiblichkeit ist für sie kein innerer Zustand. Sie wird vielmehr täglich aufs Neue unter Verwendung von Make-up und Kleidung sowie eines standardisierten Verhaltenscodex hergestellt. *Travestis* spiegeln in einer radikalen Form die Werbeslogans der spätindustriellen Gesellschaft wider, nach der die eigene Existenz nicht mehr ist als eine Frage des Geschmacks und des Bankkontos.

Auch wenn ihnen die Zugänge zur Wunderwelt des Marktes aufgrund ihrer materiellen Armut nur eingeschränkt offen stehen, sind *travestis* überzeugt, dass sie die Spielregeln der Darstellung von Feminität oft besser beherrschen als Frauen. Sie sind der Meinung, besser angezogen und frisiert zu sein, einen erleseneren Geschmack zu besitzen und, nicht zuletzt durch das Silikon, besser erhalten zu sein.[50] Trotzdem glauben sie nicht daran, Frauen in der Konkurrenz um Liebhaber schlagen zu können. Männer liebten Frauen, klagten sie Kulick gegenüber, sie empfänden tiefe Emotionen zu ihnen – dieselben Gefühle, die *travestis* an ihre *boyfriends* bindet und von denen sie annehmen, dass jene sie niemals für *travestis* entwickeln können. Der Grund für diese heterosexuellen männlichen Passionen wird sowohl in der Biologie, der Leidenschaft von Männern für Vaginas, als auch in der Religion gesucht. Die von Don Kulick befragten *travestis* referierten ihm gegenüber auf die in der Bibel dargelegte heterosexuelle Bestimmung des Menschen.[51] In diesen Reden verdammten sie die Homosexuellenehe und den Lesbianismus und, implizit, auch sich selbst. Kulick hat solche Äußerungen von *travestis* zur natürlichen Bestimmung des Menschen nur wenig kommentiert. Erstaunlicherweise hat er an keiner Stelle seines Buches auf den immensen Selbsthass hingewiesen, der aus der verbalen Reproduktion eines repressiven hegemoniellen Diskurses resultiert. Nicht nur stigmatisieren sich *travestis* bei der Rezitation biblischen Gedankengutes als von der Norm abweichend, sie markieren sich zusätzlich als verurteilungswürdige Deviationen und verzichten auf die Formulierung eines alternativen oder gar subversiven Diskurses. Im Duktus fundamentalchristlicher Ideen von unausweichlicher Bestrafung für jene, die sich nicht an die göttlichen Regeln halten, sehen sie sich durch die Unmöglichkeit, Liebe von denen zu erhalten, die sie lieben, alltäglich gepeinigt. Denn das, was

50 Kulick 1998: 93.
51 Kulick 1998: 108 f.

ihre Liebhaber von ihnen begehren, ist, ihrer Überzeugung nach, lediglich Geld und ein kontinuierlicher Fluss materieller Gaben: teure Kleidung, Schuhe, Drogen und andere Annehmlichkeiten. Die *boyfriends* der *travestis* werden vollständig von diesen versorgt und verwöhnt und gehen keiner Beschäftigung nach. Arme *travestis* haben keine Liebhaber, gut verdienende dagegen haben die Wahl zwischen den Bestaussehendsten. Dabei sind *boyfriends* keineswegs Zuhälter, die einen Anspruch auf das Einkommen der *travestis* formulieren oder gar Druck auf jene ausüben. *Travestis* geben freiwillig, und ihre Liebhaber warten geduldig. Die Passivität der Männer charakterisiert auch den Beginn der Beziehungen, der von *travestis* durch materielle Zuwendungen initiiert wird. Akzeptiert der Mann die Geschenke, gilt dies als Einverständnis, und das Paar nimmt eine sexuelle Beziehung zueinander auf. Der Liebhaber zieht in die Wohnung des *travestis* und wird von diesem auch bekocht.

Jenseits der Attitüde von *machismo* und subordinanter Weiblichkeit, die zwischen *travestis* und ihren *boyfriends* inszeniert wird, praktizieren *travestis* und ihre Liebhaber somit eine Inversion hegemonialer brasilianischer Geschlechterverhältnisse. Der *travesti* ist der aktive Part bei der Partnerwahl, er stellt die gemeinsame Wohnung, sorgt für den Unterhalt und verhält sich wie ein fürsorglicher Galan, der *boyfriend* lässt sich umwerben, umkochen, mit Geld und Geschenken verwöhnen. Er ist nicht nur passiv, von ihm wird Passivität geradezu erwartet. Nur sexuell darf er dominieren, und hier muss er es, wenn er nicht Gefahr laufen will, all die genannten Bequemlichkeiten und Zuwendungen zu verlieren.

Die Femininät der *travestis* resultiert, anders als die Maskulinität der »geschworenen Jungfrauen« nicht aus ihrer sozialen Rolle. Zwar passen sie in gewisser Weise in das Schema der Unterschichtfrauen mit wechselnden Liebhabern, die sich (und ihre Kinder) mit eigener Hände Arbeit ernähren, doch gehen sie weit darüber hinaus. Sie dominieren bei der Werbung, und sie entscheiden, welchen Lebensstandard sie ihrem Liebhaber zugestehen – beides maskulin konnotierte Verhaltensweisen. Ausgesprochen männlich geben sie sich auch in einem anderen Zusammenhang: Sie sind gefürchtete Beischlafräuber, die ihre Kunden regelmäßig um ihre Portemonnaies erleichtern. Dabei gehen sie zum Teil äußerst brutal vor und schrecken auch vor massiver körperlicher Gewalt nicht zurück. In diesem Kontext sind die Spielregeln, die für weibliches Verhalten gültig sind, ebenfalls vollständig außer Kraft gesetzt.

Beide Handlungsebenen, die sozial dominante gegenüber dem Liebhaber und die gewalttätig-männliche gegenüber dem Kunden, sind für die Eigendefinition von Feminität ohne Bedeutung. Situationen, in denen *travestis* sich als »große brutale Kerle«[52] empfinden, beschreiben immer und ausschließlich sexuelle Handlungen, in denen sie den maskulinen Part einnehmen. Diese Situationen werden sehr ambivalent erlebt. Einerseits schildern *travestis* die erotischen Vergnügen, die ihnen die wechselnden sexuellen Rollen bereiten, andererseits sind sie voller Verachtung für Kunden, die sich nicht eindeutig männlich verhalten.

Travestis konstruieren sich und andere durch sexuelle Praktiken. Dabei differenzieren sie Geschlecht in zwei binäre Kategorien: das Geschlecht, das penetriert, und dasjenige, das penetriert wird. Der Gebrauch des Penis als Phallus erschafft die Ordnung der Geschlechter, das subordinante Weibliche und das dominante Männliche. In die Kategorie des Weiblichen fallen außer den Frauen, die schon durch den fehlenden Penis von einer männlichen Kategorie ausgeschlossen sind, alle Männer, die sich nicht eindeutig zu einer als männlich definierten Sexualität bekennen: Transsexuelle, *travestis* und Homosexuelle.

Eng verknüpft mit der Definition von Männlichkeit ist die Definition von Homosexualität. Wie bereits erwähnt, gelten die Liebhaber der *travestis* nicht als Homosexuelle (*bichas*, *viados*), sondern als Männer (*homens*, *machos*). Homosexuelle sind dieser Definition nach keine Männer oder besser: keine wirklichen Männer.

Wenn *travestis* sich selbst klassifizieren, dann wählen sie gewöhnlich den Begriff *bicha* und referieren auf ihre passiven homosexuellen Passionen. Diese gelten als ultimative Konstituanten ihrer Geschlechtsidentität und, lebensgeschichtlich, als Auslöser für die Verweigerung der traditionellen Männerrolle.

Sind *travestis* ein »drittes Geschlecht«? Sehen sie sich selbst als solches? Und bedeutet der Umstand ihrer Institutionalisierung in

52 Kulick 1998: 219.

einer urbanen Subkultur, dass die brasilianische Gesellschaft keinen hegemonialen Diskurs priorisiert, der auf Zweigeschlechtlichkeit und Heterosexualität basiert?

Kulick lässt keinen Zweifel daran, dass die Rede vom dritten Geschlecht kein brasilianischer Diskurs ist und dass *travestis* keine Begriffe verwendeten, die diese Bedeutung beinhalten. Sie versuchen vielmehr, sich in einer spezifischen Weise in einer binären Struktur zu lokalisieren. Das brasilianische binäre Geschlechtersystem, betont er allerdings, beruhe auf vollkommen anderen Prinzipien als denjenigen in Europa und Nordamerika, nämlich nicht auf Anatomie, sondern auf Sexualität.[53] Eine ähnliche Position vertreten auch Nanda[54], Green[55] und Cornwall[56]. Sie rekurrieren dabei auf dem Umstand, dass allein der Besitz eines Penis seinen Besitzer noch nicht zum Mann (*homens*) macht. Erst sein Gebrauch zur Penetration und die ausschließliche Passion für diese Art sexueller Performanz bezeichne wirkliche Männlichkeit. Ein analytisches Dilemma tut sich bei dieser Betrachtungsweise auf, das Kulick, entgegen seiner betonten Absicht, das indigene Kategoriensystem ins Zentrum der Diskussion zu stellen, dazu verleitet, Personen, die als *viados* oder *bichas* gelten, unter diversen Vorbehalten zu guter Letzt doch als drittes Geschlecht zu konstruieren. Diese Klassifikatorenbildung, auf den ersten Blick verführerisch, da *travestis* tatsächlich einen Diskurs um Homosexualität führen, erweist sich auf den zweiten Blick jedoch als wenig geeignet, den zweifelsohne komplizierten brasilianischen Verhältnissen gerecht zu werden, da sie zweierlei implizieren: 1) die Annahme, dass *viados* und *bichas* tatsächlich keine Männer sind und dass 2) jeder Mensch, gleich welchen biologischen Geschlechts, nur anhand seiner sexuellen Praxis eingestuft werde. Dazu ist zu sagen, dass *travestis* durchaus der Auffassung sind, sie seien Männer, nur eben keine richtigen Männer – ein Konzept, dass in Deutschland unter dem Begriff des »Schlappschwanzes« ebenfalls bekannt ist und mit dem (in einem glücklicherweise

53 Vgl. Kulick 1989: 227.
54 Vgl. Nanda 2000: 49.
55 Vgl. Green 1999.
56 Vgl. Cornwall 1994.

an Bedeutung verlierenden Diskurs) all diejenigen stigmatisiert werden, die von der Norm harter, aktiver Männlichkeit abweichen. Leider finden sich keine Hinweise, ob auch soziale Abweichungen einen Mann zur *bicha* machen können, und man kann nur spekulieren, ob es wirklich richtig ist, die sexuelle Praxis als alleinigen *gender*-Klassifikator anzuerkennen. Der zweite Einwand gegen eine solche Betonung der sexuellen Praktiken bezieht sich auf den Ausschluss von Frauen (*mulheres*). Cornwall hat hier ein entscheidendes Argument geliefert. Sie berichtet in einem Aufsatz von einer Diskussion, bei der die Frage erörtert wurde, ob eine Dildo tragende Frau, die ihre Partnerin oder ihren Partner penetriere, durch diesen Akt zu einem Mann werde. Sie wurde eindeutig negativ beantwortet. Eine Frau, so wurde ihr bedeutet, bleibe immer eine Frau[57] – hier erweist sich Anatomie als entscheidende Markierung. Wahlmöglichkeiten bestehen nur für biologische Männer, die dann allerdings in phallische und nichtphallische Männer unterschieden werden. Die sexuelle Praxis differenziert also keinesfalls allein: diejenigen, die *homems* genannt werden wollen, müssen eine bestimmte anatomische Disposition und eine sexuelle Passion mitbringen: Sie müssen einen Penis besitzen und diesen zur Penetration einsetzen, während diejenigen, die sich penetrieren lassen, analog ihres biologischen Geschlechts in zwei sprachliche Begriffe unterteilt werden: Frauen (*mulheres*) und männliche Homosexuelle (*bichas*, *viados*).[58]

Welche weitergehenden Assoziationen zwischen *viados* und Frauen werden von *travestis* vorgenommen? Wir wissen, dass *travestis* ihr Aussehen feminisieren und dass sie es schätzen, sich in einer Beziehung zu einem *homem* weiblich zu fühlen. Mit Frauen, so sagen sie, teilen sie außerdem eine Reihe von Passionen: die Fähigkeit, sich in Männer zu verlieben, die Neigung, über andere zu klatschen, und eine Begeisterung für die Warenwelt der Weiblichkeitsindustrie. Aufgrund dieser Übereinstimmungen spricht Kulick davon, dass *travestis* mit Frauen das gleiche *gender* teilen (Kulick 1998: 229) und antipiziert damit eine Definition von *gender*, die mir

57 Cornwall 1994: 124.

58 Trotz seiner Referenzen auf ein Drei-*gender*-Modell sieht Kulick durchaus die Bedeutung der Genitalien, vgl. Kulick 1998: 227.

doch sehr problematisch erscheint. *Travestis* sind, obgleich sie die passive Rolle im sexuellen Akt idealisieren, keineswegs auf die weibliche Rolle festgelegt, sondern praktizieren mit ihren Kunden eine explizit maskuline Erotik. Auch ist die Beziehung zu ihren Liebhabern nur partiell weiblich, zum überwiegenden Teil jedoch männlich konnotiert. Und schließlich unterscheiden sich *travestis* in einem von Kulick nur am Rande erwähnten, für die Konstruktion eines *genders* jedoch entscheidenden Aspekt von Frauen: Sie haben keine Kinder und partizipieren nicht an dem ausgedehnten sozialen Komplex, der das Leben von Frauen maßgeblich konstituiert. Kulick reduziert das weibliche *gender* auf Attribute der Werbung, der Kosmetik und Mode und reproduziert damit den Blick der *travestis* auf Feminität, der sich ausschließlich an deren Warencharakter orientiert.

Die Reduktion der eigenen Analyse auf diese emische Perspektive konstruiert soziale Gemeinsamkeiten, die bestenfalls fiktiv sind. Wenn *travestis* ihre Ideen von Weiblichkeit mit dem Verweis auf Körpergestaltung und sexuelle Praktiken begründen, sagt dies etwas über den Selbstentwurf der *travestis* aus, nicht aber über die Selbstentwürfe brasilianischer Frauen. Kulick unterstützt sein Argument mit Referenzen auf den brasilianischen Körperkult, der sich in Form leicht bekleideter Bikinimädchen an den Stränden zeigt, ohne zu hinterfragen, in welchen spezifischen Kontexten diese Form der Konstruktion von Weiblichkeit wirksam ist und mit welchen anderen Bildern sie interagiert und konkurriert. Hier wird offensichtlich eine bestimmte Form der Geschlechterideologie mit den alltäglichen und für die Lebensgestaltung weitaus bedeutenderen Diskursen und Praxen der Geschlechterkonstruktion verwechselt. Zu diesen zählen vor allem Entwürfe von Familie und Mutterschaft. Dass *travestis* diese Aspekte von Weiblichkeit nicht wahrnehmen und in ihr angestrebtes Ideal integrieren, ist nur zu verständlich, sind sie doch durch ihren Körper *per se* davon ausgeschlossen. An dieser Stelle greifen *sex* und *gender* ineinander und bedingen sich gegenseitig. Die in der Geschlechterforschung praktizierte Trennung zwischen *sex* und *gender*, auf die insbesondere Kulick immer wieder rekurriert, stößt hier an ihre Grenzen. *Travestis* mischen nicht nur Aspekte männlicher und weiblicher *gender*, sondern auch männlichen und weiblichen *sex*. Ihre Körper sind vielleicht die vollkommensten Beispiele für eine gelungene Verwirrung des *sex*, eine artifizielle Kombination morphologischer Attribute, die die These von der Verkörperung sozialer Ideen eindrücklich untermauert.

Travestis verwirren binäre Geschlechterkategorien. Trotzdem bewegen sie sich nicht außerhalb dieser Kategorien. Sie dividieren sie lediglich in einer eigenwilligen Weise auseinander, um ihre einzelnen Elemente nach eigenem Entwurf zu kombinieren. Das Ergebnis sind Wesen, die physische und soziale Attribute beider Geschlechter in sich vereinigen. Sie überschreiten Geschlechtergrenzen und geben sich weder mit den sozialen noch mit den körperlichen Standards der eigenen Gesellschaft zufrieden. Das beunruhigt, provoziert und macht sie zu marginalen Existenzen *par excellence*. *Travestis* sind schillernde Grenzgänger, und die Reaktionen ihrer Umgebung sind entsprechend extrem. Sie reichen von brutalen Übergriffen, vor allem durch Polizeibeamte, bis hin zur Auslösung spezifischer sexueller Wünsche, insbesondere bei heterosexuellen Durchschnittsmännern.

Travestis sind marginal, aber sind sie auch subversiv? Kulick äußerte sich an mehreren Stellen seines Buches betroffen über die unkritische Adaption von Geschlechterstereotypen seiner Gesprächspartner. Ihrem Geschlechterbild nach sind Männer hart, brutal und sexuell aktiv, Frauen dagegen schwach, schön und passiv. Alles, was diesen Rahmen sprengt, wird entweder ausgeblendet oder scharf verurteilt. So sind sie, trotz ihrer eigenen ambivalenten Rolle, keine Verfechter der Auflösung von Geschlechtergrenzen, sondern vielmehr Personen, die allergrößten Wert auf diese Grenzen legen – gerade weil sie als Orientierungspunkte für den eigenen Selbstentwurf dienen. Nur dann, wenn man Feminität und Maskulinität auf die einfachsten Stereotypen reduziert, wenn man eindeutig definierte Bausteine konstruiert, kann man diese Bausteine spielerisch kombinieren, ohne den definitorischen Boden des hegemonialen Geschlechterdiskurses zu verlassen. *Travestis* praktizieren einen antiemanzipativen Konservativismus, der die Bedingung ihres Selbstentwurfes ist. Das Zugeständnis, dass Geschlecht vielschichtig ist, dass Weiblichkeit auch mit flachen Schuhen und ungeschminktem Gesicht dargestellt werden kann und dass das Ideal des brutalen männlichen Muskelpaketes historisch überholt ist, würde ihre Möglichkeiten von Identifikation existentiell bedrohen. In diesem Sinne perpetuieren und verfestigen *travestis* den hegemonialen Diskurs eher, als dass sie ihn unterminieren. Anders als brasilianische Homosexuelle, die seit den sechziger Jahren die US-amerikanischen Vorstellungen der weniger stereotypen *gay identity* adaptiert haben,[59] die sich nicht länger an der Dichotomie »aktiv« versus »passiv« orientiert, beharren *travestis* auf einer dualen Geschlechterkonzeption, die allein ihrem Leben als möglichst genaue Kopie von Weiblichkeit einen Sinn gibt.

5. *Hijras* in Indien

Den *travestis* in mancherlei Hinsicht vergleichbar sind die indischen *hijras*. Sie bilden eine Institution, die über den gesamten Subkontinent verbreitet ist, aber im Norden Indiens die meisten Anhänger besitzt.[60] Die Gesamtzahl aller indischen *hijras* wird auf etwa 1,2 Millionen geschätzt.[61] *Hijras* sind, einer in Indien verbreiteten Erzählung nach, Hermaphroditen, die bereits kurz nach der Geburt von anderen Hermaphroditen als natürliche Mitglieder ihrer Gemeinschaft beansprucht und diesen von ihren Eltern übergeben werden. Empirische Evidenzen für diese Geschichte lassen sich, dem derzeitigen Forschungsstand zufolge, allerdings nicht finden, wenngleich das Moment sexueller Uneindeutigkeit durchaus den Ausschlag für die Wahl einer *hijra*-Existenz geben kann.[62] In vielen Fällen sind *hijras* aber Männer, die aus sozialen oder erotischen Motiven heraus ein Leben als Mann ablehnen und sich für einen Anschluss an die Gemeinschaft entscheiden.

Wie *travestis* tragen *hijras* Frauenkleidung, weibliche Frisuren, schminken sich stark und legen Wert auf eine expressiv weibliche Gestik und Mimik. Anders als jene lehnen sie aber jeglichen Phallo-

59 Vgl. Parker 1995.

60 In Pakistan ist die Institution als *khusra* oder *zenana* bekannt. Vgl.: Naqvi/Mujtaba 1997, Pfeffer 1995.

61 Vgl. Hall 1997: 430.

62 Vgl. Preston 1987: 373 ff.

zentrismus ab und lassen sich, meist nach einer transvestitischen Phase, kastrieren. Diese Kastration markiert die Transformation eines gewöhnlichen Homosexuellen oder Transvestiten in einen *hijra*. Sie stellt den Höhepunkt eines Übergangsrituals dar und besteht selbst aus verschiedenen rituell vorgeschriebenen Schritten. So wird beispielsweise kein Schmerzmittel verabreicht, die Kastration muss mit zwei Schnitten erfolgen, und man unternimmt keinerlei Anstrengungen, um die Blutungen zum Stillstand zu bringen.[63] Der *hijra*, der die Operation durchführt, wird Hebamme (*dai*) genannt, und vielfach steht die Zeremonie nicht nur in Zusammenhang mit einer Initiation in die Gemeinschaft der *hijras*, sondern ist auch eine Einweihung in den Kult der Göttin Bachuhara, dessen Anhängerschaft sie stellen.[64] Diese religiöse Beziehung bildet eine wichtige Grundlage der gesellschaftlichen Anerkennung der *hijras* und ihre Identifizierung mit spirituellen Kräften, über die sie verfügen. Zugleich sichert sie ihnen in einigen Teilen Indiens bestimmte Rechte, wie das Recht zu betteln oder bestimmte Rituale gegen Entgelt aufzuführen.[65]

Historisch lässt sich das Motiv kastrierter Eunuchen in Indien bis ins zweite Jahrhundert zurückverfolgen, wo sie als *shampooers* an den Hindu-Höfen dienten. Sie fungierten als Wächter mittelalterlicher Hindu-Harems[66] und als Ratgeber an Mogul-Höfen.[67] In einigen Fällen sollen sie auch die Rolle von Narren eingenommen haben, denen es erlaubt war, obszöne und beleidigende Reden zu führen, ohne dafür belangt zu werden. Der idiosynkratische Gebrauch von Sprache und die »Vermischung femininer und maskuliner Sprech-Stile« (Hall 1997: 437) sind noch heute ein Charakteristikum der *hijras*.

Vergleichbar mit *travestis* formen *hijras* eine Subkultur innerhalb der Gesellschaft, sind aber weitaus stärker institutionalisiert als jene. Sie bilden feste Lebensgemeinschaften, die, unter der Führung eines *gurus*, zusammen in einem Haus wohnen und ihren All-

63 Vgl. Yorke 1991.
64 Vgl. Nanda 1986: 35.
65 Vgl. Preston 1987.
66 Vgl. Naqvi/Mujtaba 1997: 265.
67 Vgl. Hall 1997: 432 ff.

tag gemeinsam organisieren. Der *guru* fungiert dabei als Mutter, die anderen *hijras* stellen ihre Kinder (*chelas*) dar, Nanda spricht in diesem Zusammenhang von »fiktiver Verwandtschaft« (Nanda 1986: 36). Wie in einer Familie, mit der *hijras* ihre Gemeinschaft gerne vergleichen, hat der *guru* absolute Autorität über die »Kinder«, organisiert die Arbeitsverteilung in und außerhalb des Hauses und verwaltet die Einnahmen. Letztere Funktion verschafft ihm einen bescheidenen Wohlstand, und *gurus* heben sich hinsichtlich ihrer Kleidung und ihres Schmuckes oft deutlich von anderen *hijras* ab. Idealiter sorgen *gurus* gut für die Mitglieder ihrer Gruppe, und diese empfinden meist starke emotionale Bindungen an ihre »Mutter«. Der Verlust dieser Beziehungen, meist die Folge eines Streits mit dem *guru*, kann tiefe Depressionen und existentielle Krisen auslösen. Die Gemeinschaft selbst bietet Schutz, Geborgenheit und unter Umständen auch eine gewisse gesellschaftliche Anerkennung.

Hijras stehen mehrere Möglichkeiten offen, ihren Lebensunterhalt zu verdienen: Betteln, rituelle Dienste und Prostitution. Eine typische Bettelsituation zeigt der von Michael Yorke gedrehte Film »Eunuchs – India's third gender«: Eine Gruppe von *hijras* zieht gut gelaunt und provozierend durch eine belebte Straße, die Frauen flirten, schlagen vorbeikommenden männlichen Passanten neckend auf den Kopf und ernten allgemeine Aufmerksamkeit, wobei die Reaktionen der Männer von offener Bewunderung bis zu schamhaftem Ausweichen reichen. Schließlich umringen sie einen Autofahrer, klatschen in die Hände und bitten um Geld. Der Mann zeigt sich widerspenstig, was die *hijras* umso hartnäckiger werden lässt. Unablässig klatschen sie rhythmisch in die Hände und wiederholen ihre Forderungen. Als der Angesprochene noch immer keine Reaktion zeigt, greift ein Mitglied der Gruppe zum härtesten Mittel, das *hijras* kennen. Sie hebt ihren Sari und entblößt ihre Kastrationsnarbe, wobei sie darauf anspielt, dass sie alle nackt gehen müssen, wenn sie kein Geld erhalten. Nanda zufolge ist die Entblößung eines *hijras* ein Fluch, der selten angewendet und allgemein gefürchtet wird. Die Filmaufnahmen zeigten allerdings eine Szene, die weitaus weniger ernst war, als man es bei einem Fluch vermuten würde, und der bedrängte Fahrer schien eher schamhaft berührt als entsetzt. Der Erfolg war den *hijras* jedoch gewiss, und der in die Enge Getriebene zückte sein Portemonnaie.

Die zweite Verdienstmöglichkeit besteht aus rituellen Leistungen anlässlich von Hochzeiten oder den Geburten von Söhnen. *Hijras* werden wirksame Kräfte nachgesagt, die die Fruchtbarkeit eines Paares steigern und für Gesundheit und Glück bei der Nachkommenschaft sorgen. Sie wirken durch Berührungen, durch gesprochene Segen und durch transvestitische Aufführungen, bei denen sie Schwangerschaft und Geburt parodieren. Die mimetischen Performanzen, bei denen eine Darstellerin unter dramatischen Gebärden von einem unter dem *sari* versteckten Kissen entbunden wird, transzendieren die Leiden und Schmerzen des Gebärens in eine unterhaltsame Clowneske. Für diese Leistungen erhalten die *hijras* Geld, Kleidung und Lebensmittel. Gewöhnlich gehen den Bezahlungen zähe Verhandlungen voraus, denn *hijras* stehen im Ruf, nie mit dem, was sie erhalten, zufrieden zu sein. Ohnehin geschehen die Aufführungen nicht immer mit dem freiwilligen Einverständnis der Familie, die gerade ein Kind bekommen hat. *Hijras* halten gute Kontakte zu örtlichen Krankenhäusern und wissen, welche Frau gerade einen Sohn geboren hat. Wenn sie nicht eingeladen werden, erscheinen sie nach einer festgelegten Zeitspanne von selbst und gehen erst dann wieder, wenn man ihnen gestattet, das Kind gegen ein Entgeld zu segnen. Denjenigen, die sich weigern zu zahlen, wünscht man die Geburt eines Hermaphroditen und untermalt den Fluch mit der Entblößung der Narbe.

Trotz der nicht immer willkommenen Präsenz der *hijras* erfreuen sie sich in den Stadtvierteln, in denen sie rituell wirksam sind, einer allgemeinen Achtung. Man bringt ihnen kranke Kinder, um sie durch das Auflegen der Hände heilen zu lassen, und bittet bei alltäglichen Begegnungen um ihren Segen. Ein in dem erwähnten Film von Yorke vorgestellter *guru* schreitet wie eine Königin durch die Gassen und berührt im Vorbeigehen routiniert und fast gelangweilt Hände und Köpfe von Menschen, die ehrfurchtsvoll vor ihm die Knie beugen.

Obgleich das Angebot ritueller Dienste als angesehene Tätigkeit von *hijras* gilt, reicht das daraus bezogene Einkommen meist nicht aus, um die Gemeinschaft zu versorgen. Die Mehrheit aller *hijras* arbeitet zusätzlich, und in großen Städten oft sogar ausschließlich, als Prostituierte.[68] Diese Tätigkeit widerspricht der Idee von *hijras* als *sannyasins*, religiösen Asketen, die ihr Leben der Göttin Bahuchara Mata gewidmet haben.[69] Sie relativieren die von Nanda vor allem in ihren Aufsätzen vertretene Auffassung, dass *hijras* in der indischen Gesellschaft einen hohen Status besäßen. Dieser Status scheint, unter Einbeziehung des Umstands, dass die meisten *hijras* einer in Indien allgemein verachteten Tätigkeit nachgehen, doch eher einer Möglichkeit als einer Tatsache zu entsprechen. Auch gerinnt die idealisierte Gemeinschaft der *hijras* unter den Bedingungen der Prostitution teilweise zu einem reinen Bordellbetrieb. Die *gurus* fungieren dabei als Zuhälter, die ihre *chelas* streng kontrollieren und mindestens fünfzig Prozent des Verdienstes beanspruchen. Viele *hijras* müssen täglich eine bestimmte Summe abgeben, ob sie nun etwas eingenommen haben oder nicht.[70]

Hijras, die als Prostituierte arbeiten, sind, wie *travestis*, darum bemüht, Weiblichkeit auch körperlich darzustellen. Sie nehmen weibliche Hormone und vergleichen, wie in Yorkes Film deutlich wird, die Erfolge miteinander. Große Brüste sind gefragt, und diejenigen, die einen flachen Oberkörper haben, stopfen sich die Bluse mit kleinen Kissen aus.

Wie wird man *hijra*? Idealiter, und dies entspricht der Vorstellung von ihnen als asketischen *sannyasins*, werden sie aufgrund ihrer ambivalenten Genitalien in eine *hijra*-Gemeinde aufgenommen. Auf diesen Umstand verweist auch der begriff *hijra* selbst, der Eunuch oder Hermaphrodit bedeutet.[71] Tatsächlich trifft dies nur für einen kleinen Prozentsatz aller *hijras* zu. Die Majorität aller *hijras*, dies ist den von Nanda und Yorke gesammelten Daten zu entnehmen, hat entweder schon als Kind eine Neigung zur Travestie und fühlt sich eher weiblich als männlich oder empfindet sich selbst als

68 Nanda, die die umfangreichste Studie über *hijras* publiziert hat, hat ausschließlich solche *hijras* getroffen, die sich prostituierten, Michael Yorke hat eine »rituelle« und eine auf Prostitution basierende Gemeinschaft gefilmt.

69 Zum Widerspruch zwischen dem Ideal der Askese und der Praxis der Prostitution vgl. Nanda 1986: 41.

70 Vgl. Nanda 1990: 53.

71 Vgl. Nanda 1990: 13.

homosexuell. Oft fallen beide Neigungen zusammen oder eines ergibt sich aus dem anderen. Jungen, die durch ihre weiblichen Neigungen auffallen, werden von Gleichaltrigen für homosexuelle Aktivitäten entdeckt, wobei sie immer den passiven Part spielen, und Homosexuelle im Alter junger Erwachsener entschließen sich nicht selten im Verlauf einer Partnerschaft, die weibliche Rolle nicht nur sexuell, sondern auch sozial zu inszenieren.

Die Uneindeutigkeit von Körper und Geschlechtsrolle der *hijras* hat in der Literatur zu einer Flut von Begriffen geführt. Während Preston, dessen Fokus auf der historischen Rekonstruktion der Lebensbedingungen von *hijras* im neunzehnten Jahrhundert und nicht auf der Diskussion des Phänomens an sich liegt, von einer »alternativen sozialen Rolle« (Preston 1987: 371) spricht, priorisiert Nanda den Begriff »drittes *gender*«. Das verwundert, da sie in ihrem letzten Buch (Nanda 2000), das den Anspruch eines interkulturellen Vergleichs von *gender*-Diversitäten vertritt, das Beispiel der *travestis* deutlich von dem der *hijras* differenziert und sich bei *travestis* der Interpretation von Kulick anschließt.

Was unterscheidet *hijras* von *travestis*, und wo liegen die Gemeinsamkeiten? In beiden Fällen handelt es sich um Personen männlichen Geschlechts, wobei *hijras* teilweise nur über unvollständige Genitalien verfügen, die Attribute einer als weiblich definierten Existenz adaptieren und homosexuelle Beziehungen pflegen. Entgegen eines idealisierten Bildes von *hijras* als asketischen *sannyasins* scheint die erotische Passion für Männer oft ausschlaggebend für die Wahl einer *hijra*-Existenz zu sein. Der *hijra* Kiran in Yorkes Film artikuliert dies in aller Deutlichkeit. Er habe, erzählt er dem Filmemacher, einige Jahre mit seinem Freund in einer homosexuellen Beziehung gelebt, dabei aber immer Angst gehabt verlassen zu werden. Schließlich habe sein Freund ihm den Vorschlag gemacht, sich kastrieren zu lassen, Frauenkleider anzuziehen und mit ihm wie Mann und Frau zusammenzuleben. Seit der Emaskulation gehört Kiran der örtlichen *hijra*-Gemeinschaft an und ist seinem Freund eine vollwertige Frau. Nur Kinder könnten sie nicht bekommen. Der Freund fügt an, dass er keinen Unterschied mehr zu einer Frau wahrnehme, sondern lediglich positiv vermerke, dass *hijras* treuer seien als Frauen. In der Beziehung spielt Kiran einen traditionellen weiblichen Part: Sie versorgt den Haushalt, bereitet das Essen und ist, trotz tiefer Stimme, ein höchst anmutiges weibliches Wesen. Hinsichtlich einer *gender*-Rolle fällt sie keineswegs aus dem binären indischen Rahmen heraus, sondern ist ganz Frau, ein eindeutig weibliches *gender*.

Nandas Daten sind nicht weniger eindeutig. Die Lebensgeschichten, die sie in ihrem Buch zitiert, sprechen eine deutliche Sprache. *Hijras* sind gute Hausfrauen und versorgen ihre Männer selbst dann, wenn sie als *gurus* einer eigenen Gemeinschaft vorstehen. Als Beispiel mag Meera dienen, ein erfolgreicher *guru*, dessen Erzählungen ausführlich dargestellt werden. Meera lebt mit einem Mann zusammen, der den größten Teil seiner Zeit mit seinen Freunden verbringt. Als gute Frau kocht sie jeden Tag für ihn und wartet mit dem Essen bis er nach Hause kommt, selbst wenn dies erst nach Mitternacht ist. Da ihr Mann ihr öffentliche Aufführungen untersagt hat, lebt sie ausschließlich von ihren *chelas*. Wie Kiran hat sich Meera kastrieren lassen, um ihren Mann fester an sich zu binden. Seitdem argumentiert sie ihm gegenüber mit dem Opfer (der Kastration), das sie für ihn gebracht habe und für das sie im Gegenzug Treue und Beständigkeit verlange. Trotzdem ist sie sich seiner nicht sicher, da sie ihm kein Kind gebären kann. Ihr Ziel ist die Ehe und ein normales Leben als Hausfrau.[72]

Im Hinblick auf *sex* und *gender* der *hijras* gibt es nahezu keinen Anlass, von einem dritten *gender* zu sprechen, selbst wenn einige *hijras* rauchen und fluchen, was von Nanda als Indikator für Nichtweiblichkeit hervorgehoben wird. *Hijras* tun ihr Bestes, um einem weiblichen *gender* zu entsprechen, ob als Prostituierte oder als Ehefrauen. Der Umstand, dass sie trotz aller Bemühungen weder öffentlich als Frauen wahrgenommen werden noch sich selbst als Frauen empfinden, liegt schlicht und ergreifend an ihrem Körper, der nach der Emaskulation in der Tat weder männlich noch weiblich ist. Wenn man die Kategorie des »dritten« bemühen möchte, wären *hijras* eher ein drittes *sex* als ein drittes *gender*. Doch diese Betrachtungsweise wäre ausschließlich dem westlichen akademischen Diskurs entlehnt. *Hijras* selbst bezeichnen sich als »weder Mann noch Frau«, als »Mann und Frau in einem Körper« (Yorke 1991), »als ge-

72 Vgl. Nanda 1990: 78f.

borene Männer, aber nicht Männer« (being born as men, but not men) oder »nicht perfekte Männer« (Nanda 1985:37). Drei dieser vier Tropen verweisen auf etwas Unvollständiges, und dies entspricht dem Selbstbild vieler *hijras*, eine dagegen zielt auf etwas Besonderes, ein Aspekt, der im rituellen Diskurs bedeutsam wird. O'Flaherty hat *hijras* auch als »Mann minus Mann« (O'Flaherty 1980: 297) charakterisiert, was der Dimension des Unvollständigen einen dominanten Raum einräumt.

Hijras sind in vielerlei Hinsicht unvollständige Männer: sexuell, hinsichtlich ihrer reproduktiven Kapazitäten und physiologisch. Sexuell gelten sie als impotent – dies ist die Assoziation, mit der passive Homosexuelle bedacht werden und gleichzeitig die Erklärung ihrer weiblichen Rolle im sexuellen Akt. Als impotente Homosexuelle sind sie reproduktionsunfähig, und nach ihrer Kastration sind sie auch morphologisch nicht länger Männer. Diese Zuschreibungen sind allerdings streng genommen nur Annäherungen, denn es gibt durchaus Personen, die vor ihrer *hijra*-Karriere verheiratete Familienväter mit mehreren selbst gezeugten Kindern waren.[73] Ob die Kastration ein notwendiger Bestandteil der *hijra*-Existenz ist, ist mehr als fraglich. Für die Weihung zum Schützling der Göttin Bahuchara Mata scheint die Kastration zwar ein initialer Schritt zu sein, ja sogar die erste Phase der Einweihung darzustellen, und Nanda bezeichnet sie als »Herz der Definition der sozialen Identität eines *hijra*« (Nanda1990: 15), doch lassen sich viele *hijras* erst nach einer Zeit und unter dem Druck des jeweiligen Partners auf diese endgültige und nicht ungefährliche Operation ein.

Ohnehin scheint die Institution der *hijras* als Sammelbecken für mehrere von der Norm abweichende Formen indischer Maskulinität zu fungieren: für Hermaphroditen, die als reinste *hijras* gelten, aber auch für Transvestiten, Heterosexuelle und passive Homosexuelle.[74] Die Lebensgeschichten und Motivationen der einzelnen

73 Yorkes Film zeigt einen solchen Mann in einer Phase, in der er bereits Kontakt mit *hijras* aufgenommen hat, hin und wieder Frauenkleider trägt und mit *hijras* betteln geht, dieses Leben aber noch als Doppelleben vor seiner Familie geheim hält.

74 Wie in Brasilien werden Homosexuelle eindeutig entweder als aktiv oder passiv klassifiziert, wobei aktive Homosexuelle als vollwertige Männer gelten.

Individuen unterscheiden sich beträchtlich, auch hinsichtlich ihrer Haltung zur Sexualität, die vom Zitieren des asketischen *sannyasin*-Ideals bis zur Freude der homosexuellen Prostitution geht. Die indische Gesellschaft ist in dieser Hinsicht sehr viel weniger ausdifferenziert als die brasilianische, in der Personen, die sich dem hegemonialen Diskurs entziehen, unterschiedliche soziale Räume zur Verfügung stehen. Die Formen der Inszenierung zerfallen in mehrere, voneinander deutlich differenzierbare Typen. In Indien werden all diese Typen in der Institution der *hijras* kanalisiert. Diese Institution ist, zumindest teilweise, mit spirituellen Assoziationen belegt, wobei die reproduktive Impotenz, wie Nanda bemerkt, in eine sakrale generative Kraft umgewandelt wird. *Hijras* können zwar keine Kinder gebären oder zeugen, aber sie können die Kinder anderer segnen. Nanda hat diesen Aspekt in ihren Arbeiten immer wieder betont,[75] doch es bleibt insgesamt zweifelhaft, welche Relevanz er für die gesamte Institution besitzt. Ein Großteil aller *hijras* lebt am Rande der Gesellschaft von Tätigkeiten, die allgemein verachtet werden: Betteln und Prostitution. Ihnen widerfährt weniger die Aufmerksamkeit, die man geheiligten Personen entgegenbringt, sondern vielmehr die oft gewalttätige Ablehnung derjenigen, die man für den Aussatz der Gesellschaft hält.

Kira Hall, die ebenfalls eine Feldforschung bei einer *hijra*-Gemeinschaft durchgeführt hat, betont in ihrer Analyse insbesondere den Aspekt der Marginalität. Sie vergleicht *hijras* mit Witwen (Hall 1997: 442), den am meisten verachteten Personen in Indien. Witwen haben nichts mehr zu verlieren, sie sind unangreifbar für die schlechten Wünsche ihrer Umgebung, und so gelangen sie selbst in den Besitz einer unheimlichen Macht, der des Fluches. Sie können das Unglück, das sie getroffen hat, durch die Macht böser Worte verbreiten wie die *hijras* die Impotenz und Unfruchtbarkeit, die ihr Stigma geworden ist.

Anders als Bullock und Bullock, Nanda und andere interpretiert Hall die Existenz der Institution *hijra* – Hall spricht von »Netzwerk« – nicht als Zeichen größerer Toleranz der indischen Gesellschaft gegenüber der westlichen. Stattdessen vermerkt sie, dass

75 Vgl. Nanda 1990: 5.

»dieses Netzwerk nur existiert, weil die *hijras* es als Widerstand gegen ihren systematischen Ausschluss erschaffen haben« (Hall 1997: 431), und dass *hijras* ihre Liminalität kollektiv ausbeuten, um »in einer feindlichen Welt zu überleben« (Hall 1997: 452).

6. Ambivalente Geschlechter in Nordamerika

Für die indigenen Gesellschaften des nördlichen Amerika ist die Institutionalisierung von *gender crossing* seit dem sechzehnten Jahrhundert überliefert.[76] Soldaten der kolonialen Armeen, Missionare, Siedler und Handelsreisende berichteten immer wieder über so genannte Sodomiten in diesen Kulturen – meist mit dem Tenor des Abscheus und nicht selten im Zusammenhang mit brutalen Unterdrückungsmaßnahmen. Vor allem die frühen Eroberer Mittelamerikas erwarben sich mit ihrem sadistischen Vorgehen einen zweifelhaften Ruhm. »Sodomia« galt im Spanien des sechzehnten Jahrhundert als Verbrechen, auf das die Todesstrafe stand, und die Verfolgung aller Personen, die man der Homosexualität beschuldigte, gestaltete sich entsprechend grausam.[77] In Nordamerika gebärdete man sich subtiler: Man schnitt den »Weibmännern« die Haare ab, zwang sie, Männerkleidung zu tragen, und machte sie in der Öffentlichkeit lächerlich.

Terminologisch bemühten die weißen Usurpatoren ein ganzes Arsenal an Begriffen, um die verschiedenen indigenen Formen von *gender crossing* in Einklang mit dem eigenen Kategoriensystem zu bringen. Man sprach von Transvestiten, Homosexuellen, Sodomiten, Mannweibern und Weibmännern. Im neunzehnten Jahrhundert setzte sich für alle genannten Phänomene der vereinheitlichende Begriff *berdache* durch. Er leitet sich etymologisch aus dem persischen Wort *barah* ab, wurde im Arabischen zu *bardaj*, im Italienischen zu *berdascia* und im Französischen zu *bardash*. Trotz dieser interkulturellen Wanderung ist seine Bedeutung im Kern die gleiche geblieben und bezeichnet einen »Lustknaben« oder eine »männli-

76 Vgl. Katz 1976.
77 Vgl. Lang 1997a: 144 f.

che Prostituierte«.[78] Frühe französische Reisende verwendeten ihn in einem »quasi-anthropologischen Sinn« (Angelino/Shedd 1955: 121), um den passiven Part einer homosexuellen Beziehung zwischen Männern zu markieren. In der ethnologischen Literatur lag die Betonung, dieser Konnotierung entsprechend, auf der sexuellen Devianz der *berdache*, die man in erster Linie als Homosexuelle klassifizierte. Unschwer wird man in dieser Definition den europäischen Diskurs um abweichende erotische Praktiken wiedererkennen, in dessen Zentrum, wie wir gesehen haben, vor allem männliche Homosexuelle standen. Zur Abbildung der indianischen Verhältnisse eignete er sich jedoch nicht. In den meisten indigenen Gesellschaften Nordamerikas war Homosexualität nämlich nicht weniger verpönt als in Europa, und hätten die Indianer jemals Schriften wie Karsch-Haaks Abhandlungen über »Das gleichgeschlechtliche Leben der Naturvölker« gelesen, in denen sie als Beispiele für die weite Verbreitung homosexueller Praktiken angeführt werden, so hätten sie sicherlich protestiert.

Ohnehin war das Phänomen des *gender crossing* in indianischen Gesellschaften weniger erotisch als sozial oder spirituell motiviert. Als solches war es allerdings weit verbreitet und lässt sich für mindestens einhundertdreizehn Stämme nachweisen.[79]

Diese waren, und das ist für die Analyse alternativer Geschlechtsrollen nicht ohne Bedeutung, in jeder Hinsicht heterogen. Sie unterschieden sich in ihren Wirtschaftsformen, ihrer Sozialorganisation, der Stellung der Frauen, der Geschlechterideale, der Bedeutung des Krieges und der Religion. Die spezifischen Bedingungen für eine männliche oder weibliche Lebensweise prägten auch die Optionen für deren Überschreitung. *Gender crossing* konnte temporär oder dauerhaft sein, biologischen Männern oder Frauen offen stehen, mit unterschiedlichem Status verbunden sein und auf einer jeweils genau definierten Position zwischen den standardisierten Geschlechtsrollen angesiedelt sein.

Eines der wichtigsten Kriterien für die Übernahme einer zwischen den Geschlechtern stehenden oder gegengeschlechtlichen Rol-

78 Vgl. Angelino/Shedd 1955.
79 Vgl. Callender/Kochems 1983: 445.

le war die Faszination für die soziale Rolle des anderen Geschlechts, und hier wird, so meine ich, der Unterschied zur westlichen Idee des homosexuellen *berdache* besonders deutlich. Indianische *gender crossers* waren nämlich nicht vornehmlich Personen, die sich durch ein bestimmtes erotisches Begehren auszeichneten, sondern vorrangig durch ein sozial motiviertes. Sie strebten die soziale Rolle des anderen Geschlechts an, dessen Position im Arbeitsprozess und in der Familie, in der Politik und im Krieg.[80] Wenn ein Kind dadurch auffiel, dass es sich nicht der dem biologischen Geschlecht entsprechenden sozialen Rolle verhielt, wenn ein Junge am liebsten mit Mädchen spielte, und ein Mädchen sich kämpferisch und wild gebärdete, dann galt dies in den meisten indianischen Gesellschaften als Hinweis auf eine mögliche Bestimmung zu einer nichtstereotypen Geschlechterrolle.

Bei den im Südwesten der USA ansässigen Mohave wurde ein am Weiblichen interessierter Junge einem zeremoniellen »Test« unterworfen, der Aufschluss über die Bedeutung dieser Zeichen geben sollte.[81] Hatte er das Alter von etwa zehn Jahren erreicht, fertigten seine Verwandten weibliche Kleidungsstücke an und bereiteten ein großes Fest vor. Dazu luden sie Nachbarn und Gäste aus entfernteren Dörfern ein. Wenn sich die Geladenen eingefunden hatten, führte man den Jungen in ihre Mitte. Nach einem Bericht des Psychoanalytikers George Devereux sollte er Überraschung zeigen. Blieb er alleine in dieser exponierten Stellung stehen, galt dies als Einverständnis mit der Durchführung des Ritus. Ein Sänger begann alsbald mit der Vorführung zeremonieller Lieder. Wenn der Junge daraufhin wie eine Frau tanzte, später sogar eine Pantomime weiblicher Tätigkeiten aufführte, war man sich sicher, dass er eine *alyha* sei. Er wurde dann zum Fluss geführt, einer rituellen Reinigung unterworfen und legte die weibliche Kleidung an. Anschließend führte man ihn zum Festplatz zurück, und er erhielt einen weiblichen Namen.[82]

80 Vgl. Callender/Kochems 1983, Jacobs/Cromwell 1991, Lang 1990, Tietz 1998, Whitehead 1981, Williams 1986a und b.

81 Vgl. Devereux 1937: 502, 507.

82 Bleibtreu-Ehrenberg merkt richtig an, dass der Testcharakter des Rituals doch recht zweifelhaft sei, da das Fest einer aufwendigen Vorbereitung bedürfe und die von dem Jungen gezeigten Handlungen erlernt werden müssten. Vgl. Bleibtreu-Ehrenberg 1984: 99.

Eine ähnliche Bestätigungszeremonie existierte bei den Papago, bei denen feminine Knaben im Rahmen eines Rituals zwischen einem Frauenkorb und den Waffen eines Mannes wählen mussten. Entschieden sie sich für den Korb, konnten sie in Zukunft eine weibliche Geschlechtsrolle annehmen und wurden *ge kuhkanaj* genannt.[83]

Das männliche Pendant zur *alyha* war der *hwame*. Nach Devereux sollen *hwame* in der Vergangenheit Männerkleidung getragen und sich mit männlichen Arbeiten beschäftigt haben. Sowohl *alyha* als auch *hwame* durften eine Person des jeweils gegengeschlechtlichen *genders* heiraten. *Hwame* sollen vorwiegend schwangere Frauen umworben haben und galten allgemein als gute Väter. Folgt man Devereux, bestanden einige gewichtige Unterschiede zwischen *hwame* und *alyha* in Bezug auf die Integration in die gewählte Geschlechtsrolle, wobei *alyha* in einem sehr viel umfassenderen Sinn in die weibliche Welt aufgenommen wurden als *hwame* in die männliche. Das wird an ihrer jeweiligen Stellung innerhalb des Kriegskomplexes deutlich, der im Zentrum der Kultur stand. *Alyha* waren vollwertige Mitglieder einer weiblichen Zeremonialgesellschaft, die eine wichtige Rolle innerhalb dieses Komplexes spielte, während *hwame* die Position nicht beteiligter Außenseiter einnahmen: Ihnen war die Teilnahme am Krieg und damit das entscheidende Mittel zur Ausbildung einer männlichen Identität verwehrt.

Wie die Mohave gestatteten auch die Navajo ihren Männern und Frauen, das *gender* des entgegengesetzten Geschlechts anzunehmen. Sie nannten solche Personen *nádleehé*, »jemand der/die sich in einem ständigen Prozess des Wandels befindet« (Lang 1997c: 82). Ein *nádleehé* konnte ein Hermaphrodit sein oder ein Mensch, der sich aus eigenem Antrieb für ein ambivalentes Geschlecht entschied. Hermaphroditen galten den Navajo dabei als die Urform oder das Original aller *nádleehé*, während man von allen anderen als von denjenigen sprach, »die vorgeben, *nádleehé* zu sein« (Hill 1935: 273). Ausschlaggebend für die Wahl einer *nádleehé*-Rolle war bei den Navajo wie bei den Mohave eine Tätigkeitspräferenz, d. h. eine Vorliebe für die Arbeiten des jeweils anderen Geschlechts, sodass man die

83 Vgl. Underhill 1939: 186.

nádleehé, die keine Hermaphroditen waren, zusätzlich in solche unterschied, die einen weiblichen Körper hatten und ein männliches *gender* lebten und jene, die einen männlichen Körper besaßen, aber eine weibliche Geschlechtsrolle angenommen hatten. Der Anthropologe Thomas Wesley spricht daher von fünf verschiedenen *gender*-Rollen der Navajo: Männer, Frauen, Hermaphroditen, weibliche *nádleehé* (*womanly male*) und männliche *nádleehé* (*manly female*).[84] Eigene Termini für die drei verschiedenen Formen von *nádleehé* existierten allerdings nicht.

Auch bei den Lemhi-Shoshoni, bei denen die deutsche Ethnologin Sabine Lang vier verschiedene *gender* feststellt,[85] existierte für männliche und weibliche *gender crosser* die gleiche Bezeichnung *tainna wa'ippe*.

Bei den Zuni nannte man Männer, die die weibliche Rolle anstrebten, *ihamana*. Die bekannteste *ihamana* war We'wah, deren Geschichte gleich in mehreren ethnologischen Publikationen verewigt wurde.[86] Die amerikanische Ethnologin Mathilda Coxe Stephenson, die sie während einer Expedition im Jahr 1879 kennen gelernt hatte, beschrieb sie als »wohl die größte Person bei den Zuni und auf jeden Fall die stärkste, sowohl mental als auch physisch«. (Stephenson 1904: 310) Die Wissenschaftlerin fand in We'wha eine ideale Informantin, und zwischen den beiden Frauen entwickelte sich eine tiefe Freundschaft.[87] Dennoch sollte es Jahre dauern, bis die Ethnologin gewahr wurde, dass die Freundin eine so genannte *ihamana* war, eine Frau mit einem männlichen Körper.[88] Dabei konzipierten die Zuni die Rolle der *ihamana* durchaus ambivalent, und Personen wie We'wha bewegten sich nicht nur in einer eng umzirkelten Frauenidentität. So war We'wha als Junge in einen religiösen

84 Vgl. Wesley 1997: 160.

85 Vgl. Lang 1997c: 87.

86 Vgl. Stephenson 1904, Parsons 1916, 1939, Roscoe 1991.

87 Stephenson kehrte nach dieser ersten Reise noch häufig zu den Zuni zurück (1881, 1884, 1886, 1891–92, 1895, 1896–97), und We'wha machte 1885 einen sechsmonatigen Gegenbesuch in Washington.

88 Stephenson weigerte sich lange, den Gerüchten, We'wha sei ein Hermaphrodit, Glauben zu schenken, und auch, als sie zur Kenntnis genommen hatte, dass We'wha ein biologischer Mann war, betonte sie, dass sie für sie immer eine Frau sein werde. Vgl. Stephenson 1904: 310.

Männerbund initiiert worden, dem sie Zeit ihres Lebens angehörte. Als Erwachsene trug sie feminine Kleidung, verrichtete weibliche Arbeiten wie Weben und Töpfern und arbeitete später als Haushaltshilfe bei weißen Offizieren, beteiligte sich aber auch an gewaltsamen Auseinandersetzungen mit weißen Armeeangehörigen, für die sie sogar einen längeren Gefängnisaufenthalt verbüßte. Nach ihrem Tod wurde sie auf der Seite der Männer beerdigt, und man zog ihr als Zeichen ihres besonderen Status unter die Frauenkleidung eine Männerhose.

Die Lebensgeschichte von We'wha ist außergewöhnlich gut dokumentiert, und es existieren Informationen, die die Aspekte des Uneindeutigen sichtbar machen. Für die meisten Berichte über Geschlechtsrollenüberschreitung gilt dies nicht, und wir müssen uns mit einem eher dürftigen Skelett von äußeren Aspekten begnügen. Die überwiegende Zahl aller männlichen *gender crossers* bei den Zuni trugen offensichtlich weibliche Kleidung und Haartracht, und viele imitierten darüber hinaus das Verhalten und die Sprechweise von Frauen. Die *alyha* der Mohave unternahmen sogar mimetische Kopien weiblicher Körperfunktionen, indem sie sich das Skrotum aufkratzten, um eine Menstruation darzustellen, und die Kleidung ausstopften, um Schwangerschaft vorzutäuschen.[89] Weibliche *gender crossers* pflegten gelegentlich ein männliches Outfit. Solche Selbstinszenierungen haben zu dem Ruf der indianischen *gender crossers* beigetragen, Transvestiten zu sein.[90] Dabei wird allerdings übersehen, dass Geschlechtsrollenüberschreitung in vielen Gesellschaften auch ohne die Übernahme des gegengeschlechtlichen Kleidungsstils praktiziert wurde. Männliche *gender crossers* bei den Comanche und Pima wechselten nur ihr soziales Geschlecht, nicht aber ihre Kleidung,[91] und das Gleiche gilt für die Crow, Achumwai, Atsugewi, Klamath und Shasta.[92] In Illinois zogen weibliche *gender crossers* wie Männer in den Krieg, durften als Waffe aber nur die Keule, nicht den Bogen benutzen, und den *winkte* der Lakota, die vom Kampf ausge-

89 Vgl. Devereux 1937: 511 f.
90 Vgl. Simm 1903.
91 Vgl. Hill 1938: 339 für die Pima und Kardiner 1945: 56 f., 88 für die Comanche.
92 Vgl. Spier 1930: 51 ff., Voegelin 1942: 134 f.

schlossen waren, war es gestattet, wie Männer an der Jagd teilzunehmen. Zu diesem Anlass trugen sie männliche Kleidung.[93]

Eine spezifische Form von Geschlechtsrollenüberschreitung für Frauen, die sowohl temporär als auch dauerhaft sein konnte, war die Kriegerinnentradition der *manly-hearted women* bei den Plains-Indianern.[94] Die Mehrheit dieser Kämpferinnen wechselte aber nicht ihr Geschlecht, sondern bewegte sich lediglich erfolgreich in männlichem Terrain. Sie begleiteten Ehemänner, Brüder und Väter oder wurden vom Wunsch nach Rache eines Familienmitglieds in den Kampf getrieben. Wenn sie sich dort unerschrocken zeigten und sich vielleicht sogar durch das Töten eines Feindes einen Namen machten, nannte man sie *manly-hearted*, da man von einer Frau, der binären Geschlechterkonstruktion entsprechend, Furchtsamkeit erwartete. *Manly-hearted women* waren anerkannt und hoch geachtet, weil sie sich dort bewährt hatten, wo Männer Prestige erwerben. Ihre Identität als Frauen sowie ihr soziales Geschlecht wurde von diesen Auszeichnungen nicht zwangsläufig tangiert. Thomas weist darauf hin, dass Frauen, anders als Männern, innerhalb ihrer Geschlechtsrolle ohnehin ein recht breites Spektrum an Positionen zur Verfügung stand, neben der Teilnahme an Kampfhandlungen zum Beispiel auch die Partizipation an politischen Versammlungen.[95] Solche Zugänge zur Macht der Männer besaßen vor allem jene Frauen, die von ihren Vätern oder Ehemännern entsprechend gefördert wurden. Sie wurden weniger als Abweichung von der herrschenden Geschlechternorm gesehen, sondern vielmehr als solche, die sich besondere Auszeichnungen und Privilegien verdient hatten. Im Alltag unterschieden sich diese Frauen aber kaum von ihren Geschlechtsgenossinnen, waren verheiratet, gebaren Kinder und verrichteten weibliche Arbeiten.

Allerdings gab es auch vereinzelte Beispiele für einen umfassenderen Geschlechtsrollenwechsel und die Annahme einer männlichen Identität durch erfolgreiche *war ladys*. Eine der prominentesten war Woman Chief, eine Gros Ventre, die als Kind von den Crow

93 Vgl. Williams 1986a: 194.
94 Vgl. Schaefer 1965: 225 ff.
95 Vgl. Thomas 1997: 26.

entführt wurde und bei ihnen aufwuchs. Schon früh fiel sie durch ihre maskulinen Charakterzüge auf und wurde von ihrem Ziehvater beim Erlernen männlicher Fähigkeiten unterstützt. Als die Crow-Siedlung von einer Gruppe Blackfoot überfallen wurde, zeigte sie, dass sie sowohl das Herz eines Mannes hatte als auch die männliche Kriegstechnik beherrschte. Sie trat den Blackfoot entgegen, erschoss einen von ihnen und verwundete zwei weitere. Seitdem galt sie als Krieger. Sie führte Überfälle an, stahl Pferde und skalpierte ihre Gegner. Ihre männliche Rolle komplettierte sie durch die Heirat mehrerer Ehefrauen und durch die Mitgliedschaft in der Ratsversammlung der Männer, wo sie den dritthöchsten Rang unter einhundertundsechzig Häuptlingen einnahm.[96]

Eine andere bekannte Kriegerin war die Piegan Running Eagle. Auch sie zeigte bereits als Kind eine starke Neigung für männliche Aktivitäten, kümmerte sich um die Pferdeherde ihres Vaters und nahm an der Jagd teil. Das Spiel mit Mädchen lehnte sie ebenso ab wie das Erlernen weiblicher Tätigkeiten. Bereits als Heranwachsende nahm sie an Überfällen auf die Nachbarpopulationen teil. Als sie während eines solchen Kriegszugs einen Krieger der Crow tötete und elf Pferde erbeutete, wurde ihr zu Ehren der Skalptanz aufgeführt. Später erhielt sie einen Männernamen, kleidete sich männlich und ließ ihre häuslichen Angelegenheiten von einer anderen Frau verrichten. Ihre Berufung für diese Rolle führte sie auf eine Vision zurück, in der ihr die männlich symbolisierte Sonne erschienen war.[97]

Running Eagle und Woman Chief waren in ihrer männlichen oder quasi-männlichen Rolle hoch geschätzt und erfreuten sich allgemeiner Anerkennung – im Kontext der Plains-Völker stellten sie aber trotzdem eine Ausnahmeerscheinung dar.

Anders war dies bei arktischen und subarktischen indigenen Völkern, die sich durch eine strengere Geschlechterseparation im Arbeitsprozess auszeichneten. Bei den Inuit konnten Eltern ihre Töchter als Söhne aufziehen, wenn sie keine männlichen Nachkommen hatten, und so die lebensnotwendige Versorgung mit Fleisch si-

96 Vgl. Schaefer 1965: 225.
97 Vgl. Schultz 1919.

cherstellen.[98] Die in der Subarktis lebenden Kaska kannten ebenfalls weibliche Söhne, allerdings scheint ihnen der Geschlechtsverkehr mit Männern nicht verboten gewesen zu sein, denn sie trugen einen magischen Schutz gegen Schwangerschaft.[99] Die den Kaska benachbarten Ojibwa sahen bei akutem Männermangel eine temporäre Substituierung von Frauen vor, die aber wieder aufgegeben wurde, sobald sich die Situation veränderte und eine jagende Tochter beispielsweise heiratete.

Alternative Geschlechter galten in vielen indianischen Gesellschaften als mit außergewöhnlichen spirituellen Kräften begabte Personen und teilweise gilt dies auch heute noch. Bei den Zuni gehören die *ihamana*, diejenigen, die Mann und Frau zugleich sind, zu den wichtigsten Geistwesen (*katchinas*), die die Geschicke der Menschen leiten und deren Taten in zyklisch stattfindenden Riten als Maskenspiele aufgeführt werden. Der erste *ihamana* entstand, so erzählt der Mythos, aus der inszestuösen Verbindung eines Geschwisterpaares, das zu Führern auf der Wanderschaft des Volkes in ihr heutiges Siedlungsgebiet gewählt worden war. Der Inzest trennte die Geschwister, aus der Schwester wurde Komokatsik, die Alte Tanzfrau, die Mutter aller *katchinas*. Ihr Kind Kolhamana[100] wird ihr Stellvertreter. Als *katchina*, der sowohl Mann als auch Frau ist, erinnert er/sie an die Urzeit, in der die Vorfahren der Zuni noch »ungekocht« und kulturlos waren.[101] Er/sie ist wie ein einziger Maiskolben mit zwei »Herzen«, ein vollständiges Wesen, »das Zweifache einer Art« (*the two-fold one-kind*) (Roscoe 1991: 153).

Spirituelle Kräfte spielten auch bei der Erwählung von Individuen für den Weg der *gender crosser*s eine wichtige Rolle. Der Traum von Gegenständen, die dem jeweils anderen Geschlecht zugeordnet werden, oder die Erscheinung bestimmter Geister konnten als Aufforderungen verstanden werden, die Identität des entgegengesetzten Geschlechts anzunehmen.[102] Solche Visionen hatten einerseits eine

98 Vgl. Lang 1990: 329f.
99 Vgl. Lang 1990: 330.
100 Der Name setzt sich aus *ihamana* und der Silbe *ko* zusammen, die auf Götter oder *katchinas* hinweist. Vgl. Roscoe 1997: 154.
101 Vgl. Roscoe 1991: 149ff., 1997.
102 Vgl. Bleibtreu-Ehrenberg 1984: 96, Lang 1990: 266ff., Thomas 1997: 78ff.

legitimatorische Funktion für persönliche Entscheidungen, die dann, als gleichsam von höherer Stelle aufoktroyiert, gesellschaftlich anerkannt wurden, andererseits besaßen sie aber einen unverkennbaren Zwangscharakter. Viele der übernatürlichen Wesen, deren Begegnung den Träumer zu einem Leben als Geschlechtsrollenwechsler nötigte, waren ambivalente Geister, die Wahnsinn, Tod und Verderben verbreiteten, wie Woman Above bei den Hidatsa[103], Frog Earrings bei den Mandan[104] und Black Deer Woman bei den Oglala. Diese weiblichen Geister täuschten die Träumer, versprachen ihnen besondere Fähigkeiten und bedrohten sie, um sie zu einem Wechsel der Geschlechtsrolle zu bewegen.[105]

Gender crossers können primordiale Vollkommenheit verkörpern, aber sie symbolisieren auch einen Platz auf der Grenze zwischen Sphären, die die Evolution getrennt hat: Männer und Frauen, Kultur und Natur, die Welt der Menschen und die Welt der Geister. Aus diesem Grund galten sie bei vielen Völkern als prädestinierte Heiler,[106] als Vermittler zwischen Menschen und Geistern und als Personen, die das Schicksal anderer zu beeinflussen verstanden. Die *winkte* der Lakota wurden ersucht, Liebesmagie durchzuführen[107] und Kindern Glück bringende geheime Namen zu verleihen[108], die *miati* der Hidatsa und die *bate* der Crow hatten wichtige Funktionen in der Sonnentanz-Zeremonie inne.[109]

Traditionelle indianische *gender crossers* gehören weitgehend der Vergangenheit an, was nicht zuletzt auf den Einfluss von Kolonisatoren, Missionaren und einer Abwertung durch die hegemoniale weiße Kultur zurückzuführen ist. We'wha war die letzte *ihamana* der Zuni, und unsere Kenntnisse über alternative Geschlechter in indianischen Gesellschaften basieren in erster Linie auf historischen Forschungen oder älteren Berichten. Der letzte *winkte* soll in den dreißiger Jahren gelebt haben, die letzten *tainna wa'ippe* der Shoshoni in

103 Vgl. Bowers 1965: 330.
104 Vgl. Bowers 1950: 272.
105 Vgl. Lurie 1953: 709.
106 Vgl. Pilling 1997.
107 Vgl. Williams 1986a: 194.
108 Vgl. Thomas 1997: 100.
109 Vgl. Lang 1990: 212.

den zwanziger Jahren, und eine lesbische Navajo-Frau, die von der Ethnologin Sabine Lang befragt wurde, gab an, noch niemals eine weibliche *nádleehé* getroffen zu haben.[110]

Trotz dieser Umstände erlebt das Phänomen des *gender crossing* derzeit eine wissenschaftliche Renaissance in den USA. Eine Wiederentdeckung in der anthropologischen Forschung geschieht maßgeblich unter dem Einfluss der panindianischen Schwulen- und Lesbenbewegung sowie der internationalen Debatte um Geschlechterkategorien und Geschlechtervariationen.[111] Die Zielsetzung dieser neuen Arbeiten ist nicht zuletzt politisch – im Sinne der Herausbildung einer eigenständigen indianischen homosexuellen Identität – motiviert, wobei im Wesentlichen zwei Intentionen verfolgt werden: die Abgrenzung zur weißen urbanen Schwulen- und Lesbenkultur und die Rückbesinnung auf eine homosexuelle indianische Kultur. Letzteres stellt die AktivistInnen vor eine Reihe schwer lösbarer Probleme, von denen die traditionelle indianische Homosexuellenfeindlichkeit sicherlich die gravierendste ist. *Winkte*, *nádleehé*, *alyha* und die Mehrheit aller anderen *gender crossers* galten nämlich als heterosexuell und durften nur mit Personen sexuelle Beziehungen eingehen, die dem oppositionellen *gender* angehörten.[112] Ein *hwame* konnte eine Frau, aber niemals einen Mann heiraten, und eine *alyha* durfte nur mit einem Mann, niemals aber mit einer Frau Geschlechtsverkehr haben. Innerhalb dieser Beziehungen waren die sozialen Rollen streng auf die herrschenden Geschlechterstereotypen festgelegt. Homosexuelle IndianerInnen bewegen sich heute weitgehend außerhalb dieses Rasters; sie sind

110 Vgl. Lang 1997c: 81.

111 Ausdruck einer neuen Bereitschaft, die traditionellen indianischen Phänomene von alternativem Geschlecht im Kontext der Kategoriendebatte zu diskutieren, waren zwei Konferenzen zum Thema »Revisiting the ›North American berdache‹ empirically and theoretically«, die 1993 in Washington und 1994 in Chicago durchgeführt wurden. Zum gleichen Thema fand 1993 ein Workshop der jährlich stattfindenden Tagung der »American Anthropological Association« statt.

112 Tietz spricht in diesem Zusammenhang von Hetero-Genus-Normativität (Tietz 1998: 111), übersieht aber, dass *gender crossers* in einigen Gesellschaften auch bisexuelle Beziehungen eingehen konnten. Vgl. Callender/Kochem 1983: 45.

urban sozialisiert und orientieren sich an der weißen Schwulen- und Lesbenbewegung. In ihren Familien und in den lokalen indianischen Kommunen werden sie mit Ablehnung und Diskriminierung konfrontiert.[113]

Ein erster Versuch, sich gleichermaßen als Homosexuelle und IndianerInnen zu behaupten, bestand in der Gründung von Selbsthilfegruppen und der panindianischen Organisation »Gay American Indians«, die sich, auf der Suche nach geeigneten Rollenvorbildern, auf die Tradition der alternativen Geschlechter bezogen. Sie begannen, die alten Quellen zu dekonstruieren und die vorgefundenen Daten zu einer neuen, gleichsam »modernisierten« Idee indianischer alternativer Geschlechter zusammenzusetzen.[114] Der Begriff *gay* verschwand zunehmend aus den Eigenbezeichnungen und wurde durch den Terminus *two-spirit* ersetzt, der dem Algonkin-Begriff für *gender crossers* (*niizh manitoag*) entlehnt ist.[115] Sie griffen damit auf die religiösen Bedeutungen zurück, mit denen alternative Geschlechter in vielen indianischen Kulturen verbunden sind und konfrontierten den um den Sexus kreisenden weißen Diskurs mit einem spirituell orientierten indianischen Modell. Damit sollte Kontinuität zwischen tradierten Modellen alternativer Geschlechter und der modernen Existenzweise homosexueller IndianerInnen demonstriert werden.

Ein Versuch, der sich nicht einfach gestaltete, da der Begriff *two spirit* wenig mit den traditionellen Begriffen gemein hat, die in den einzelnen Kulturen verwendet wurden,[116] und traditionelle IndianerInnen eine Gleichsetzung der beiden Phänomene meist ablehnen. *Two-spirit* ist ein moderner Begriff, und er bezeichnet ein modernes Phänomen: urbane homosexuelle IndianerInnen auf der Suche nach einer indigenen Identität. »Im Gegensatz zu manchen ›weißen‹ Homosexuellenorganisationen«, schreibt Lang, »die ihre ›westliche‹ Kultur, von der sie diskriminiert werden, ablehnen und zu ihr in radikale Opposition treten, suchen *two-spirit*-Gruppen in der Regel

113 Vgl. Lang 1997c: 74.
114 Vgl. Gay American Indians 1988.
115 Vgl. Anguksuar 1997: 221.
116 Vgl. Medicine 1997: 147.

den Dialog mit den Indian Communities, obgleich sie dort ebenfalls Diskriminierungen ausgesetzt sind.« (Lang 1997c: 80) Um den Schulterschluss mit den traditionellen Kommunen herzustellen und eine Verwurzelung in der eigenen Kultur deutlich zu machen, bemüht man zunehmend folkloristische Elemente wie Kunsthandwerk, Tanz und spirituelle Zeremonien, die z. B. zur Stärkung HIV-Kranker eingesetzt werden. Ziel ist eine panindianische Bewegung, die sich allerdings vorwiegend auf kulturelle Elemente der Plains-Kulturen stützt und mit Hilfe von Schwitzhütten, *powwows, talking circles* und anderen Ritualen versucht, Unterschiede zwischen den Angehörigen unterschiedlicher Populationen zu überbrücken. Alles weist darauf hin, dass, unter Zuhilfenahme einer traditionalistischen Rhetorik eine neue hybride Kultur entstehen soll, die Elemente der weißen Homosexuellenkultur mit denen vergangener indianischer Gesellschaften kombiniert. Für eine tatsächliche Retraditionalisierung der Lebensweise nach dem historischen Vorbild, die im indianischen Diskurs mitunter erscheint, gibt es jedoch keine Hinweise. Hier zeigt sich deutlich, dass sowohl der Wille als auch die Möglichkeiten, Kategorien verschiedener Kulturen und Kontexte miteinander zu verschmelzen, an eine Grenze stoßen können. Die Subkultur der modernen *gay Indians* unterscheidet sich fundamental von den lokalen Traditionen einzelner indianischer Populationen. Im urbanen Milieu homosexueller Subkulturen sind soziale Rollen fluktuierend und veränderbar, in den traditionellen Gesellschaften waren sie bis ins Detail festgelegt. Es ist das erotische Begehren nach einem anderen Mann, das einen modernen US-Amerikaner zu einem Homosexuellen macht, nicht die Begeisterung für Hausarbeit und Kinderpflege. Umgekehrt wird eine handwerklich begabte Frau nicht schon deshalb zu einer Lesbe, weil sie in einem Männerberuf arbeitet. Im modernen Kontext existiert eine scharfe Trennung zwischen dem erotischen und dem sozialen Diskurs, zwischen der sexuellen Identität und dem *gender*, während nach traditioneller indianischer Auffassung *gender* die sexuelle Praxis determiniert. Eine Person weiblichen *genders* kann, gleich ob sie einen männlichen oder einen weiblichen Körper besitzt, nur sexuelle Beziehungen zu einer Person männlichen *genders* aufnehmen. In solchen Beziehungen ist jede Person auf eine bestimmte, genau definierte Handlungspalette festgelegt. Die indigenen Gesellschaften sind, so bemerkt Lang richtig, »weit davon entfernt, die ursprünglichen Paradiese homosexuellen Begehrens zu sein« (Lang 1997c: 92).

Bei der Suche nach einer eigenen Identität wurden solche rigiden Normen allerdings wenig beachtet. Ja, es scheint, dass sogar eine gewisse Verklärung der alternativen Geschlechter stattgefunden hat, zum Teil mit anthropologischer Unterstützung.[117] Für eine Glorifizierung der *two-spirits* zu den natürlichen spirituellen Führern indianischer Gemeinschaften besteht allerdings wenig Anlass, denn trotz ihrer Wertschätzung als Heiler und Visionäre waren sie immer auch Außenseiter und Grenzgänger, ambivalente Wesen mit einem ambivalenten Status.[118] Die *alyha* der Mohave wurden öffentlich für deren performative Imitationen von Schwangerschaft und Geburt verspottet, und Heiratskandidaten mussten um sie nicht wie um »ehrbare« Frauen werben. Sie konnten ihnen vielmehr wie Witwen, geschiedenen oder »liederlichen« Frauen gegenübertreten.[119] Von den *miati* der Hidatsa wird gesagt, dass man sie fürchtete, respektierte und mied,[120] und Ähnliches gilt für die *winkte*, über die John Fires Informant Lame Deer sagte: »Väter sehen es nicht gerne, wenn ihre Söhne sich bei einem *winkte* aufhalten, und raten ihnen, sich davon fern zu halten.« (Lame Deer 1972: 149) Wie brüchig und gefährdet die Position eines *gender crossers* sein konnte, wird anhand der Geschichte des *hwame* Sahaykwisa ersichtlich, der mit einem männlichen Rivalen um eine Frau konkurrierte. Mit den Worten »Ich zeige ihr, was ein wirklicher Penis tun kann« vergewaltigte der Rivale Sahaykwisa und demonstrierte unmissverständlich die Grenzen des Geschlechts. Der *alyha* war als minderwertige Kopie eines wirklichen Mannes enttarnt, als einer, die sich phallisches Gebaren anmaßt, ohne im Besitz eines Phallus zu sein. Die gewaltsame Reduzierung der *alyha* auf ihren verwundbaren Körper zeigte Wirkung: Sahaykwisa scheint in ihrer Identität vollkommen zerstört worden zu sein und prostituierte sich schließlich an Männer.

117 Vgl. Langs Kritik an Williams 1986 in Lang 1997c: 101.
118 Vgl. Lang 1990: 373, Thomas 1997: 96f.
119 Vgl. Devereux 1937: 507, 513.
120 Vgl. Bowers 1965: 168.

Kapitel 4

Gender crossing und Identitätspolitik

Personen, die sich aus sozialen, religiösen oder erotischen Motiven heraus für ein Leben außerhalb normierter Geschlechterstereotypen entscheiden, sind in ihrer Existenz tendenziell sozial oder sogar physisch bedroht. Dort, wo keine Institutionen bestehen, die ihren Sonderstatus legitimieren, sind sie als Individuen nur eingeschränkt fähig, sich gegenüber der hegemonialen Kultur zu behaupten und zu überleben. Sie müssen sich verstecken wie die holländischen Soldatinnen, von denen Dekker und van der Pol berichten, auf Standesprivilegien hoffen, wie Christine von Schweden und andere adligen Damen des ausgehenden Mittelalters, oder sich in eigenen Gruppen organisieren, um ihre Interessen mit größerem Gewicht zu vertreten. In diesen Zusammenschlüssen entwickelten sie, auch in der jüngeren Geschichte Europas, eigene Subkulturen, in denen es möglich war, Werte und Prinzipien zu leben, die nicht mit denen der Mehrheitsgesellschaft übereinstimmten. Dies war allerdings nur im urbanen Kontext möglich, wo Menschen der unmittelbaren Kontrolle von Familie und Dorf entfliehen und in der Anonymität der Stadt eine neue Existenz aufbauen konnten.[1]

1 Für Berlin wird dies sehr schön von Hirschfeld (1907) beschrieben.

1. Radikale Orte: Berlin und Paris in den zwanziger Jahren

Infolge der Freiheiten, die Europas Städte, den repressiven Sexualpolitiken der einzelnen Nationalstaaten zum Trotz, den Personen boten, die sich nicht dem Diktat einer bürgerlichen Familienideologie unterwerfen wollten, zog es Schwule und Lesben sowie andere Abweichler und Querdenker in Scharen in die großen Metropolen. Um die Wende zum zwanzigsten Jahrhundert entwickelte sich vor allem in London, Paris und Berlin eine bunte Subkultur, in der nicht normierte Geschlechtsidentitäten gelebt werden konnten. Sie war verbunden mit einer vitalen Kulturszene, Ausgangspunkt für vielfältige schöpferische Aktivitäten in den Bereichen Literatur, Theater und bildende Kunst und stellte einen gewichtigen Teil des reformerisch oder revolutionär orientierten Potentials dieser Zeit dar.

Eine der Schlüsselfiguren des homosexuell-sozialistischen Berlin war der bereits erwähnte Magnus Hirschfeld, ein Arzt, der 1896 eine Praxis in Berlin-Charlottenburg eröffnete und ein Jahr später das »Wissenschaftlich-humanitäre Komitee« (WhK) gründete, die erste Organisation zur Vertretung homosexueller Interessen in Deutschland. Unter dem Pseudonym Th. Ramien publizierte Hirschfeld 1896 ein Buch mit dem Titel *Saphho und Sokrates*, in dem er Homosexualität als inneren Trieb bezeichnete. Ausgehend von dieser Theorie, die sich, wie zuvor schon Karl Ulrichs These der weiblichen Seele im Mann, gegen die Auffassung wandte, gleichgeschlechtliche Liebe sei eine sexuelle Perversion, warb er für die Anerkennung von Homosexuellen und argumentierte gegen ihre juristische Verfolgung. Mit einer Reihe von viel beachteten Schriften zur menschlichen Sexualität untermauerte er diese Position auch in den folgenden Jahren.[2]

Sein politisches Engagement beschränkte sich aber nicht auf die Tätigkeit des Publizierens. Hirschfeld sammelte Unterschriften für die Abschaffung des Paragraphen 175, der Homosexualität unter

2 Vgl. Hirschfeld 1898, 1907, 1914, 1938 sowie Hirschfeld/Tilke 1910. Außerdem veröffentlichte Hirschfeld eine große Anzahl allgemeiner sexualwissenschaftlicher Bücher und Aufsätze.

Strafe stellte, und richtete, mit Unterstützung des WhK, eine entsprechende Petition an den Deutschen Reichstag. Diese – gleichwohl nicht erfolgreiche – Aktion markiert den Beginn dessen, was viele Jahre später als Identitätspolitik bezeichnet werden sollte, den Kampf für die Rechte und die gesellschaftliche Akzeptanz einer unterprivilegierten Gruppe.

Die Organisierung der Homosexuellen und ihr selbstbewusstes öffentliches Auftreten markierte einen Wendepunkt im Verhältnis zwischen homosexueller und hegemonialer Kultur. Bereits 1895 war Homosexualität im Zusammenhang mit dem Prozess gegen Oscar Wilde in London[3] zu einem viel diskutierten Thema geworden, zu dem Homosexuelle eine eigene dezidierte Position bezogen hatten. Mit dem »Jahrbuch für sexuelle Zwischenstufen«, das das WhK von 1899 an herausgab, hatte diese marginalisierte Stimme ein eigenes Medium. Der Titel des Journals verweist deutlich auf die dort vertretene Meinung, dass Geschlecht keine Dualität zweier vollkommen differenter Typen, Männer und Frauen, sei, sondern aus einer Reihe von Abstufungen bestehe, bei denen Personen in unterschiedlicher Quantität männliche und weibliche Merkmale in sich vereinigen. Neben dieser These eines sexuellen Kontinuums wurde auch die Idee einer geschlechtlichen Dreiteilung propagiert, nach der Homosexuelle ein drittes Geschlecht bilden. In einer Aufklärungsbroschüre mit dem Titel *Was soll das Volk vom dritten Geschlecht wissen* versuchte das WhK die Bevölkerung mit dieser Theorie vertraut zu machen. Die Schrift erschien erstmals 1902, war in allgemein verständlicher Sprache gehalten und sollte auch für die Ziele des WhK werben. Innerhalb von zwei Jahren wurden dreißigtausend Exemplare verteilt. Informationsmaterial sandte man außerdem an Richter, Staatsanwälte und Sachverständige in Gerichtsprozessen, um Ur-

3 Wilde war aufgrund seiner Beziehung zum jungen Lord Alfred Douglas von dessen Vater, dem Marquess von Queensberry, der Sodomie beschuldigt worden. In zwei von der Öffentlichkeit stark beachteten Prozessen wurde er schuldig gesprochen und zu zwei Jahren Gefängnis verurteilt. Seine gesamte Habe, darunter seine Bibliothek und das Spielzeug seiner Kinder, wurde zwangsversteigert. Dies bedeutete Wildes gesellschaftlichen, finanziellen und psychischen Zusammenbruch. Nach seiner Entlassung emigrierte er nach Paris, wo er am 30. 11. 1900 an den Folgen einer Mittelohrentzündung starb.

teile gegen Homosexuelle günstig zu beeinflussen. Hirschfeld selbst trat häufig als Gutachter in diesen Prozessen auf. Anders als die Juristen seiner Zeit vertrat er die Auffassung, dass Homosexualität kein Ausnahmephänomen, sondern weit verbreitet sei. Um seine Behauptung zu verifizieren, führte er eigene wissenschaftliche Untersuchungen, unter anderem Befragungen bei dreitausend Studenten der Technischen Hochschule in Charlottenburg, durch. Er hoffte, die Vorurteile der Bevölkerung durch Wissenschaft und Aufklärung zu beheben und so perspektivisch auch zu einer Änderung der juridischen Praxis beizutragen.[4]

Ab 1918 konnte Hirschfeld seinen wissenschaftlichen Anliegen im Rahmen des »Instituts für Sexualwissenschaft« nachkommen, das 1924 als gemeinnützige »Dr.-Magnus-Hirschfeld-Stiftung« anerkannt wurde. Die Arbeit des Instituts reichte von Beratungen[5] über Fortbildungsmaßnahmen für Ärzte bis hin zu einer regen Vortragstätigkeit über sexuelle Probleme. International renommiert, hatte es Einfluss auf die Neugestaltung von Strafrechtsbestimmungen in der Sowjetunion, in Norwegen und der Tschechoslowakei.[6]

In Deutschland fand Hirschfeld bei Teilen der SPD[7], unter anderem bei August Bebel, Unterstützung für seine politischen Ziele. Andere Teile der Partei erwiesen dem Anliegen Hirschfelds und des WhK jedoch schlechte Dienste, da sie Skandale um homosexuelle Persönlichkeiten des Adels agitatorisch nutzten, um auf die Verderbtheit der herrschenden Klasse hinzuweisen.

Auch innerhalb des WhK wirkten sich politische Differenzen ungünstig für die Durchsetzung der anfangs postulierten Ziele aus. 1903 spaltete sich ein Teil der Mitglieder ab und versammelte sich unter der Führung Benedict Friedländers und Adolf Brandts in einer Organisation, die sich »Gemeinschaft der Eigenen« nannte. Die Gruppe stand unter dem Einfluss der Ideen des Junghegelianers

4 Vgl. Hirschfeld 1904.

5 Hier entstand eine der ersten Eheberatungsstellen.

6 Vgl. Baumgardt 1984: 32.

7 Hirschfeld war, außer seinem Eintreten für die Rechte von Homosexuellen, als Aktivist im sozialistischen Lager tätig. So war er zu Beginn des Krieges der »Sozialistischen Ärztevereinigung« und dem pazifistischen »Bund Neues Vaterland« beigetreten. Vgl. Baumgardt 1984: 31.

Max Stirner, der einen radikalen Individualismus gepredigt hatte,[8] der Kulturkritik Friedrich Nietzsches sowie einer Adaption des Ideals der griechischen Päderastie. Die »Eigenen« konnten sich nicht mit Hirschfelds Definition des Homosexuellen als weiblichem Mann identifizieren und propagierten stattdessen eine eigene Konzeption von Männlichkeit, die auf einer verklärten homoerotischen Beziehung zwischen einem Knaben und einem Mann basierte. Neben diesen stark idealisierten Beziehungen konnte und sollte der homosexuelle Mann, nach Friedländer und Brandt, aber auch heiraten, Vater werden und so einen akzeptierten Status in der Gesellschaft erwerben.

Hirschfelds WhK und Brandts »Gemeinschaft der Eigenen« existierten in Rivalität und Konkurrenz, stets bedroht von Zensur und anderen Maßnahmen der politischen Repression, bis zur Machtübernahme durch die Nationalsozialisten. Das Institut für Sexualwissenschaft wurde am 6. Mai 1933 vollkommen zerstört, das WhK löste sich im Juni des gleichen Jahres auf. Hirschfeld starb 1933 in seinem Exil in Nizza, und Brandt kam 1945 bei einem Luftangriff in Berlin ums Leben.

Das WhK war zweifellos männlich dominiert, doch es vertrat, anders als »Die Gemeinschaft der Eigenen« niemals einen separatistischen maskulinen Anspruch. Zu seinen Vorstandsmitgliedern zählte die lesbische Frauenrechtlerin Helene Stöcker, und Hirschfelds Ideen von Homosexuellen als drittem Geschlecht fanden unter lesbischen und bisexuellen Frauen breite Anerkennung.[9] Einige homosexuelle Gruppen wie der »Bund für Menschenrechte« und der »Deutsche Freundschaftsverband« besaßen sogar eigene Frauenabteilungen.[10]

8 Stirner (bürgerlich: Johann Caspar Schmidt) wird heute meist zu den Anarchisten gerechnet, eine Zuordnung, die wohl in erster Linie ein strategischer Schachzug der sozialistischen Gegner der Anarchisten war. Seine Theorie, die in seinem Hauptwerk »Der Einzige und sein Eigentum« (1844) dargelegt ist, diente Marx, Engels und anderen dazu, die Ziele des Anarchismus zu diskreditieren, die Anarchisten selbst nahmen ihn gar nicht zur Kenntnis.

9 Die sozialistische Künstlerin Käthe Kollwitz vertrat sogar die Meinung, dass Bisexualität die Grundlage künstlerischen Schaffens bilde. Vgl. Kokula 1984: 151.

10 Der »Deutsche Freundschaftsverband« unterhielt die Frauengruppe »Monbijou«, der »Bund für Menschenrechte« den Club »Violetta«.

Grundsätzlich jedoch schlossen sich politische Lesben eher den Organisationen der Frauenbewegung an. Sie identifizierten sich weitaus stärker mit dem emanzipativen Anliegen heterosexueller Frauenrechtlerinnen als mit dem der homosexuellen Verbände, deren Forderungen kaum über eine Liberalisierung der Sexualpolitik hinausgingen. Diese aber stand für die lesbischen Aktivistinnen niemals im Mittelpunkt ihrer reformerischen Bemühungen, möglicherweise auch deshalb, weil sie nicht im gleichen Maß von staatlicher Repression betroffen waren wie homosexuelle Männer. Als Frauen dagegen, gleich ob sie homo- oder heterosexuell orientiert waren, litten sie unter einer Vielzahl von Diskriminierungen, die Männer jeglicher sexueller Ausrichtung niemals erfuhren. Ihr Kampf galt daher in erster Linie den Benachteiligungen von Frauen in Politik und Recht. Ja, Feministinnen machten zum Teil so wenig Aufhebens von ihrer sexuellen Orientierung, dass bei einigen Frauenpaaren bis heute nicht gesichert ist, ob es sich um lesbische Beziehungen oder um platonische Freundschaften handelte.[11]

Außerhalb der politisch-öffentlichen Arena, in der homosexuellen Subkultur Berlins, in der glitzernden Welt der Kneipen, Clubs und Bars war dies anders. Hier blieben lesbische Frauen nicht verborgen. Im Gegenteil: Lesben dominierten einen gewichtigen Teil des Berliner Nachtlebens, und Damenclubs wetteiferten miteinander bei der Gestaltung von Kostümfesten und Bällen. Homosexuelle Frauen hatten Raum für die Etablierung einer eigenen subversiven Kultur und inszenierten sich expressiv als maskuliner »kesser Vater« oder, weniger auffällig, als lasziv-weibliche *femme.* Künstlerinnen wie die Kabarettistin Claire Waldorf oder die Tänzerin Anita Berber traten in den Bars und Clubs auf, und manch eine Schöne der Nacht erwarb sich auch ohne professionelle Darbietungen einen bescheidenen Ruhm.

Schriftstellerinnen und Malerinnen haben diese außergewöhnliche Welt für nachkommende Generationen erhalten.[12] Die »Damenclub«-Serie von Jeanne Mammen zum Beispiel zeigt uns in einem Bild streng maskuline Kartenspielerinnen mit kurz geschnit-

11 Vgl. Lengerke 1984: 139 ff.
12 Vgl. Meyer 1994.

tenem »Etonkopf« und Smoking, einige rauchend, neben weiblich-koketten Verführerinnen mit nackten Schultern. In einer anderen Arbeit, als »Maskenball« tituliert, posiert eine junge Frau, mit Hosen, Hemd und einem zylinderartigen Hut bekleidet, herausfordernd in der Bildmitte und fixiert die Betrachter mit spöttischem Blick. Sie hat die Hände auf die Hüften gestützt und die Zigarette schräg im Mundwinkel wie ein Gassenjunge. Eine zweite Frau, im Stil einer *femme*, wirbelt ausgelassen ein Tuch durch die Luft und umfasst die Freundin dabei an der Schulter.

Die Kommunikation innerhalb der Szene wurde durch Zeitschriften aufrechterhalten, von denen *Die Freundin* diejenige mit der größten Verbreitung war. 1924 erschien sie zunächst als Monatsjournal, ab 1925 aber bereits vierzehntägig. Mit zwei Unterbrechungen, eine davon durch die Zensur verursacht, war sie bis 1933, in den letzten Jahren sogar als Wochenjournal erhältlich. Eine andere einflussreiche lesbische Zeitschrift, *Garçonne – Junggesellin* konnte sich lediglich zwei Jahre, von 1930 bis 1932, auf dem Markt behaupten. Sie war das Nachfolgeblatt der *Frauenliebe*, die seit 1926 vom Deutschen Freundschaftsverband herausgegeben wurde und eine Auflage von zehntausend Exemplaren gehabt haben soll.[13] Die Zeitschriften druckten Kleinanzeigen, lesbische Prosa und Lyrik sowie einen Veranstaltungskalender. Außerdem beteiligten sie sich an drängenden, Homosexuelle betreffenden Diskussionen ihrer Zeit und debattierten eigene Vorstellungen von Stil, Moral und Lebensweise. So wurde beispielsweise diskutiert, ob sich lesbische Beziehungen an heterosexuellen Mustern ausrichten sollten. Ein 1931 erschienener Artikel von Käthe Wundram hatte die Debatte über lesbische Rollen ausgelöst, indem sie für die Privilegien der maskulinen Frau gegenüber der femininen votierte, die sich deutlich an heterosexuellen Stereotypen der männlichen Dominanz orientierten.[14] In der auf den Aufsatz folgenden Auseinandersetzung argumentierten Feministinnen gegen Vertreterinnen tradierter Rollenmuster und dieje-

13 Vgl. Schlierkamp 1984: 169.

14 Wundram vertrat in ihrem Aufsatz die Idee einer naturwüchsigen männlichen Promiskuität, die auch für die männliche Frau gelte und von der sich die weibliche Neigung zu Monogamie abhebe.

nigen, die in der lesbischen Kultur eine Widerspiegelung der heterosexuellen Welt sahen, mit denjenigen, die eine Kultur der Gleichheit anstrebten.[15]

Solche Diskussionen zeigen die Bandbreite der eingenommenen Positionen, zu einer Homogenisierung der Szene führten sie nicht. Weder in der lesbischen noch in der männlich-homosexuellen Subkultur wurden gemeinsame Prinzipien oder verbindliche Richtlinien entwickelt. Im Gegenteil: Sozialreformer bekämpften Konservative, Sozialistinnen stritten mit Nationalistinnen, Polit-Aktivistinnen grenzten sich von schrillen Nachtschwärmerinnen ab. Dazu kam eine Durchmischung der Szene durch Sensationslüsterne und Personen, die es chic fanden, bestimmte homosexuelle Lokale zu besuchen. Curt Morecks 1930 erschienener *Führer durch das lasterhafte Berlin* informierte über homosexuelle Bars, und ein Reiseveranstalter begleitete Touristen an solche anrüchigen Orte. In künstlerischen Kreisen erfreute sich der Bummel durch homosexuelle Lokale zunehmender Popularität, und einige, wie das von Otto Dix und Ernst Fritsch auf Bildern festgehaltene berühmte »Eldorado«, wurden zu regelrechten Treffpunkten von Schickeria und Bohème.[16]

Trotzdem oder vielleicht gerade deshalb waren die Institutionen des homosexuellen Berlin immer wieder von politischer Repression bedroht. Schikanen durch die Polizei, öffentliche Denunziationen, Schließungen von Lokalen und Verbote von Zeitschriften gehörten zum sozialen Alltag und erschwerten das Leben all derjenigen, die sich offen zur Homosexualität bekannten. Das war die Kehrseite der goldenen zwanziger Jahre, die mit der Machtübernahme der Nationalsozialisten ohnehin ein schnelles Ende fanden. Die Bars wurden geschlossen, die homosexuellen Organisationen zerschlagen und die politischen AkteurInnen verhaftet. Hetzschriften rekurrierten wieder auf das Konzept der Entartung von Homosexuellen, und prominente faschistische Autoren wie Anton Schücker[17]

15 Eine Auswahl der Texte findet sich in: Plötz 1997.

16 Der »Bund für Menschenrechte« distanzierte sich scharf von dieser Kommerzialisierung der homosexuellen Kultur, da er fürchtete, dass weniger exaltierte Schwule und Lesben durch die Identifizierung mit den Ausschweifungen der In-Bars diskreditiert würden. Vgl. Theis/Sternweiler 1984: 71.

17 Vgl. Schücker 1931.

assoziierten emanzipierte Frauen generell mit lesbischen, um beide in der Öffentlichkeit zu diskreditieren.

Das neben Berlin wichtigste Zentrum homosexueller Subkulturen war Paris, ein Magnet für DissidentInnen, AbenteurerInnen und Experimentierfreudige. Hier traf sich in den ersten Dekaden des zwanzigsten Jahrhunderts die intellektuelle Elite der westlichen Welt, angezogen von den unbegrenzten Möglichkeiten, schöpferisch tätig zu sein und sich selbst zu entwerfen. James Joyce und Ernest Hemingway, Gertrude Stein und Dunja Barnes, Henry Miller und Anais Nin, Pablo Picasso und Man Ray, Jean Paul Sartre, Simone de Beauvoir und viele andere schrieben, malten, tranken und debattierten hier, praktizierten neue Formen des Zusammenlebens und ignorierten das, was wir heute als »hegemonialen Diskurs« bezeichnen. Die Szene hatte viele Zentren: Bars, Buchhandlungen und Salons, wie derjenige, der von Gertrude Stein und Alice B. Toklas geführt wurde und in erster Linie als Treffpunkt von lesbischen Frauen und homosexuellen Männern fungierte. Ab Mitte der dreißiger Jahre wurde die illustre interkulturelle Gemeinschaft durch eine zunehmende Zahl von Flüchtlingen aus Deutschland erweitert, unter ihnen Gisèle Freund, die in Paris ihre Karriere als Fotografin begann.

Einige Kreise, wie die der Surrealisten, wurden zwar von Männern dominiert, doch in anderen gaben Frauen den Ton an. Es waren schillernde Figuren wie die Amerikanerin Janet Flanner, die für die Zeitschrift *The New Yorker* vom Pariser Leben berichtete, die Schriftstellerin Dunja Barnes, die Verlegerin Sylvia Beach, die als erste *Ulysses* herausgab, die berüchtigte Verführerin Natalie Barney und die Dichterin Hilda Doolittle, die durch Sigmund Freuds Aufzeichnungen über Bisexualität bekannt wurde. Die weibliche – oder besser: weiblich-lesbische – Präsenz war bis zum Einmarsch der deutschen Wehrmacht im Jahr 1940 so groß, dass sich die Kulturhistorikerin Andrea Weiß in ihrer Publikation über diese Frauen zu dem Buchtitel *Paris war eine Frau* hinreißen ließ.[18]

Die deutsche Okkupation machte all dem ein Ende: einige Frauen wurden verhaftet, andere migrierten und wieder andere versteckten sich. Für die homosexuelle Subkultur bedeutete der Natio-

18 Vgl. Weiß 1996.

nalsozialismus den Untergang. Wie in Berlin erholte sich die Szene nach Kriegsende nicht: Die Subkulturen der zwanziger und dreißiger Jahre waren nicht wiederholbar.

An ihrer Stelle sollten sich, nach einer Phase, in der Abweichungen vom heterosexuellen Ideal der herrschenden Ideologie bis zur Unsichtbarkeit ins gesellschaftliche Abseits gedrängt wurden,[19] in den sechziger und siebziger Jahren andere Szenen bilden, die mit anderen Orten verbunden waren. Neue Zentren lesbisch-schwulen Lebens waren Amsterdam und verschiedene Städte der USA, und im Umfeld der aufbegehrenden Feministinnen entwickelte sich eine neue Identitätspolitik, die sich nicht mehr mit der Forderung nach gesellschaftlicher Akzeptanz von Homosexualität zufrieden gab. Stattdessen beanspruchten lesbische Aktivistinnen jetzt selbstbewusst eine dezidierte Eliteposition. Binnen kurzer Zeit etablierte sich der Lesbianismus als dominanter subkultureller Diskurs und als ideologische Speerspitze der neu entstandenen Frauenbewegung.

2. Lesbianismus

Dies setzte eine vollkommen neue Konzeption weiblicher Homosexualität voraus. Sie galt lesbischen Feministinnen jetzt nicht mehr, wie die männliche Homosexualität, lediglich als marginalisiertes erotisches Begehren, das Leiden verursachte oder für dessen gesellschaftliche Anerkennung man stritt. Vielmehr antizipierte man das ihr zugeschriebene Besondere, wandelte den pejorativen Bedeutungsinhalt um und interpretierte sie fortan als progressivste weibliche Sexualpraxis und als feministischsten aller Lebensstile. Das Schimpfwort »Lesbe«, schreibt Sabine Hark, wurde zum »Kampfbegriff gegen normierte Weiblichkeitsbilder, die etablierte Geschlechtsrollenverteilung und Zwangsheterosexualität« (Hark 1996: 100).

19 Diese Unsichtbarmachung ist nicht gleichbedeutend mit einer Eliminierung der homosexuellen Subkultur, die in vielen Städten als klandestine Barszene (vgl. Feinberg 1993, Lorde 1988) oder im transvestitischen *show biz* (vgl. Davis, L. E. 1992, Fleischer 1996) weiter existierte.

Der lesbische Aufstand gegen die heterosexuelle Norm innerhalb des Feminismus und die Umkehr der Prioritäten, infolge dessen der Lesbianismus zum »magischen Zeichen« (Hark 1996: 108) von Befreiung und feministischer Authentizität werden sollte, wäre nicht denkbar ohne eine radikal-lesbische Theorie und eine sich daraus ableitende separatistische politische Praxis.

Zu den einflussreichsten Aktivistinnen der Frühphase des politischen Lesbianismus zählt Ti-Grace Atkinson, die ihre Position durch öffentliche Reden und Essays zu Gehör brachte.[20] Atkinson wird der prominente Slogan »Feminismus ist die Theorie, Lesbianismus ist die Praxis« zugeschrieben.[21] In Anlehnung an die Marx'sche Gesellschaftsanalyse sieht sie Frauen als unterdrückte Klasse, die von der Ausbeuterklasse der Männer unterdrückt wird,[22] und vergleicht die Frauenbefreiungsbewegung mit dem Kampf des Proletariats gegen den Kapitalismus. Wenn Frauen in diesem Kampf erfolgreich sein wollen, so glaubt sie, müssen sie alle Brücken zum Feind abbrechen. Heterosexuelle und bisexuelle Frauen hält sie folgerichtig für Kollaborateurinnen[23] und beschuldigt sie öffentlich des Verrats. In einem 1970 publizierten Aufsatz[24] geht sie beispielsweise mit der feministischen Schriftstellerin Kate Millett zu Gericht, da diese sich in der Zeitschrift *Life* zu ihren heterosexuellen Neigungen bekannt und dies mit einem Foto illustriert hatte, das sie beim Küssen ihres Ehemannes zeigte. Durch ihre praktizierte Bisexualität, argumentiert Atkinson, mache Millett den Feminismus zu einer Farce.

20 Eine Auswahl dieser Reden und Schriften publizierte sie 1973 in einem Sammelband, der 1978 in deutscher Übersetzung unter dem Titel *Amazonen-Odyssee* erschien.

21 Sabine Hark weist in einem Aufsatz darauf hin, dass diese Zuschreibung innerhalb des radikal-lesbischen Diskurses konstruiert wurde. Atkinson selbst hatte lediglich gesagt: »Feminismus ist eine Theorie, Lesbianismus ist eine Praxis«. Vgl. Hark 1996: 110 ff.

22 »Die Klasse der Frauen ist eine Hälfte der nach Geschlecht zweigeteilten Klassendefinition. Die Klasse der Frauen wird dadurch gebildet, daß ihr eine andere Klasse gegenübergestellt wird: die Klasse der Männer und die männliche Rolle. Frauen existieren als Begleiterscheinungen von Männern, und als Menschen existieren sie nur insoweit, als sie diese Zusatzerscheinungen sind.« (Atkinson, T.: 1978: 38)

23 Vgl. Atkinson, T. 1978: 128.

24 Übersetzt und veröffentlicht 1978.

Eine schlüssige Begründung für diesen radikalen Standpunkt legt sie allerdings nicht vor. Zum einen argumentiert sie mit einem Konzept von Offensivität, das auf der häufig erfahrenen Beschimpfung von Feministinnen als Lesben basiert und dem gegenüber sie jegliche Betonung von Heterosexualität als Defensive empfindet,[25] zum anderen bemüht sie die Metapher des Krieges, in dem Frauen und Männer sich gegenüberstehen wie Soldaten zweier verfeindeter Nationen. Kein Soldat, der tagsüber gegen den Feind gekämpft habe, polemisiert sie, kehre abends zum Essen bei ihm ein.[26] »Diese freiwillige Verpflichtung ist es«, schreibt sie, »die eine Frau gegenüber einer anderen ihrer Klasse hat, die Lesbianismus genannt wird und die nicht nach Feierabend abgelegt werden kann.« (Atkinson, T. 1978: 127) Ein dritter Argumentationsstrang sieht die Liebe zwischen den Geschlechtern als Falle. Indem sie sich mit dem Feind verbündeten, versuchten Frauen, ihre politischen Defizite auszugleichen. Liebe sei nichts anderes als der »jämmerliche Versuch der Selbsttäuschung einer Frau zur Erlangung der Menschenwürde« (Atkinson, T. 1978: 42). Um sich zu befreien, müssten sie diese erfolglose Strategie aufgeben und sich konsequent von Männern trennen.

Verwirrend bei Atkinson ist nun, dass sie trotz ihrer Ablehnung sexueller Beziehungen zu Männern aber sehr wohl politische Verbindungen mit ihnen einging und diese zum Teil offensiv einforderte. Hier bezieht sie sich auf ihre Identität als Teil der amerikanischen Linken[27] und bekundet ihre Solidarität mit heterosexuellen oder sogar männlich dominierten politischen Organisationen. In einem Streit anlässlich des Todes von Joseph Colombo, dem Gründer einer italoamerikanischen Bürgerrechtsliga, der 1971 erschossen wurde, sagte sich Atkinson öffentlich von den feministischen Mitstreiterinnen los, die Colombo als Mafiosi und Drogendealer bezeichnet hatten. Pathetisch ruft sie aus: »Lang lebe der Geist … all der schönen Revolutionäre, der Idioten, der Kriminellen, die dumm genug sind, für die Entfaltung des menschlichen Geistes zu kämpfen.«[28] (Atkinson, T. 1978: 195)

25 Vgl. Atkinsin, T. 1978: 126.

26 Vgl. Atkinson, T. 1978: 127.

27 Eine kurze Skizze ihrer politischen Biographie findet sich in Atkinson, T. 1978: 80–97.

28 Abdruck einer Rede, die am 4. 8. 1971 in New York gehalten wurde.

Eine solche Position konnte kaum erfolgreich sein, konstruierte sie doch Zusammenhänge, die politisch nicht tragfähig waren, und produzierte Ausschlüsse, die geradewegs ins Sektierertum führen mussten. Die Lösung des Problems geschah pragmatisch: In der Rezeption der Atkinson'schen Ideen wurden ihre allgemein-revolutionären Ambitionen schlicht vergessen, und sie ging in die Geschichte des Feminismus ausschließlich als eine Wegbereiterin des politischen Lesbianismus ein.

Eine zweite wichtige Vertreterin des lesbischen Separatismus, Jill Johnston, verdammt Bisexualität in ihren Schriften ebenso wie Atkinson. Sie sieht das vorrangige Ziel der Frauenbefreiungsbewegung in der sexuellen Befreiung, in einer nicht auf den Mann ausgerichteten Sexualität, die allein eine parthenogenetische Erneuerung des Selbst verursachen könne.[29] In der Beziehung zum Mann sei eine Frau nicht nur unterdrückt, sondern verliere sich auch. Johnston vertritt eine radikale Idee von Identität, nach der man sich im Objekt seines Begehrens spiegelt und zu einem Teil des Begehrten wird. »Du bist die Person, mit der du schläfst« (Johnston 1973: 175), führt sie aus und schlussfolgert: »So behauptet die Lesbe mit Recht, dass sie die Frau par excellence ist.« (a. a. O.)

Als »Frauen-identifiziert« sollte diese lesbisch-feministische Identität[30] in Zukunft bezeichnet werden, die sich dadurch auszeichnet, dass Frauen ihre Energien »auf ihre Schwestern, nicht rückwärts gewandt auf ihre Unterdrücker« (Radicalesbians 2000: 236) richten.

In dieser Konzeption vermischen sich politische und erotische Aspekte, und die nahezu unauflösliche Verschmelzung von Öffentlichem und Privatem, von Sex und politischer Aktion sollte sich als entscheidendes Merkmal des politischen Lesbianismus herausstellen. Die Quellen, aus denen er schöpfte, bestanden aus einer radikal-feministischen Klassenanalyse, die, wie schon Atkinson es getan hatte, das marxistische Modell des Antagonismus zwischen Proletariat und Kapital auf die Geschlechter übertrug, und einer Neudefinition weiblicher Sexualität, die die klitorale Lust in den Mittel-

29 Vgl. Johnston 1973:174.
30 Vgl. Bunch 1972, Radicalesbians 2000.

punkt rückte. Im Pamphlet *The myth of the vaginal orgasm* von Anne Koedt, das schon 1968 in deutscher Übersetzung vorlag,[31] versucht die Autorin, die sexuellen Parameter der heterosexuellen Interaktion als patriarchale Täuschungen zu enttarnen. Sie argumentiert für die Klitoris als einzigem orgasmusfähigem Organ der Frau und kritisiert die heterosexuelle Praxis der vaginalen Penetration als lustspendend für den Mann allein. Mit der Anerkennung des klitoralen Orgasmus aber, so Koedt, entfalle jegliche Begründung für eine Priorisierung heterosexueller Sexualität vor der homosexuellen. Zudem beeinträchtige sie das männliche Selbstbewusstsein empfindlich und bedrohe die Institution der Ehe in ihren Fundamenten. Implizit ebnete Koedt mit ihrem Aufsatz so den Weg für die Interpretation lesbischer Liebe als genuin weiblicher Erotik.

Doch die Frage der sexuellen Orientierung ging weit über eine Neudefinition des Körpers und seiner Funktionen hinaus. Es war keine Frage des Begehrens allein, mit wem eine Frau Sex hatte, sondern maßgeblich auch eine Frage des politischen Bewusstseins. Eine Frau, die den Kampf um Befreiung ernst meinte und ihren Schwestern nicht in den Rücken fallen wollte, musste lesbischen Sex praktizieren oder sich für die Asexualität entscheiden.

In dieser Definition von Sexualität als spezifischer Form feministischer *political correctness* lag eine Ursache für die unauflöslichen Differenzen zwischen Lesben und heterosexuellen Frauen. Wenn der Lesbianismus nicht grundsätzlich eine Frage des Begehrens, sondern eher eine der richtigen Einstellung war, konnte er als Option für alle Frauen angeboten werden. Darin genau lag sein revolutionäres Potential, und nur vor diesem Hintergrund konnten bi- und heterosexuelle Frauen als Verräterinnen erscheinen. Der Vorwurf des Verrats betraf allerdings keineswegs alle Frauen, die (noch) nicht lesbisch lebten, sondern vornehmlich bi- und heterosexuelle Feministinnen, diejenigen also, die es eigentlich »besser wissen müssten« und sich wider bessere Einsicht mit dem Gegner verbündeten.

Diese harte Haltung, die innerhalb des feministischen Diskurses zeitweise sehr dominant war, wurde aber keinesfalls von allen

31 Vgl. Koedt 1973.

lesbischen Feministinnen geteilt. Neben denen, die sich an der Metapher des Verrats orientierten und vorwiegend an Grenzziehungen innerhalb der feministischen Gemeinschaft interessiert waren, gab es andere, die weiter gespannte feministische Netzwerke webten und auch Frauen mit einschlossen, die sich nicht oder nicht explizit als Lesben verstanden. Eine Grauzone entstand, in der auch Feministinnen, die eine Beziehung zu einem Mann hatten, in eine lesbische Hegemonialstruktur integriert werden konnten. Die Trope, die dies möglich machte, war der Begriff der Frauenidentifizierung. Er bedeutete, wie Rita Mae Brown ausführte, »Frauen in deinem Leben an die erste Stelle, dich an die erste Stelle zu setzen« (Brown 1978: 29). Frauen, die in Frauenwohngemeinschaften lebten, in Frauenprojekten arbeiteten und feministische Politik betrieben, setzten Frauen ohne Zweifel an die erste Stelle, selbst dann, wenn sie sexuelle Beziehungen mit Männern unterhielten. Sie waren frauenidentifiziert, auch wenn sie keine Lesben waren. So überschritt der Lesbianismus, sofern er als Frauenidentifikation definiert wurde, teilweise die Grenzen, die er selbst erst konstituiert hatte.

Den radikalsten Vorschlag zur Erodierung von Grenzen legte die Schriftstellerin Adrienne Rich vor. Lesbische Daseinsweisen[32] umfassen ihrer Ansicht nach eine Vielzahl von Beziehungen, die weit über eine sexuelle zwischen Frauen oder eine politische zwischen Feministinnen hinausgehen. Als Beispiele erwähnt sie die Beziehung zwischen Mutter und Kind, zwischen Frauen, die zusammen arbeiten, oder zwischen einer Greisin und den Frauen, die sich ihrer Pflege angenommen haben. Diese Definition umfasst Frauen jeglicher erotischer Neigung, und folgerichtig schließt Rich, dass »alle Frauen in einem lesbischen Kontinuum leben« (Rich 1989: 266). Mit dieser These ist es ihr gelungen, die totalisierende Idee weiblicher Unfreiheit zu durchbrechen und den Blick auf unbemerkt gebliebene weibliche Lebenszusammenhänge zu richten. Die damit verbundene Wertschätzung »gewöhnlicher« Frauen sollte in den achtziger Jahren eine wichtige Grundlage für von Feministinnen getragene politische Ak-

32 Den Begriff des Lesbianismus lehnt sie als zu klinisch und einengend ab. Vgl. Rich 1989: 264.

tionen[33] oder von kommunitären lesbischen Experimenten bilden, die vorwiegend in ländlichen Gebieten durchgeführt wurden.[34]

Zu den für die akademische Debatte wichtigsten Theoretikerinnen des politischen Lesbianismus zählt Monique Wittig, eine der dominanten Figuren des französischen Feminismus und Mitherausgeberin[35] der Zeitschrift *Question Feministes*, die in den USA als *Feminist Issues* erschien. Wittig, die in Paris studiert hatte, publizierte 1964 ihren ersten Roman *Opoponax*, in dem sie versuchte, »ein Subjekt zu schaffen, das soziologisch eine Frau, aber universell und lesbisch geprägt ist« (Stendal 1986b: 42). Für dieses Buch, das sich an der Schule der französischen »Neuen Novelle« orientierte, bekam sie den renommierten Literaturpreis Médicis. Wenige Jahre später schloss sie sich der »Mouvement de Libération des Femmes« an und gründete 1970 den radikalen Flügel »Féministes Révolutionaires«, der durch spektakuläre Aktionen öffentliche Aufmerksamkeit erregte.[36] Ihre zweite Erzählung erschien 1969 unter dem Titel *Les guérillères*. Es handelt sich um eine allegorische Novelle, in der utopische Frauengemeinschaften einen Aufstand gegen die Männer organisieren. *Le corps lesbien*, ihr bekanntestes Buch, wurde 1973 publiziert und stellt die Vollendung ihres inhaltlich und formal radikalen Schreibstils dar. Der Fokus ist jetzt ausschließlich auf eine oder mehrere Geliebte gerichtet, mythische Gestalten allesamt, die als Göttinnen, als Menschen oder Raubtiere erkennbar sind.[37] Der

33 Hierzu zählen die Frauenwiderstandscamps gegen die Aufrüstung von US-Militärstützpunkten mit Mittelstreckenraketen, die unter anderem in Greenham Common (England), Seneca (USA), Magliocco (Italien) und im Hunsrück in Deutschland stattfanden.

34 Dabei handelte es sich um, meist spirituell motivierte, landwirtschaftliche oder semi-landwirtschaftliche Projekte, die in agrarischen Randgebieten angesiedelt waren. Im nachbarschaftlichen Kontakt mit den ansässigen Bäuerinnen suchten die Frauen vor allem nach authentischem weiblichem Wissen, das von der Konservierung von Lebensmitteln bis zur Verwendung von Heilkräutern reichte.

35 Die beiden anderen Herausgeberinnen waren Christine Delphy und Simone de Beauvoir.

36 1970 platzierten sie beispielsweise einen Kranz für die Frau des unbekannten Soldaten auf dem Grab des unbekannten Soldaten.

37 Wiederholte Erwähnungen einer deifizierten Sappho haben vermutlich zu dem deutschen Titel *Aus deinen tausend Augen Sappho* geführt.

Amazonen Frauenverlag, der 1978 die deutsche Übersetzung herausgab, pries die traumhaften und halluzinatorischen Visionen und die »beklemmende(n), grausam nüchterne(n), märchenhaft verzerrte(n) Bilder« sowie die Sprache, die »kaum noch vermittelbar, nur noch fühlbar ist«, die Zeitschrift *Elle* die »kühne Sprache, die mit exotischer Wucht wuchernde Phantasie«[38]. Solche Äußerungen haben Renate Stendal dazu veranlasst, von einem politischen Missverständnis zu sprechen, bei dem Frauen versuchen, Wittig »für ihre Ideologie von der Mystifizierung der Frauen zu vereinnahmen« (Stendal 1986a: 39). Judith Butler zeigt sich gelassener und gibt ihrer Verwirrung Ausdruck. Sie schreibt: »Es mag so erscheinen, daß Wittig ein utopisches Gelände betreten hat und uns arme verortete Wesen an der Grenze eines befreienden imaginären Raumes ungeduldig und wartend zurückläßt. Schließlich ist ›Le corps lesbien‹ ein Phantasieprodukt, und es ist nicht ausgemacht, ob wir Leserinnen in diesem Text eine potentielle Handlungsanweisung erkennen oder einfach nur in unseren gewöhnlichen Auffassungen von Körper und erotischer Lust irritiert werden sollen.« (Butler 1991b: 67)

Wittigs Werk gibt Raum für vielfältige Interpretationen, so scheint es, für Zuordnungen, die vom reinen Text her kaum ersichtlich sind. Weder *Les guérillères* noch *Le corps lesbien* schildern positive Utopien. Dargestellt werden vielmehr Fiktionen rasender Weiber, deren Handlungen alle Grenzen des Bekannten oder Erlaubten überschreiten. Schon in *Les guérillères* gibt es Anklänge an unmotivierte Grausamkeiten, in *Le corps lesbien* sind sie zum Zentrum der Geschichte geworden. Körper werden zerfetzt, zerrissen, aufgeschlitzt, der Liebesakt besteht aus der Zerstörung der Eingeweide, dem Ausweiden und Ausbluten der Begehrten. Die Autorin selbst schildert sich als verwesenden Leichnam, als Frau, die ihre Geliebte bei lebendigem Leib häutet und selbst zerstückelt wird.

Eine Verbindung zum Anliegen des Feminismus herzustellen fällt schwer. Expliziter von einem feministischen Geist beseelt liest sich dagegen das 1976 erschienene *Brouillon pour un dictionnaire des amantes*, übersetzt als *Lesbische Völker – Ein Wörterbuch*. Hier ist die Mystifizierung des Weiblichen, die Stendal kritisiert, allerdings un-

38 Werbetext in Wittig 1983: 168.

übersehbar. Das Wörterbuch besteht aus einer Auflistung von Göttinnennamen und anderen Begriffen und ist mit Bedeutungen versehen, die im besten Fall vulgärmatriarchalistisch genannt werden können. Lesbische Utopien werden in die Vergangenheit zurückversetzt, dort wimmelt es dann von Amazonen, die sich von Stutenmilch, Honig, Blut, rohem Fleisch und Schilfmark ernährten, von lesbischen Heldinnen und Frauenpaaren. Die detaillierten Angaben zu amazonischen Nahrungsgewohnheiten entstammen, wie viele andere von Wittig zitierte Daten, dem Buch *Mütter und Amazonen* von Berta Eckstein-Diener[39], das hier exemplarisch für die zugrunde liegenden Quellen herausgegriffen werden soll. Eckstein-Dieners Kulturgeschichte ist eine schwärmerische Huldigung der Arbeiten des Basler Rechtsgelehrten Johann Jakob Bachofen, der im Jahr 1869 eine dickleibige Studie zum antiken »Mutterrecht« verfasste, das Verfechterinnen der Idee eines ursprünglichen Matriarchats bis heute als wissenschaftliche Grundlage dient.[40] Bachofen vertritt einen extremen Geschlechterbinarismus, dem zufolge der Mann Ratio und Kultur, die Frau aber Irratio und Natur verkörpert. Eckstein-Diener übernimmt dieses Stereotyp des neunzehnten Jahrhunderts und vermischt es zu einer dubiosen Blut- und Boden-Theorie. Sie schreibt: »Im magischen Blut- und Erdgrund wurzeln recht eigentlich die Frauenreiche. Reiche sind es – niemals Staaten – irrational, zutiefst lebendig, infolge guter Substanz durch nichts zusammengehalten als einer Art zauberhafter Brutwärme aus Magie und Gefühl …« (Eckstein-Diener 1975: 7) In Anlehnung daran bringen Wittigs Amazonen beim Orgasmus blaue Lichter hervor, die den Himmel beleuchten, führen Kriege aus Liebe[41] und setzen beim Umarmen Farbe frei. Alles nicht ganz ernst gemeint? Der Verlag

39 Eckstein-Diener hatte das Buch unter dem Pseudonym Sir Galahad veröffentlicht.

40 Bachofens Werk hatte großen Einfluss innerhalb der evolutionistischen Debatte des neunzehnten Jahrhunderts und wurde in den zwanziger und dreißiger Jahren des zwanzigsten Jahrhunderts von den so genannten Kosmikern um Ludwig Klages, Alfred Bäumler und Heinrich George wieder entdeckt, aber auch von A. Schuler, C. A. Bernoulli, Thomas Mann, Gerhart Hauptmann und Rainer Maria Rilke rezipiert (vgl. Schröter 2001). Wissenschaftlich sind seine Thesen längst widerlegt.

41 Vgl. Wittig 1983: 112, 86f., 42.

Frauenoffensive versteht das Buch als »Nachschlagewerk«, und auch Wittig hat sich niemals bemüht, das Geschriebene als satirischen Unsinn zu entschärfen. So liest es sich denn als recht triviale Phantasie, die implizit Anschluss an spirituelle Matriarchatsideen sucht.

Dass Wittig trotzdem einen prominenten Platz unter den feministischen Philosophinnen einnimmt, hat sie wohl weniger ihrer literarischen Produktion als den Aufsätzen zu verdanken, die sie ab Mitte der siebziger Jahre unter anderem in der Zeitschrift *Question Feministes* veröffentlichte, den Reden und Interviews, in denen sie eine radikale, gleichwohl aber auch ambivalente Haltung zur Kategorie Geschlecht artikulierte. Provoziert hatten Äußerungen wie »Lesben sind keine Frauen«, die sie erstmals 1978 auf der jährlichen Konferenz der »Modern Language Association« in New York vorgetragen hatte, oder »Frauen? Kennen wir nicht. Sie sind eine Erfindung des Patriarchats. Die Frauenbewegung? Gibt es nicht. Das ist eine Erfindung der Presse.« (Stendal 1986a: 38)

Auf den ersten Blick scheint uns hier eine konsequente Ablehnung geschlechtlicher Binarismen vorzuliegen, und für diese antiessentialistische Position wird sie von Butler zu Recht gewürdigt. »Die Kategorie *sex* existiert nicht *a priori* vor der Gesellschaft«, schreibt sie in einem bereits 1976 erschienen Aufsatz mit dem Titel »The category of sex« und greift damit einer späteren Debatte vorweg.[42] Auf den zweiten Blick, und dies findet in der internationalen Wittig-Rezeption genauso wenig Beachtung wie ihre Bezüge auf evolutionistische Matriarchatstheorien, ist ihre soziale Konzeption von Geschlecht geradezu stereotyp dichotom strukturiert. Männer dominieren Frauen und degradieren sie zu sklavengleichen Wesen. Die Produktion von Frauen sei der Produktion von Eunuchen, dem Züchten von Sklaven und Tieren vergleichbar, führt sie aus und zieht eine düstere Bilanz: »Ermordet, verstümmelt, physisch und geistig gefoltert und mißbraucht zu werden, vergewaltigt, geschlagen und zur Heirat gezwungen zu werden, ist das Schicksal der Frauen. Und Schicksal ist nicht veränderbar.« (Wittig 1992: 3) Die Basis dieses rein destruktiv verstandenen Patriarchats sei das heterosexuelle Primat der Gesellschaft.

42 In: Wittig 1992.

Wittig erschafft eine totale Opposition zwischen Heterosexualität und Homosexualität, die eine Dichotomie zwischen heterosexuellen und homosexuellen Frauen unweigerlich nach sich zieht. Ihre These, dass Lesben keine Frauen sind, ist nur vor dem Hintergrund dieser Binarität der sexuellen Praxis zu verstehen, da, wie Butler sie interpretiert, »eine Frau sein bedeutet, in einer binären Relation zu einem Mann situiert zu sein« (Butler 1991b: 68). Aus dieser Bestimmung, so Wittig, bricht die Lesbe aus und wählt den Weg, in Freiheit zu leben. »Lesbianismus ist das einzige Konzept außerhalb der Kategorien des Geschlechts (Frau und Mann), weil das designierte Subjekt keine Frau ist, weder ökonomisch noch politisch oder ideologisch.« (Wittig 1992: 20) Indem sie die Lesbe außerhalb der hegemonialen Ordnung positioniert, konstruiert Wittig einen oppositionellen kulturellen Raum, den sie in ihren politischen Schriften nicht definiert. Hier bringen ihre literarischen Arbeiten größere Klarheit. In *Les guérillères* und in *Lesbische Völker* werden Lesben als natürliche Rebellinnen geschildert, wobei im Dunkeln bleibt, gegen wen genau sich die Kriege der Frauen im Einzelnen richten. In ihren politischen Schriften zitiert sie zwar immer wieder die Trope des Klassenkampfes zwischen Männern und Frauen, der allein zur Abschaffung der Kategorien Mann und Frau führen könne, doch wird nicht explizit behauptet, dass die kämpfenden Frauen Lesben sein müssen. Implizit liegt dieser Schluss allerdings nahe, da der Lesbianismus als einzige Möglichkeit gilt, dem Schicksal einer Frau zu entkommen.

Ist Wittig eine feministische Dekonstruktivistin? Ja und nein. Zum einen betont sie immer wieder, dass die herrschenden Geschlechterkategorien politisch und ökonomisch generiert werden und keinen Ewigkeitswert besitzen. Auf der anderen Seite, und dies wird besonders in ihren Erzählungen deutlich, gibt es unübersehbare Anlehnungen an essentialistische Vorstellungen von ursprünglicher ungebrochener Weiblichkeit, die jetzt als archaische lesbische Lebensweise vorgestellt wird. »Ist Wittig zu dem Schluß gekommen, daß homosexuelle Normen irgendwie natürlich sind?« (Butler 1991b: 67), fragt auch Butler, die Wittigs Prosa als Versuche interpretiert, »ein Ensemble von dekonstruktiven/rekonstruktiven Strategien zur Konfiguration der Körper anzubieten, die die Macht der Heterosexualität anfechten« (Butler 1991a: 185). Die Gefahr dabei sei aber die Installierung einer neuen Zwangskategorie, die zudem umstritten sei, da keine verbindlichen Definitionen der Lesbe existierten.

Mit diesem Problemaufriss reagierte Butler auf eine Entwicklung, die die Differenzierung zwischen heterosexuellen Frauen und Lesben sowie das gesamte Konzept des politischen Lesbianismus infrage stellte: die Rückkehr feministischer Lesben zur Heterosexualität und die öffentliche Diskussion dieses Schrittes. Spätestens seit Mitte der achtziger Jahre erscheint nämlich der Typus der Ex-Lesbe auf der feministischen Bühne.[43] Die Abkehr vom Lesbianismus bringt für die betroffenen Frauen große politische und persönliche Probleme,[44] für die feministisch-lesbische Gemeinde berührt sie die Grundlagen des eigenen Selbstverständnisses. Wenn Lesbianismus Befreiung von patriarchaler Unterdrückung bedeutet und die authentischste weibliche Existenzweise darstellt, wieso, so lautet die entscheidende Frage, kann es passieren, dass eine Frau, die ein Leben mit Frauen geführt hat, plötzlich eine heterosexuelle Beziehung eingeht? Zwei potentielle Antworten sind darauf möglich: Die neuen Heteras können Verräterinnen sein, oder der lesbische Führungsanspruch ist hinfällig. Das Problem geht über die Ebene politischer Strategien weit hinaus, denn trotz des oben skizzierten Diskurses um die politische Korrektheit sexueller Praxen war nur eine Minderheit feministischer Lesben jemals davon überzeugt, Frauenliebe könne eine ausschließlich politische Entscheidung sein. Das lesbische Begehren gilt als primär erotisch motiviert, und vor diesem Hintergrund existiert auch eine Idee von »Echtheit«. Die »echte« Lesbe ist in diesem Diskurs diejenige, die mit ihrem ganzen Selbst nur Frauen begehrt, die eine erotische Begegnung mit einem Mann so absurd findet wie Karl Ulrichs Urninge Sex mit einer Frau. »Echte« Lesben werden keine Lesben, sie waren es schon immer, wenn sie ihr Lesbisch-Sein auch erst als Erwachsene entdecken. Nach dieser Auffassung, schreibt Arlene Stein, die eine interviewgestützte Studie bei ehemaligen Lesben durchführte, »ist die ›Ex-

43 Vgl. Meulenbelt 1983, Stein 1996: 158.
44 Vgl. u. a. Clausen 1990.

Lesbe‹ so etwas wie ein Widerspruch in sich. Ehemalige Lesben waren nie ›wirklich‹ Lesben, sondern ›Heteras‹, die sich als Lesben verkleideten.« (Stein 1996: 164) Am Dekonstruktivismus orientierte lesbische Theoretikerinnen haben solche Diskurse nicht nur als essentialistisch kritisiert, sondern sie darüber hinaus als Verteidungungsstrategie gegen Marginalisierung und heterosexuelle Hegemonie und als »Reinigungsrituale« analysiert, mit denen eigene, nicht akzeptierte Heterogenitäten homogenisiert werden sollen.[45]

Der lesbische Essentialismus mit seinen – gleichwohl diffusen – Vorstellungen von Reinheit und Authentizität war niemals unumstritten. Schon 1983 hatte Monika Jaeckel daraus resultierende feministische Dichotomien als die entscheidenden Konflikte bezeichnet, an denen die Frauenbewegung kranke,[46] und ein Jahr später hatte Luise Pusch eine Polemik gegen die Spaltung von Frauen und Lesben veröffentlicht, in der sie diese mit einer künstlichen Differenzierung von Südfrüchten und Apfelsinen verglich.[47]

Im Zuge einer stärkeren Hinwendung zu konstruktivistischen Theorien gerieten die Ideen von lesbischer Ursprünglichkeit und Reinheit ebenso wie die Vorstellungen einer ontologischen Weiblichkeit ins Kreuzfeuer akademischer feministischer Kritik. Ausschlüsse und Binaritäten wurden als Markierungen von Herrschaft denunziert, und die Aufrechterhaltung einer Dichotomie zwischen Lesben und Nichtlesben war nicht länger haltbar.[48] In den neunziger Jahren kam es zu einer ausgesprochenen Explosion von sexuellen Identitätsgruppen, und neue Zusammenschlüsse von Personen mit deviantem Geschlecht betraten die politische Bühne des Minoritätsdiskurses. Bisexuelle, Transvestiten und Transsexuelle forderten zunehmend politische Anerkennung und forcierten die Auseinandersetzung mit dem Topos der fließenden sexuellen Identitäten, der die bis dahin gültigen Diskurslinien deutlich verschieben sollte.

45 Vgl. Martin 1996: 45.
46 Jaeckel hatte unter anderem auf die marginale Position von lesbischen Müttern hingewiesen. Vgl. Jaeckel 1983: 94.
47 Vgl. Pusch 1984.
48 Diese Entwicklung beschreibt ausschließlich die akademische Diskussion. Innerhalb der lesbischen Bewegung ist der lesbische Separatismus noch immer existent.

3. Bi, *butch* und *femme*: Neue Herausforderungen

Dieser Entwicklung ging die beschriebene Separierung eines Teils der lesbischen Feministinnen von den heterosexuellen Frauenrechtlerinnen notwendig voraus. Für den akademischen Feminismus bedeutete die damit verbundene Distanz eine Differenzierung feministischer Forschungsrichtungen, wobei heterosexuelle Frauen sich in erster Linie mit Reproduktion und geschlechtlicher Arbeitsteilung befassten, während lesbische Wissenschaftlerinnen sich dem Studium der Sexualität zuwandten.[49] Nicht alle Personen dieser letztgenannten Gruppe fühlten sich den immer undeutlicher werdenden Zielen des Feminismus verbunden, und viele Forscherinnen empfanden keine Zugehörigkeit zu einer als universell gedachten Gruppe von Frauen. Stattdessen traten Gemeinsamkeiten mit homosexuellen Männern in den Vordergrund, die ebenfalls zum Problem der sexuellen Marginalität arbeiteten. Die Erfahrung, als Homosexuelle diskriminiert zu sein, erwies sich gegenüber der Diskriminierung als Frau zunehmend als bedeutsamer. Auf politischer Ebene hieß dies, vor allem in den USA, sich eher in gemischtgeschlechtlichen Homosexuellenorganisationen zu betätigen als in unisexuellen feministischen Verbänden.

Nur vor dem Hintergrund dieser primären Öffnung des separatistisch-feministischen Diskurses kann die Integration der Vielfalt von Geschlechtsidentitäten verstanden werden, die, nicht unangefochten, um einen adäquaten Platz innerhalb der Subkultur rangen. Beispiele für diese Entwicklung sollen im Folgenden die neuen Auseinandersetzungen mit dem Thema Bisexualität und die Renaissance des *butch/femme*-Modells in der lesbischen Szene sein.

Bisexuelle Frauen – für Männer bestand kein vergleichbarer Ausschluss aus einer Subkultur – haben seit Anfang der neunziger Jahre begonnen, dem Bild der politisch Inkorrekten, der potentiellen Kollaborateurin und Verräterin des Feminismus einen eigenen Identitätsdiskurs entgegenzusetzen.[50] Dabei bedienten sie sich der

49 Vgl. auch Yanagisako 1997.

50 Vgl. u. a. Acharya et al 1995, Davidson et al. 1997, Garber 1995, Maier 1998, Rose 1996, Weinberg 1994, Weise 1992, Williams 1999.

Waffe des Dekonstruktivismus, die schon den Feminismus in seinen Grundfesten erschüttert hatte. Die Dichotomie »heterosexuell« – »homosexuell«, so die Argumentation von Aktivistinnen, sei nicht mehr als ein fragwürdiges Konstrukt, das einzig dem Ziel der Herstellung einer homogenen Gruppe durch Ausschlüsse nicht identischer Personen diene.[51] Dabei, so Greta Christina in der lesbischen Zeitschrift *On our backs*, seien die Kriterien für Ausschlüsse alles andere als einsichtig und verdrängten die vielen Überlappungen zwischen bisexuellen Frauen und Lesben.[52] Die Herausgeberinnen des Sammelbandes *Bi any other name* verglichen die Rigorosität der Festlegungen von Kriterien für homosexuelle Reinheit gar mit einer doktrinären Parteidisziplin, die jegliche Abweichung eliminiert.[53]

Mit Zwang hält man bekanntlich zusammen, was auseinander zu fallen droht und sich einer Vereinheitlichung sperrt. Dies trifft für sexuelle Identitäten im Besonderen zu. Die Vielfalt der Vorlieben, Wünsche, Rollenmuster und Lebensentwürfe ist unüberschaubar und variiert auch im Lebenslauf der einzelnen Individuen beträchtlich, wie wir am Beispiel des Wechsels von Frauen zwischen lesbischer und heterosexueller Praxis gesehen haben. Gerade die Komplexität und Diversität des Begehrens sei es nun, meint Stacey Young, die zur Diskriminierung der Bisexualität führe. Bisexualität werde mit der Multiplizität aller angstauslösenden, nicht normierten Spielarten des Sexus assoziiert und diese mit ihr verbannt, um eine stabile, binäre Welt zu restaurieren.[54] Um diese zu erhalten, glaubt auch Biddy Martin, sei Grenzkontrolle notwendig. Sie vollziehe sich in Form einer Purifikation, bei der man sich von allem trenne, was die Idee einer abgrenzbaren Kategorie störe und verunsichere. Die großen Anstrengungen, die Kategorie intakt zu erhalten, offenbarten allerdings, so Martin, seine Instabilität und seinen Mangel an Grundlage.[55]

Anders als die Vertreterinnen des Lesbianismus beurteilen Bisexuelle das Phänomen des Fluktuierens durchaus positiv. In der

51 Vgl. Young 1997: 54 f.
52 Vgl. Christina 1990.
53 Vgl. Huchins/Kaahumanu 1991: xiv.
54 Vgl. Young 1997: 61.
55 Vgl. Martin 1996.

Identifizierung mit ungesicherten Grenzen liegt für die Aktivistinnen der Bisexuellen-Bewegung denn auch ihre revolutionäre Sprengkraft:

»Wenn Bisexualität tatsächlich«, schreibt Marjorie Garber, »wie ich vermute, nicht bloß eine weitere sexuelle Orientierung ist, sondern vielmehr eine Form der Sexualität, welche die Kategorie der sexuellen Orientierung überhaupt aufhebt, wenn sie eine Sexualität ist, welche die einfachen Polaritäten von hetero und schwul, queer und ›het‹ aus den Angeln hebt, ja sogar durch ihre biologischen und physiologischen Konnotationen die Geschlechterkategorien männlich und weiblich selber infrage stellt, dann wird uns die Suche nach der Bedeutung des Wortes ›bisexuell‹ eine andere Lektion lehren. Statt einer unsichtbaren, kaum wahrgenommenen Minderheit, die um ihren Platz an der Sonne kämpft, einen Namen zu geben, scheint ›bisexuell‹, wie die Bisexuellen selbst, überall und nirgends zu sein. Kurz gesagt, es gibt nichts Wirkliches daran. Die Frage, ob jemand ›wirklich heterosexuell‹ oder ›wirklich homosexuell‹ ist, verkennt die fließende, alles andere als feste Natur der Sexualität. Sie verkennt, dass die Sexualität einer Erzählung gleicht, die sich mit der Zeit ändert und keine festgelegte, wie auch immer komplexe Identität ist. Die erotische Entdeckung der Bisexualität steht für die Tatsache, dass Sexualität sich als ein Prozess des Wachsens, der Veränderung und der Überraschung erweist, nicht als eine für alle Mal definierte Seinsweise.« (Garber 2000: 81 f.)

Diese anarchische Philosophie macht Identitätspolitik nicht einfach. Es ist alle Mal leichter, für klare Ziele einer definierten Minderheit einzutreten, als eine grundsätzliche Offenheit für die Überraschungen des Lebens zu proklamieren. Folgerichtig waren politische Ambitionen von Bisexuellen innerhalb der homosexuellen Subkultur nicht immer erfolgreich. Young schildert, wie die »Lesbian and Gay Studies« in Rutgers auf ihrer vierten, jährlich stattfindenden Konferenz die Bezeichnung »Bisexual« in den Titel aufnahmen, um ihn im darauf folgenden Jahr wieder zu streichen,[56] eine Praxis, die auch die OrganisatorInnen des Northampton Pride March praktizierten.[57]

56 Vgl. Young, Stacey 1997: 62 ff.
57 Vgl. Young, Stacey 1997: 65.

Diese hatten bekundet, Bisexuelle lediglich als UnterstützerInnen, nicht aber als AktivistInnen zu schätzen, und das Organisationskomitee für Bisexuelle geschlossen.[58]

Diese »Biphobia« (Blasingame 1992), die Bisexuellen von Hetero- und von Homosexuellen entgegenschlägt, macht eigene Organisierungen notwendig. Insbesondere Lesben, die sich selbst der Lesbenbewegung und lesbischen Gemeinschaft zugehörig fühlten und nach ihrem *coming out* als Bisexuelle einen dramatischen Verlust an sozialen Beziehungen erlebten, waren aktiv am Aufbau dieser neuen Strukturen beteiligt. In San Francisco besteht seit 1976 ein »Bisexual Center«, und 1990 wurde dort die erste Nationale Bisexuelle Konferenz durchgeführt. Bisexuelle AktivistInnengruppen existieren in mehreren Großstädten der USA sowie in London, Toronto und Amsterdam, und seit dem Jahr 2000 wird vom Hawort Verlag in New York ein »Journal of Bisexuality« herausgegeben.

Anders als Homosexuellenorganisationen verzichten bisexuelle AktivistInnen aber auf programmatische Äußerungen zu ihrer Identität. Die Mehrheit fühlt sich grundsätzlich dem emanzipativen Anliegen des Feminismus verpflichtet und wendet sich gegen Diskriminierung von Homosexuellen – bekundet aber gleichzeitig, sich keinem Label unterwerfen zu wollen. Die politische Kraft des Bisexualismus liege nämlich gerade darin, betonen sie, dass er sich Grenzziehungen verweigere und feste Kategorien jeglicher Form negiere.[59]

Das zweite Beispiel für eine Neuorientierung des feministischen Diskurses betrifft die Rollenmodelle innerhalb der lesbisch-feministischen Gemeinschaft. In den siebziger und achtziger Jahren herrschte hier eine strenge Gleichheitsvorschrift, die sorgsam vermied, weibliche Stereotypen zu reproduzieren. Make-up war verpönt, ebenso hohe Schuhe und modische, figurbetonte Kleidung. Die Durchschnittslesbe trug einen praktischen Kurzhaarschnitt, zunächst schmucklos, dann in den Achtzigern mit einem gewissen

58 Eine detaillierte Darstellung der Ereignisse in Northampton findet sich in Baker 1992.

59 Vgl. Baker 1992: 266.

Chic, bequeme Hosen und gesunde Schuhe. Kurz, sie pflegte einen etwas ins Maskuline gehenden, androgynen Stil, der gut zu der allseits akzeptierten Patriarchatskritik passte, nach der die üblichen Vorstellungen weiblicher Attraktivität die Frau entwürdigten, zur sexuellen Ware degradierten, ihren Körper verstümmelten und seine Gesundheit ruinierten. Dagegen demonstrierte frau mithilfe dieses burschikos-puritanischen Habitus eine sichtbare Alternative.

Diese determinierte auch die soziale Selbstkonzeption. Die feministische Lesbe der siebziger und achtziger Jahre war idealiter ein Multitalent: Sie konnte Häuser renovieren und vegetarische Menüs zubereiten, sie fuhr Motorrad und war in die Geheimnisse weiblicher Heilkunst eingeweiht. Innerhalb der lesbischen Liebesbeziehungen herrschte das Primat absoluter Egalität: Feste Rollen galten als überwunden, die Arbeitsteilung war vorbildlich, und frau begegnete sich als Gleiche unter Gleichen.

Dies war die »Welt des Lichts«, die feministische Alternative. Daneben existierte aber, nahezu unbemerkt, die als »bürgerlich« stigmatisierte Lesbenszene, in der die Frauen sich stärker am heterosexuellen Rollenmodell orientierten und entweder *butch* oder *femme* waren. Ich selbst erinnere mich, wie ich als junge Studentin eine solche Lesbenbar entsetzt wieder verlassen hatte: Die Damen mittleren Alters mit ihren Hemdblusenkleidern und ondulierten Haaren, die sich von anderen, im Schlagersänger-Outfit, auf die Tanzfläche führen ließen, erschienen mir geradezu als Zerrbild patriarchaler Spießigkeit. Die dort Anwesenden gingen weder auf feministische Demonstrationen noch in Frauenbuchläden. Sie nahmen nicht an politischen Aktionen teil und besuchten keine Frauencamps oder feministische Veranstaltungen. Man begegnete ihnen nicht, nahm sie nicht wahr und wusste meist gar nicht von ihrer Existenz. So war es nicht verwunderlich, dass es lediglich randständige Auseinandersetzungen zwischen den verschiedenen lesbischen Welten um Identität und Lebenskonzepte gab.

Das feministische Paradigma der Androgynität war aber nicht nur deshalb so erfolgreich, weil seine Prinzipien mit dem allgemeinen linken Emanzipationsdiskurs übereinstimmten, sondern auch, weil feministische Lesben, die die Rollenmodelle der fünfziger und sechziger Jahre selbst mitgetragen hatten, das Egalitätsprinzip des politischen Lesbianismus als Befreiung erlebten. So beschreibt beispielsweise Julia Penelope ihre Vergangenheit als *stone butch* geprägt vom selbst gewählten Mangel an Emotionalität und Lust. In sexuellen Beziehungen war sie so sehr auf eine männliche Rolle fixiert, dass sie keine genitale Berührung durch ihre Partnerin duldete, obgleich sie diese gleichzeitig herbeisehnte. Als Hass auf den eigenen Körper analysiert sie dieses Verhalten später.[60] Auch Audre Lorde, die die lesbische Barkultur der fünfziger Jahre in den USA miterlebte, beurteilt den herrschenden Rollenzwang negativ: »Wenn du die falsche Frau zum Tanzen auffordertest, konnte es passieren, daß dir ihr ›butch‹ in einer Seitengasse das Nasenbein brach ... Es war sicherer, allein zu bleiben. Und natürlich war es tabu zu fragen, wer nun wer sei. Deshalb wurde so viel Wert auf die richtige Aufmachung gelegt. Für einige von uns jedoch war das Rollenspiel ein Abbild der frauenverachtenden Einstellungen, die wir in der Hetero-Gesellschaft so haßten. Es war ja die Ablehnung dieser Rollen, die uns überhaupt zur ›Szene‹ hingezogen hatte. Instinktiv erkannten wir, ohne besondere Theorie oder Position oder Dialektik, Unterdrückung als Unterdrückung, gleichgültig woher sie rührte.« (Lorde 1988: 262)

Mittlerweile hat ein erneuter Paradigmenwechsel eingesetzt, und das Modell der *butch/femme* erlebt eine ungeahnte Renaissance. Stephanie Kuhnen hat 1997 einen Sammelband herausgebracht, aus dem ersichtlich wird, wie *butches* und *femmes* sich selbst heute sehen und selbst inszenieren. »Ich wollte heulend im Kino sitzen und die sentimentalen Stellen nachher mit meiner besten Freundin noch einmal durchleiden«, schreibt eine *femme.* »Ich wollte kokettieren ..., mich schminken, nach Parfüm duften. Vor einer Party wollte ich in Panik ausbrechen, um herauszufinden, was ich wirklich anziehen könnte.« (Beerlage 1997: 88) Einer Feministin der siebziger Jahre würden sich bei diesen Äußerungen die Haare sträuben. Nicht weniger stereotyp beschreibt sich eine *butch* im gleichen Band. Dabei lamentiert sie nostalgisch über die Folgen der Emanzipation: »Die guten alten Zeiten, in denen Charme, der Umfang unserer stattlichen Oberarme gepaart mit einem gut sitzenden Anzug und

60 Vgl. Penelope, Julia 1983: 18, in: Halberstam, Judith 1998: 130f.

einem stattlichen Auto ausgereicht haben, sind leider vorbei« (Neumann 1997: 118) – um aber letztendlich festzustellen, dass die Regeln sich nicht wirklich verändert haben: »*Butches* machen, *femmes* lassen machen. Und die, die machen, halten nun mal die Zügel in der Hand.« (Neumann 1997: 122)

Solche Selbstdarstellungen verursachen Skepsis bei denen, die sich nach wie vor dem Primat der Gleichheit unter Lesben verpflichtet fühlen. »Was bedeutet die Aufrufung dieser Klischees?«, fragt Andrea Baier. »Ist ›Männlichkeit‹ ein weniger problematisches Konzept, wenn es von Frauen verkörpert wird?« Butler würde dies bejahen. Für sie handelt es sich um Parodien des hegemonialen Sexualitätsdiskurses, die selbst eine subversive Wirkung entfalten: »Die parodistische Vervielfältigung der Identitäten nimmt der hegemonialen Kultur und ihren Kritiken den Anspruch auf naturalisierte und wesenhafte geschlechtlich bestimmte Identitäten. Obgleich die Bedeutungen der Geschlechteridentität, die diese parodistischen Stile aufgreifen, eindeutig zur hegemonialen frauenverachtenden Kultur gehören, werden sie durch ihre parodistische Re-Kontextualisierung entnaturalisiert und in Bewegung gebracht.« (Butler 1991: 203) Hierin genau liegt denn auch das emanzipative Moment des *butch/femme*-Modells, unabhängig davon, ob die Akteurinnen den spielerisch-parodistischen Charakter ihrer Inszenierung beabsichtigen oder nicht. Eine weibliche Schönheit in Spitzen, Mini und High Heels, die Männer nicht begehrt, ist eine Provokation der hegemonialen Ordnung, und nicht anders verhält es sich mit der *butch*, die die männlichen Werte bis zur Perfektion beherrscht.

Kritikerinnen dieser Position, wie Viola Rogenkamp von der *taz*, sehen in den Rollenspielen und Parodien allerdings lediglich einen Ausdruck tief verwurzelten Heterosexismus innerhalb der lesbischen Gemeinde. »Der eigentliche Skandal in der lesbischen Welt«, schreibt sie, »– genau wie in der heterosexuellen – bleibt nach wie vor das Frauenpaar im Kleid. Die heterosexuelle Welt tut zwanghaft so, als könne da gar nichts Sexuelles passieren, und die lesbische Welt schleudert ihren Mutterhass gegen dieses Schreckbild. Zwei Kleider zusammen? Unmöglich! Wenigstens ein Paar Hosen muss sein.« (Roggenkamp 2001)

Andere Autorinnen meinen, es sei vereinfacht, in der *butch* überhaupt eine Kopie des heterosexuellen Mannes zu sehen. Elizabeth Lapovsky Kennedy und Madeline Davies haben darauf hingewiesen, dass die sexuelle Rolle der *butch* darin besteht, die *femme* zu befriedigen, auch unter Verzicht auf eigene genitale Lust. Im Extrem, als *stone butch*, lehnt sie jegliche Berührung durch die Geliebte ab und bezieht ihre Befriedigung ausschließlich aus dem der *femme*. Ein solches Verhalten ist dem männlichen *macho*, mit dem die *butch* häufig verglichen wird, diametral entgegengesetzt.

Anstelle einer eindimensionalen Klassifizierung der *butch* – entweder als Rebellin gegen die herrschende Geschlechterordnung oder als Kopie eines heterosexuellen Mannes – ist es angemessener, von einem dialektischen Verhältnis zwischen den beiden Polen zu sprechen. Lapovsky Kennedy und Davies haben die Komplexität der *butch/femme*-Beziehung auf den Punkt gebracht, indem sie feststellen, dass sie »Heterosexualität gleichzeitig imitiert und transformiert.« (Lapovsky Kennedy / Davies 1992: 72)

Provokation und Herausforderungen sind jedoch nicht immer von den AkteurInnen intendiert. Zwar wird in der neueren Literatur gern die Metapher des Rollenspiels im Sinne einer erotischen Verführungsstrategie bemüht,[61] doch wird in zahlreichen Autobiographien deutlich, dass das Moment des Spiels, das im feministischen Konstruktivismus immer mitschwingt, nur eine Seite einer höchst komplexen Realität darstellt. Andere Seiten gestalten sich weniger lustvoll: Hier geht es um die Erfahrung von Repression, um die Ablehnung des eigenen Körpers und um verzweifelte Versuche, die Vorstellungen vom Selbst mit der gelebten Identität in Einklang zu bringen. Von der höheren Warte der feministischen Erkenntnistheorie aus gesehen, lassen sich Konzepte von Männlichkeit und Weiblichkeit sowie alle nur erdenklichen Zwischenformen als »freischwebende Artefakte« begreifen, die von den Individuen nach Belieben angeeignet werden können. Die Perspektive der AkteurInnen ist sehr viel essentialistischer: Sie sehen sich getrieben vom Verlangen, mit dem eigenen Ich identisch zu sein und die äußere Erscheinung (Sex, Habitus, Körper) dem inneren Empfinden anzugleichen. Auf der Anerkennung dieser Zerrissenheit basierte schon die Argumen-

61 Vgl. Nestel 1987, 1992: 14.

tation von Ulrichs, Ellis und Hirschfeld im Kampf um eine Liberalisierung der Rechtsprechung gegenüber Homosexuellen, und literarisch war sie seit Beginn des Jahrhunderts immer wieder Thema.[62]

4. *Drag, transgender* und das Problem der Kategorien

Ulrichs These von der Inkompatibilität von Körper und Begehren sollte mehr als einhundert Jahre später im Rahmen der Debatte um Transsexualität und *transgender* einen prominenten Platz einnehmen. Das Bild des »im falschen Körper Gefangenen« erscheint nicht nur in den zahlreichen autobiographischen Zeugnissen,[63] sondern wurde in vielen Staaten Grundlage juridischer Entscheidungen, die die Betroffenen berechtigen, Namen und persönliche Papiere zu ändern und an medizinischen Maßnahmen zur Veränderung des physiologischen Geschlechts teilzunehmen. Mithilfe von Begutachtungsverfahren und der Entwicklung von Indikationsstandards beurteilen MedizinerInnen und PsychologInnen, ob eine Person mental »tatsächlich« und »glaubwürdig« das ihrem Körper entgegengesetzte Geschlecht »ist«. Das setzt natürlich eine gesicherte und verallgemeinerte Vorstellung dessen voraus, was Männlichkeit und Weiblichkeit bedeutet. SpezialistInnen reproduzieren so die gängigen gesellschaftlichen Stereotypen.[64] Von dieser Position suchen sich die Betroffenen offensiv abzugrenzen.

Im Rahmen der Diskussion um *gender crossing* in außereuropäischen Gesellschaften haben wir gesehen, wie die Existenz alternativer Geschlechterrollen als Nachweise für die Unwirksamkeit des binären Modells gewertet wird, und in ähnlicher Form argumentie-

62 Vgl. u. a. Feinberg 1993, Radcliffe Hall 1928, 1934.

63 Vgl. u. a. Geibel 1983, Halberstam 1998: 141 ff., Hausman 1995: 141–174, Holde-Barbara/Karsten 1994, Kamprad/Schiffels 1991. Nach einer Recherche von Anette Runte hat etwa ein Prozent aller operierten Transsexuellen eine Autobiographie verfasst (vgl. Runte 1996: 53). Eine Auswertung von einundvierzig biographischen und autobiographischen Texten findet sich in Runte 1996.

64 Zum medizinisch-psychologischen Diskurs um Transsexualität vgl. Hirschauer 1999. Zur Problematik von Standards siehe u. a. Hirschauer 2001, Lindemann 2001, Positionspapier zum TSG 2001, Sigusch 1991, 1995.

ren auch GenderforscherInnen wie Butler, die sich mit devianten Lebensentwürfen in westlichen Ländern befassen, und politische AktivistInnen der *transgender*-Bewegung. Einer der Protagonisten dieser Bewegung ist Jason Cromwell, selbst Frau-zu-Mann-Transsexueller, ein so genannter Transmann. Cromwell ist ein scharfer Kritiker des hegemonialen Transsexuellen-Diskurses und tritt für eine Hinwendung von der körperzentrierten zur sozialen Perspektive ein. Er problematisiert die statischen Konzepte, die hinter den vorgeblich eindeutigen Begriffen des Geschlechtswechsels stehen und zeigt auf, dass selbst die differenzierteren Termini, die sich auf die Umgestaltung des Physiologischen beziehen, mehr Verwirrung als Klarheit stiften. So hält er beispielsweise die Unterscheidungen in prä-operierte und post-operierte Frau-zu-Mann-Wechsler (FTM) für wenig aussagekräftig. »Ist ein FTM oder Transmann, der eine Brustrekonstruktion hatte, noch prä-op?«, fragt er. »Würde er post-op sein, wenn die Brustrekonstruktion seine einzige Operation wäre? Ist er prä-op oder post-op, wenn er, zusätzlich zur Brustrekonstruktion, seine weiblichen Reproduktionsorgane chirurgisch entfernen lassen würde? Oder hält man ihn nur dann für post-op, wenn er sich einer Brustrekonstruktion, einer Hysterektomie (eine Entfernung des Uterus) und Phalloplastie (die Konstruktion eines Penis) und/oder Metoidioplastie (die Erschaffung einer posthormonell vergrößerten Klitoris) unterzogen hätte?« (Cromwell 1999b: 23 / 24) Vielfältiger noch als die an körperlichen Merkmalen ausgerichteten Zuschreibungen seien die sozialen Labels, die sich hinter dem Konglomerat der »Transidentitäten« verbürgen: »*transgender* (TG), transexuell oder transsexuell; FTM, *trans* oder *tranny man*, *boy*, *fag* und *gay* (für MTFs ersetzt durch Frau, Mädchen, *dyke* und Lesbe), maskuline oder männlich-identifizierte Frauen, lesbischer Mann, *dyke daddy*, *drag king* und *queen*, neue Frau, neuer Mann, *baby butch*, *soft butch*, *soft dyke*, *tryke*, *boy chick* und *boy dyke*; *transfaghag*, *gender-bender* oder *blender*, *gender fuck*, *gender outlaw* und *gender queer*; *transqueer*, *queer*, *cross dresser*, Androgyn, *transhuman*, *transfolk*, *transpeople*, Mann oder Frau mit transgender oder transsexueller Erfahrung« (Cromwell 1999b: 26). Diese Identitäten sind nicht abgeschlossen, überlappen sich gegenseitig und stehen nicht selten in Konkurrenz zueinander.

Konfliktträchtig ist besonders die Grenzlinie zwischen der maskulinen Lesbe und der FTM, da sie nicht nur eine ultimative Grenze zwischen Konzeptionen von Weiblichkeit und Männlichkeit darstellt, sondern auch das Selbstverständnis des Feminismus berührt. Sie fühle sich nicht besonders wohl, schildert die maskuline Lesbe Kayt, die mit der FTM Loren eine Liebesbeziehung unterhält, wenn sie innerhalb der lesbischen Gemeinschaft, der sie angehört, zugibt, dass sie mit einem Mann zusammen sei.[65] Loren ist von zierlichem Körperbau, hat sich einer Brustrekonstruktion, aber keiner Phalloplastie unterzogen, spritzt Testosteron, hat seinen Körper mit großflächigen Tätowierungen bedeckt und trainiert mit Gewichten. Seine fotografischen Selbstporträts zeugen von den Anstrengungen, einem gängigen Männlichkeitsstereotyp zu entsprechen. Kayt inszeniert ebenfalls einen männlichen Habitus und bekennt, sich als FTM zu identifizieren. Sie ist breitschultrig, muskulös, und ihre Maskulinität wirkt weniger artifiziell als die von Loren. Solange sie ausschließlich Beziehungen mit Frauen eingeht, fällt Kayt innerhalb der lesbischen Subkultur nicht auf – sie gilt als klassische *butch*. Für Loren, die nur ein kleiner Schritt von Kayt trennt, ist eine derartige Akzeptanz mehr als fraglich. Er hat die Kategorie der Frauen verlassen, und eine Beziehung mit ihm könnte Kayt in den Verdacht geraten lassen, nicht mehr lesbisch zu sein. »Im Grenzkrieg zwischen *butches* und transsexuellen Männern«, schreibt Judith Halberstam, »gelten Transsexuelle oft als diejenigen, die die Grenze überschritten haben, und *butches* als solche, die an einem Platz bleiben ...« (Halberstam 1998: 163) Dabei sind die Kriterien für eine Geschlechtszuordnung alles andere als klar. Bei einer Priorität des Habitus als Geschlechtsmarker könnte Kayt ebenso wie Loren aus der Kategorie »Frau« ausgeschlossen werden, insbesondere, da sie ihre Identität selbst als männlich empfindet. Definiert man den Körper als primäres Zeichen, wird das Dilemma nicht kleiner. Kayt inszeniert sich zwar nicht auf die gleiche expressive Art als maskulin wie Loren, doch ihre Statur erfüllt diesbezügliche Erwartungen vielleicht sogar eher als Lorens. Man kann sich schwerlich vorstellen, dass Loren in einem Zweikampf mit Kayt eine realistische Chance

65 Vgl. Cameron 1996.

hätte.[66] Bleibt die Ebene der primären und sekundären Geschlechtsorgane und die Folge von Hormoneinnahmen. Loren hat Körperbehaarung an Bauch und Oberschenkeln und, aufgrund der Mastektomie, eine flache Brust. Dadurch wirkt er durchaus männlich. Der symbolträchtigste maskuline Körperteil, der Penis, fehlt allerdings. Angesichts seiner Funktion als ultimativer Signifikant von Maskulinität verursacht dieser Mangel eine drastische Reduzierung der Geschlechtsattribute und überdies eine deutliche Beschränkung der Möglichkeiten, eine explizit männliche Sexualität zu leben. Versuche, das Paar als lesbisch oder heterosexuell einzuordnen, müssen vor diesem Hintergrund zwangsläufig scheitern oder sich als subjektive Positionen offenbaren. Emische und etische Standpunkte können dabei durchaus differieren. Vom Selbstverständnis der AkteurInnen aus gesehen, lassen sich Umdefinitionen von Körperteilen und Zuschreibungen von Labels denken, die mit der Physiologie der Betreffenden erheblich kontrastieren. Einen solchen Fall schildert Gesa Lindemann, die eine interviewgestützte Studie bei Transsexuellen in Deutschland durchgeführt hat.[67] Die nicht operierte Mann-zu-Frau-Transsexuelle Petra und ihre Geliebte Reinhild, die sich als lesbisches Paar verstehen, erklären der Wissenschaftlerin, dass sie Petras Penis umbenennen, um ihn zu feminisieren.[68]

Loren, Kayt, Petra und Reinhild besetzen eine Grenze zwischen den Geschlechtern, die durchaus geeignet ist, Verwirrung zu stiften, und einige AutorInnen haben ähnliche Fälle zum Anlass genommen, das gesamte binäre Geschlechtersystem zu hinterfragen. Wie klassifiziert man Transsexuelle, die sich nicht operieren lassen wollen, fragt Markisha Greaney,[69] wie Personen, die in einem beliebigen Stadium der Geschlechtsumwandlung stehen bleiben. »Ich bin meine eigene Frau«,[70] meint die hinreißende Charlotte von Mahlsdorf, die, als Junge geboren, Zeit ihres Lebens ihre Passion für eine weibliche Rolle gelebt hat. Anders als viele *gender crossers*, hat sich Char-

66 Kayt und Loren haben sich in zwei Kampfszenen fotografieren lassen: beim Kreuzen von Schwertern und beim »Armdrücken«. Vgl. Cameron 1996: 100f.67 Vgl. Lindemann 1993a.

68 Vgl. Lindemann 1993a: 212.

69 Vgl. Greaney 1999.

70 Vgl. Mahlsdorf 1993.

lotte nie geschminkt oder als *queen* herausgeputzt. Sie bevorzugt einfache Kleider und Kittelschürzen, ist häuslich, sammelt antike Möbel und putzt gerne. Obwohl sie mehrere repressive Regime durchstanden hat,[71] enthält weder ihre schriftliche[72] noch ihre filmische Autobiographie[73] die Bitterkeit und Verzweiflung, die *gender crossers* so häufig auszeichnet. Von Mahlsdorf lebt im wahrsten Sinn des Wortes als *transgender*, in einer weiblichen Rolle, ohne jemals den Wunsch gehegt zu haben, ihren Körper zu feminisieren.

Solche Erfahrungen sind aber nicht generalisierbar. Aus Leslie Feinbergs autobiographisch gefärbten Roman *Stone butch blues*,[74] der die lesbische Szene in den USA der sechziger Jahre schildert, wird ersichtlich, welchen Preis Menschen zu dieser Zeit zahlen mussten, die sich nicht dem hegemonialen Rollenmodell unterwarfen. Lesben und Schwule, die optisch als solche erkennbar waren, führten ein Leben, das von permanenten Übergriffen, von Vergewaltigungen und schwersten Misshandlungen geprägt war. Terrorisiert wurden sie vor allem von der Polizei, die ihre sadistischen Methoden der Einschüchterung und Demütigung nicht nur durch die *moral majority*, sondern auch durch die US-amerikanische Rechtsprechung gedeckt sah. Die dauerhafte Repression und eine begründete Angst, die Gewalttätigkeiten eines Tages nicht zu überleben, veranlassten die Heldin Jess, Testosteron einzunehmen und sich die Brüste verkleinern zu lassen, um als Mann »durchzugehen«. Später stoppt Jess die Hormonbehandlung, genau wie Feinberg selbst, die seitdem, körperlich und mental, zwischen den Geschlechtern lebt.[75]

Viele, die sich heute unter dem Label *transgender* versammeln, sind nicht nur *gender crossers*, sondern auch *sex crossers*, Transsexuelle. Um zu dem *sex* zu werden, das sie als ihre Identität empfinden, nehmen sie unglaubliche Torturen auf sich: entwürdigende Begutachtungsprozeduren, um Hormone und andere Behandlungen ver-

71 Kindheit mit einem gewalttätigen Vater, den sie schließlich sogar erschlägt, Nationalsozialismus und DDR-Regime.

72 Vgl. Mahlsdorf 1993.

73 Der Film wurde von dem homosexuellen Regisseur Rosa von Praunheim realisiert. Vgl. Praunheim 1992.

74 Vgl. Feinberg 1993.

75 Vgl. auch Feinberg 1997.

schrieben zu bekommen[76] und eine Reihe von Operationen, die schmerzhaft und einschneidend sind, aber keine Sicherheit bieten, dass das gewünschte Ergebnis auch tatsächlich erzielt wird. Die künstliche Gestaltung von Vagina, Labien, Skrotum und Penis ist schwierig und birgt viele Risiken: Entzündungen, Abstoßungen des Gewebes und unschöne Vernarbungen sind häufige Folgen, und auch dem Funktionieren des neuen Geschlechtsteils sind mitunter deutliche Grenzen gesetzt. Aufgrund der möglichen Komplikationen schrecken gerade FTMs oftmals vor einer Phalloplastie zurück und begnügen sich mit einer Hormontherapie, die die Klitoris vergrößert.[77] Damit kann der eigentlich beabsichtigte Effekt (Erektion, Urinieren) nicht erreicht werden, und FTMs müssen sich zwangsläufig damit abfinden, körperlich auf halbem Wege stehen zu bleiben. »Ich hatte Angst, daß andere Leute meinen Körper als verstümmelt empfinden würden« (Cameron 1996: 77), beschreibt James Green seine emotionale Befindlichkeit nach der Entlassung aus dem Krankenhaus. Vielleicht ist die optische Orientierung am Stereotyp des »harten Mannes«, die viele FTMs praktizieren (Bodybuilding, rasierter Schädel, Tätowierungen) in letzter Konsequenz die Kompensation des Scheiterns, einen wirklich männlichen Körper zu haben.

Die Betonung des physiologischen Geschlechts gilt vielen AktivistInnen als Reduzierung ihrer Identität, als Biologisierung ihres Selbst. Für sie ist *gender* der einzig akzeptable Begriff, der Befreiung von der Tyrannei des Physischen verspricht, vom widerspenstigen Körper, der sich einer Anpassung an die psychischen Befindlichkeiten so hartnäckig widersetzt. Für Geschlechtswechsler ist der Körper subversiv, er unterläuft die kulturellen Anstrengungen und weist alle medizinischen Omnipotenzphantasien in ihre Schranken. Trotz chirurgischer Eingriffe, Hormonsubstitution, sorgfältig gestyltem Äußerem und einem perfekten sozialen *gender crossing* provoziert er peinliche Momente der Offenbarung, die nach Erklärung verlan-

76 Nach deutschem Recht ist Transsexualität seit 1987 als Krankheit anerkannt, und die Krankenkassen übernehmen die Kosten der medizinischen Behandlung.

77 Vgl. Cromwell 1999b: 114.

gen. Spätestens beim Eingehen einer sexuellen Beziehung überzeugt das Performative nicht mehr von selbst, sind Ablehnungen vorprogrammiert. Green schildert, dass seine langjährige Liebe seine Umwandlung zum Mann nicht überlebt hat, dass er lange Zeit nicht fähig war, sich auf eine neue Partnerschaft einzulassen und sich nach seiner Operation verzweifelt fragte, wer ihn denn jemals lieben könnte.[78]

Gegenüber dem Körper, von dem Cromwell glaubt, dass die meisten FTMs ihn während gewisser Phasen ihres Lebens abgelehnt oder gehasst haben,[79] ist *gender* eine biegsame Materie. Feministinnen hatten schon in den siebziger Jahren die Theorie aufgestellt, dass *gender* nahezu jede beliebige Form annehmen kann, und die Daten aus Geschichte und Kulturvergleich gaben ihnen darin Recht. Weiblichkeit in Neuguinea ist etwas anderes als in Afghanistan oder in den Anden, und auch die Vorstellungen darüber, was einen Mann als solchen auszeichnet, variiert von Gesellschaft zu Gesellschaft. In kleinen *face-to-face*-Gemeinschaften lässt sich noch eine gewisse Homogenität der Geschlechterrollen nachweisen, doch in modernen Nationalstaaten existiert eine Pluralität möglicher Lebensweisen, die eine simple Polarisierung von Geschlecht nicht mehr möglich macht. In westlichen Gesellschaften kann eine Frau, die sich als Mann fühlt, ihre Identität mittlerweile ohne größere Repressionen ausleben: Sie kann einer männlichen Profession nachgehen, ohne einen Statusverlust zu erleiden, sie kann maskuline Kleidung tragen, ohne mehr zu befürchten, als burschikos oder extravagant zu gelten, und sie kann, wenn sie Lesbe ist, diese Präferenz in einem zunehmend toleranteren Klima leben. Männer unterliegen hier stärkeren Tabus. Anders als Frauen, bei denen man Jeans und Karohemd nicht bemerkenswert findet, fallen sie auf, wenn sie in Minirock und *high heels* über die Straße stöckeln. Andererseits erlauben die hegemonialen Standards eine große Bandbreite von sozialen Rollen, die

78 Vgl. Cameron 1996: 77.

79 Vgl. Cromwell 1999b: 114. Cromwell selbst beschreibt, wie er die Pubertät und die offensichtliche Feminisierung des Körpers hasste. Die Ausbildung der Brüste und das Einsetzen der Menstruation empfand er als so schrecklich, dass er im Alter von dreizehn Jahren einen Selbstmordversuch unternahm. Vgl. Cromwell 1999a: 145.

Männer einnehmen können, ohne dass irgendjemand dies merkwürdig findet. Sie können einfühlsam und passiv beim Sex sein, als Hausmänner oder Erzieher im Kindergarten arbeiten, sich aufopferungsvoll und gefühlsbetont geben, gerne kochen und sich als technisch absolut unbegabt präsentieren. All dies ist möglich, ohne einen Konflikt mit geltenden Normen und Werten zu verursachen, ohne einen Verlust an Männlichkeit zu erleiden, die dann selbstverständlich durch ihren Körper definiert wird.

Wenn aber *gender* eine hochflexible und vielschichtige Kategorie ist, was genau ist dann mit dem männlichen oder weiblichen *gender* gemeint, das FTMs und MTFs als Triebkraft ihrer Anstrengungen bezeichnen? Hier erscheint, ganz im Gegenteil zu dem bekundeten Anliegen Geschlechtergrenzen aufzulösen, eine unerwartet traditionelle Vorstellungswelt, in der Männer und Frauen noch durch eindeutige Rollenzuweisungen voneinander getrennt sind. »Männliche Frauen«[80] stilisieren sich optisch mit sportgestähltem Körper, kurzen Haaren und martialischen Tätowierungen, sie tragen Anzüge und kultivieren ein aggressiv-wortkarges Auftreten, das sich am Modell des Vorstadtmachos orientiert. »Weibliche Männer«[81] dagegen fallen durch manieristische Gestik, eine gestelzte Sprache sowie der Adaption bestimmter weiblicher Requisiten wie Stöckelschuhe, Netzstrümpfe und Miniröcke auf. An Parodie zu denken, liegt nahe, und Judith Butler baut auf dieser Assoziation ihre Subversionstheorie auf. Gegen eine solche Annahme steht allerdings der fast heilige Ernst, mit dem *gender crossers* ihre geschlechtliche Gestaltung betreiben. Der Kauf eines ersten Anzugs kommt sowohl bei Feinberg als auch bei Cameron einer Initiation gleich, in der es um die Herstellung »wahrer« Identität geht, und die MTF Venus Xtravaganza, die der Filmemacherin Jennie Livingston von ihren Träumen als kleinbürgerliche Hausfrau erzählt,[82] ist bar

80 Ich beziehe mich hier auf den Begriff der *female masculinity*, der von *butches*, *drag kings*, FTMs und anderen Frauen verwendet wird, die sich, nach eigenen Angaben, männlich identifizieren.

81 Dieser Terminus ist sehr viel weniger definiert als der der »männlichen Frau«, steht hier aber für das gegengeschlechtliche Äquivalent, nämlich Tunten, *drag queens* und MTFs.

82 Vgl. Livingston 1990.

jeder Selbstironie. Das Argument der Parodie greift offensichtlich zu kurz und es lässt die Intention der AkteurInnen unberücksichtigt.

Wenn die Absicht von *gender crossers* aber nicht vorrangig darin besteht, Geschlechterstereotypen zu persiflieren, warum bedienen sie sich dieser Stereotypen, um ihre Identität auszudrücken? Humphrey Bogart und Marilyn Monroe haben als Vorbilder für Männer und Frauen des einundzwanzigsten Jahrhunderts längst ausgedient, und der muskelstrotzende Finsterling gehört, ebenso wie die hysterisch kichernde Sexbombe, einer Vergangenheit an, die vielleicht nur auf der Leinwand existiert hat. Warum identifizieren sich maskuline Frauen oder FTMs nicht mit emanzipierten Männern, die es nicht nötig haben, mit dem Umfang ihrer Oberarme und der PS-Stärke ihres PKW zu prahlen? Und warum fühlen sich Tunten und MTFs vom Bild des affektierten Dummchens à la Verona Feldbusch stärker angezogen als von dem einer selbstbewussten Frau, die ihre Weiblichkeit nicht aus Dekolleté und Silikonbrüsten bezieht? Maskuline Frauen selbst führen unter anderem die erotische Komponente des Rollenspiels an,[83] dessen Reiz darin liege, dass der maskuline Part eben nicht von einem Mann, sondern von einer Frau übernommen werde. Das Argument unterstützt die Butler'sche These der devianten Subversivität, erklärt aber nicht, wieso man die in der erotischen Interaktion eingenommene Rolle im gesamten Alltag durchhält und dafür schwerste Repressionen in Kauf nimmt.[84] Der erotische Effekt scheint ohnehin nur bedingt einzutreten, insbesondere bei FTMs und MTFs, die sich häufig körperlich sogar so wenig vollständig fühlen, dass sie ganz auf sexuelle Beziehungen verzichten. Erotische Passionen und die Lust, die mit dem Aufbrechen fest gefügter Geschlechternormen verbunden ist, mag für einen Teil der *gender crossers* von Bedeutung sein, für andere ist das Hineinschlüpfen in die Haut und Kleidung des anderen Geschlechts eine Frage der eigenen Identität.

Wenn das innere Empfinden und der gewählte Ausdruck von *gender crossers* aber Geschlechterstereotypen bemüht, gegen die Feministinnen seit Jahren ankämpfen, sind Konflikte vorprogrammiert.

83 Vgl. Kuhnen 1997, Nestle 1992.
84 Vgl. Feinberg 1993.

Diejenigen, die dem Phänomen positiv gegenüberstehen, führen gern das patriarchale System als Begründung an, warum Frauen Männer sein wollen. So haben Dekker, van der Pool und Wheelright beispielsweise versucht, den Geschlechtswechsel biologisch weiblicher Seeleute und Soldaten auf sozio-ökonomische Ursachen zurückzuführen, und eine lesbische Feministin äußerte Feinberg gegenüber, dass sie deren Maskulinisierung als Folge der Frauenfeindlichkeit der Gesellschaft verstehe.[85] In beiden Fällen protestierten *gender crossers*. Cromwell setzt Wheelwright, Dekker und van der Pol seine These der originären Identität einer Person entgegen, die mit ihrer Physiologie kollidieren könne, und Feinberg wendet sich empört gegen die Auffassung der von ihr zitierten Freundin, dass Menschen wie sie nur ein Produkt gesellschaftlicher Repression seien.

Während FTMs von ihrer genuinen männlichen Identität sprechen, ist für viele Feministinnen das Anliegen, ohne äußere Not ein Mann sein zu wollen, mehr als fragwürdig, insbesondere dann, wenn Männlichkeit als Konglomerat aller Eigenschaften dargestellt wird, die frau bei biologischen Männern mit einigem Erfolg diskreditiert hat. Umgekehrt existieren aber auch Ressentiments gegenüber MTFs, von denen sich einige als feministische Lesben begreifen. Großes Make-up und ultra-weibliche Kleidung gelten den meisten Feministinnen noch immer als suspekt, und schrilles Getändel wird kaum als authentisch-weibliches Verhalten akzeptiert. MTFs wird nicht selten Dominanz vorgeworfen, und diese wird mit klassischer Männlichkeit assoziiert. Ich erinnere mich an eine solche Situation, als eine MTF es im Rahmen einer wissenschaftlichen Tagung innerhalb kürzester Zeit geschafft hatte, all ihre Bemühungen, weiblich zu wirken, durch ihren männlich-dominanten Habitus zu verspielen, und Befürchtungen laut wurden, sie sei ein verkleideter Mann, der lediglich provozieren wolle. Das Resultat dieser Ambivalenzen besteht in der Fortführung der Marginalisierung von *gender crossers* in der Frauenbewegung. Organisierte Feministinnen nehmen *gender crossers* kaum zur Kenntnis, und die akademische Debatte um die Grenzen des Geschlechts spielt bei Aktivistinnen keine nennenswerte Rolle.

85 Vgl. Feinberg 1996: 83.

Für die feministische Epistemologie aber, die eine so bemerkenswerte Trennung von der feministischen Praxis erfahren hat, haben die Postulate der *transgender*-Bewegung neue Komplexe von Fragestellungen hervorgebracht und alte Fragen neu problematisiert. Im Kern geht es um die vielfältigen Möglichkeiten der Verschränkung von Geschlecht und Identität, Körper und Selbst, sexueller Praxis und allgemeinem Lebensentwurf. Dabei lassen sich, grob vereinfacht, zwei konträre Grundauffassungen ausmachen, von denen die erste die Existenz zweier abgrenzbarer Geschlechter behauptet, die zweite aber genau das Gegenteil vertritt.

»Für einige Wissenschaften vom Menschen, die genau hingeschaut haben, ist unsere Zweigeschlechtlichkeit, die nur Frauen und Männer kennt, schon lange auch eine fiktive Abstraktion«, meint der Sexualwissenschaftler Volkmar Sigusch, der davon überzeugt ist, »daß alle Menschen unbewußt beides sind, ›weiblich‹ und ›männlich‹, ›Fraumann‹ und ›Mannfrau‹, … weil alle Menschen bewußt, jedenfalls in der Phantasie, über Wünsche, Empfindungen, Eigenschaften und Verhaltensweisen verfügen, die in unserer Kultur jeweils dem anderen Geschlecht zugeschrieben werden« (Sigusch 1995: 8). Transsexuelle Menschen unterscheiden sich, dieser These nach, lediglich graduell von Nichttranssexuellen. Sie machen die natürliche Disposition zu oszillierenden Identitätsbausteinen lediglich sichtbar. Im Sinne der Butler'schen Subversionstheorie formuliert Cromwell eine ähnliche Kritik an ontologischen Geschlechtervorstellungen: »*Transpeople* erschüttern nicht nur die Grundlagen biologistischer und essentialistischer Theorien, sondern unterminieren sie vollständig. Sie sind soziale Störungen und als solche bedrohen sie den sozialen Körper.« (Cromwell 1999: 43) Der von Cromwell angesprochene soziale Körper, dessen Störung wohl wollend zur Kenntnis genommen wird, wird hier als Ursprungsort binärer geschlechtlicher Kategorien gesehen. *Gender crossers* haben, so die Argumentation, keinen Platz in dieser Ordnung und stellen, allein durch ihre Existenz, eine permanente Herausforderung dar, deren Folgen sie als Individuen zu tragen haben. Die *transgender*-Bewegung bietet einen Ausweg aus den persönlichen Geschichten von Marginalisierung und Leiden: Sie organisiert Gemeinschaft und eröffnet einen offensiven politischen Diskurs, der die Machtverhältnisse rhetorisch umkehrt.

Für Cromwell greifen die hegemonialen Kategorien nicht. Sie werden als ungeeignet, Wirklichkeit abzubilden, abgelehnt und als reine Werkzeuge einer bornierten Herrschaftskultur enttarnt, die alles ausgrenzt, was nicht einem selbst entworfenen Raster entspricht. Immer wieder verweist er darauf, dass vermeintlich eindeutige Zuschreibungen an sich suspekt seien, und er zitiert eine Vielzahl von Personen, die sich unübersehbar in einem geschlechtlichen Zwischenbereich angesiedelt haben, für den es keine Begriffe mehr gibt: Rich, der angibt, seine Vagina beim Sex zu genießen, sich aber nicht als Lesbe, sondern als heterosexueller Mann begreift[86] oder Maxwell Anderson, ein nicht operierter FTM, der seine Beziehungen zu einem anderen FTM als männliche Homosexualität definiert[87]. Andere Mitglieder der *transgender*-Bewegung sind auf ähnliche terminologische Schwierigkeiten gestoßen. Wie nennt man die Beziehung zwischen einem *transfag* und einer *transdyke*, fragt Jacob Hale, und kommt zu dem Schluss, dass weder die Begriffe lesbisch, schwul, bi- oder heterosexuell zutreffen.[88] Wie viele Identitäten sich sogar in einer einzigen Person in unterschiedlichen Kontexten herausbilden können, beschreibt Zachary Nataf: »Mit einem heterosexuellen Mann kann ich die beste Alptraumfantasie in Gestalt eines Strichjungen sein. Mit einer heterosexuellen Frau kann ich ein hübscher Heteromann sein, oder, wenn ich sie als *fag hag* empfinde, kann ich ein Schwuler mit Bi-Tendenzen sein. Mit einer lesbischen *top femme* kann ich ein *high heels* liebender *boy bottom* oder eine *third sex butch*, ein lesbischer Mann sein. Mit einem schwulen Mann kann ich ein *cock worshipping catamite* oder ein *fisting top* sein. Mit geschlechtsuneindeutigen Bi-Männern und -Frauen und sexuell uneindeutigen *transgender* Leuten kann ich vielleicht ich selbst sein.« (Nataf 1996: 32, in: Cromwell 1999: 134)

Die Idee des Fließens, des Ambivalenten stellt sich beim Lesen solcher Beispiele zwangsläufig ein, und die Forderung nach Öffnung kategorieller Grenzen erschließt sich der Leserin als logische Konse-

86 Vgl. Cromwell 1999: 131.

87 Vgl. Anderson, Maxwell (1997): Man loving man. In: Boy's Own 24: 23. In: Cromwell 1999: 133.

88 Vgl. Hale, Jacob, ohne Literaturangabe in Cromwell 1999: 133.

quenz. Da nimmt es sich geradezu provokant aus, wenn Halberstam »den Glauben in fluide Selbst und, mehr noch, den Glauben daran, daß Fluidität und Flexibilität immer und überall wünschenswert sind« (Halberstam 1998: 147), hinterfragt. »Es gibt Transsexuelle«, schreibt sie, »und wir sind nicht alle Transsexuelle; *gender* ist nicht fließend, und *gender*-Varianz ist nicht überall, wo sie vorkommt, das gleiche.« (Halberstam 1998: 173) Für ihre Argumentation rekurriert sie auf eine Unterscheidung zwischen Transsexuellen und *transgender*, die Henry Rubin vorgenommen hatte. Nach Rubin streben *transgender* eine Welt ohne *gender* an, während Transsexuelle ein geschlechtliches Zuhause suchen.[89]

Diese Definition stimmt nicht nur mit der von Transsexuellen selbst so häufig artikulierten These vom »falschen Körper« überein, sie wird implizit sogar von denjenigen bestätigt, die sich, wie Cromwell, als *transgender* und Vertreter des fluiden Geschlechtermodells begreifen. »Ich war maskulin in meinem Verhalten und meinen Interessen«, schreibt Cromwell über seine Kindheit. Wenn *gender* aber weder sozial festgelegt noch notwendig an den Körper gekoppelt ist, was genau kann man sich unter maskulinem Interesse und Verhalten vorstellen? Er sei nicht aggressiv gewesen, noch habe er sich mit Jungenspielzeug beschäftigt, fährt Cromwell fort. Er sei lediglich physisch aktiv gewesen. Nun mag der Bewegungsdrang bei den meisten Jungen stärker sein als bei Mädchen, dies kann jedoch kaum als Kriterium für Männlichkeit angeführt werden, betrachtet man all die passiven Jungen, die ihre Zeit vor dem Fernseh- oder Computerbildschirm verbringen, und all die agilen Mädchen, für die mit der althergebrachten Bezeichnung »Wildfang« sogar ein eigener Terminus existiert. Was meint Cromwell damit, wenn er sagt, »ich wünschte mir nicht, ein Junge zu sein, ich war ein Junge?« (Cromwell 1998: 145) Einige Zeilen weiter schildert er dann den Hass auf seine sich in der Pubertät entwickelnden Brüste, was die Vermutung nahe legt, dass die Bezugnahme auf den Körper doch größer sei, als man seinen Ausführungen zum Verhältnis von *sex* und *gender* entnehmen könnte.

Die Vorstellung eines »wahren« geschlechtlichen Selbst artiku-

89 Vgl. Rubin, H. 1996: 7.

lieren auch Green[90] und Bornstein[91], wie Cromwell führende Mitglieder der *transgender*-Bewegung, die in ihren theoretischen Ausführungen schärfste Kritikerinnen der Idee des Geschlechterbinarismus sind. Der Widerspruch zwischen der eigenen Identität, nämlich entweder männlich oder weiblich zu sein, und den theoretischen Postulaten, die auf eine Abschaffung der Kategorie *gender* hinzielen, ist eklatant und nicht lösbar.

Wer für die Anerkennung des Geschlechtswechsels, gleich ob körperlich oder sozial, streitet, muss konsequenterweiser zunächst anerkennen, dass Geschlechter existieren. Wer solche Übergänge immer als Bewegungen entweder vom männlichen zum weiblichen (MTF) oder vom weiblichen zum männlichen (FTM) Geschlecht definiert, schreibt damit fest, dass auch Männer und Frauen existieren. So weit dies alles die physiologische Ebene betrifft, die Ablehnung des eigenen Körpers und der Wunsch nach den geschlechtlichen Zeichen des anderen, berührt dies nicht unbedingt die Kategorie des *gender*. Es ist theoretisch durchaus möglich, sie vom *sex*, dem Körper und seinen Funktionen zu trennen. Den Bedürfnissen der *gender crossers* entspricht ein solches Vorgehen allerdings nicht. Ausnahmslos empfinden diejenigen, die ihr körperliches Geschlecht ändern wollen, auch eine entsprechende Geschlechtsidentität. Häufig geht sie dem Wunsch nach physischer Transformation voraus und stellt die originäre Ursache des Transgressionsbedürfnisses dar. Körper und Identität sind offensichtlich stärker miteinander verschmolzen, als *gender*-TheoretikerInnen lieb ist, sie spiegeln einander, begründen sich gegenseitig und werden als referentielle Zeichen erlebt.

Nun wird der menschliche Körper, von Ausnahmen abgesehen, nicht nur dichotom wahrgenommen, sondern er ist faktisch entweder männlich oder weiblich. Morphologisch, physiologisch, gonodal und endokrinologisch existieren Unterschiede zwischen Männern und Frauen,[92] die als Ausgangsbasis für die kulturellen Konstruktio-

90 Vgl. Green 1999: 123.

91 Vgl. Bornstein 1995: 47.

92 Zweifellos existieren auch Uneindeutigkeiten und Ambivalenzen – am deutlichsten in Form von Intersexuellen – die aber, wie alle Ausnahmen, die Regel eher bestätigen als entkräften.

nen von Geschlecht fungieren. Niemand empfindet diese Binaritäten stärker als Transsexuelle. Für sie hat die These von der sozialen Konstruiertheit von Geschlecht wenig Bedeutung und müsste geradezu zynisch klingen. »Trotz einer großen Flexibilität mit dem ›falschen Körper‹«, meint auch Lindemann, »ist dieser nicht völlig beliebig, sondern orientiert sich strikt an einer asymmetrischen Opposition.« (Lindemann 1993a: 203)

Diese Opposition erstreckt sich auch auf die Geschlechtsidentität. *Transgender* haben genaue Vorstellungen davon, was ein männliches oder ein weibliches *gender* ist. Die Idee eines fest umrissenen sozialen und mentalen Geschlechts, die feste Gewissheit, dass ein Junge nicht nur körperlich kein Mädchen ist und dass es eine Menge Dinge gibt, die eine Frau tatsächlich von einem Mann unterscheiden, ist das eigentliche Paradox der *transgender*-Bewegung.[93] Sie kollidiert mit dem Umstand, dass Geschlechtsumwandlungen oft nicht das gewünschte Resultat bringen und die Betroffenen körperlich im Niemandsland zwischen den Geschlechtern stehen lassen, aber auch mit einer Vielzahl von sexuellen und sozialen Geschlechterpraktiken, die die binären Oppositionen auffächern, seine Bestandteile isolieren und neu zusammensetzen. Zwischen den Polen einer heterosexistisch-patriarchalen Geschlechterkonzeption mit dem heterosexuellen Mann an einem und der heterosexuellen Frau am anderen Ende finden sich alle nur erdenklichen Formen geschlechtlicher Selbstentwürfe, die sich in unterschiedlicher Weise der Begriffe »männlich« und »weiblich« bedienen, um einen bestimmten Ausdruck zu unterstreichen oder ein Gefühl zu verdeutlichen. Aller Diversitäten und Unorthodoxien zum Trotz bleibt die Kategorie Geschlecht der einzige Referenzrahmen, und das nicht in erster Linie als Negativfolie. Dabei macht sie einige interessante Veränderungen durch. Herausgelöst aus dem hegemonialen Diskurs verliert sie ihren repressiv monolithischen Charakter und wird zu einer Variablen, unter deren Dach die vielfältigsten Lebensentwürfe abgebildet werden können.

93 Ich meine hier explizit die politische *transgender*-Bewegung, die mit der Idee der Auflösung von Geschlecht an die Öffentlichkeit tritt. »Gewöhnliche« Transsexuelle sind in dieser Hinsicht sehr viel konsistenter, da sie sich unhinterfragt an dem herrschenden Geschlechterstereotyp orientieren.

Epilog: Geschlecht – eine Kategorie auf unsicheren Füßen?

Geschlecht ist eine merkwürdige Kategorie. Es gibt keine Kultur, die sich ihrer nicht bedient, und auch keine, die sie nicht dual konzipiert, die Kinder nicht bereits bei der Geburt entweder dem Männlichen oder dem Weiblichen zuordnen würde. Andererseits existieren in den meisten Gesellschaften Möglichkeiten für Individuen, die Grenzen der beiden Subkategorien »männlich« und »weiblich« zu überschreiten, in den Handlungsraum des jeweils anderen vorzudringen, sich verschiedener ihm zugeordneter Attribute zu bemächtigen oder sogar ganz hinüberzuwechseln und zum anderen zu werden. Bei historischen Studien und mehr noch im interkulturellen Vergleich enthüllt sich vor uns ein faszinierendes Kaleidoskop von real gelebten Geschlechterrollen, die jenseits der jeweils herrschenden Ausformulierung von Männlichkeit und Weiblichkeit liegen. Viele dieser Rollen sind institutionalisiert und erfüllen festgelegte Funktionen innerhalb der Gesellschaft, andere existieren versteckt in ihren Nischen und treten nur gelegentlich in Erscheinung. Die in diesem Buch vorgestellten Beispiele für solche Institutionen stellen nur einen kleinen Ausschnitt aus der Vielfalt der Möglichkeiten geschlechtlicher Transgression dar, dessen vollständige Darstellung allein hunderte von Seiten füllen würde. Ich habe auf die Präsentation vieler Einzelinstitutionen wie der *mahu* auf Hawaii, der *fa'afafine* auf Tahiti oder anderer polynesischer *gender*-Rollen[1] verzichtet, die in den vergangenen Jahren vermehrt das Interesse von ForscherIn-

1 Vgl. Besnier 1996, Elliston 1999, Mageo 1992, Shore 1981.

nen auf sich gezogen haben, ebenso auf großräumig wirksame Subkulturen wie die der südostasiatischen *lady boys*, die in Thailand, Indonesien und auf den Philippinen als Heldinnen von Schönheitswettbewerben zunehmende Popularität erfahren.[2] Vermissen wird manch eine(r) auch Ausführungen zum nahezu unüberschaubaren Bereich der rituellen Geschlechtsüberschreitung, die temporär sein kann wie bei der *naven*-Zeremonie der Iatmul auf Neuguinea[3] oder dauerhaft, wie sie uns im Schamanismus gegenübertritt.[4] All diese Phänomene würden zwar den Datenkorpus bereichern, aber keine grundsätzlich neuen Aspekte zur Debatte um Geschlecht als Kategorie beitragen.

Welche Schlussfolgerungen lassen sich nun aus den vorgestellten Materialien ziehen? In der Debatte, die ich im Vorangegangenen skizziert habe, können zwei Hauptstränge der Argumentation ausgemacht werden. Der erste ist vom postkolonialen Impetus getragen und kontrastiert die vermeintlich liberalen Geschlechterkonzeptionen in nichtwestlichen Gesellschaften mit den als rigide empfundenen des Westens.[5] Nanda interpretiert die *hijras* in dieser Weise und Cornwall die *travestis*. Beide befinden sich damit in Übereinstimmung mit einem akademischen *mainstream*, der den Westen nicht nur der Totalisierung hegemonialer Muster bezichtigt[6], sondern ihn auch primär mit einer sexistischen Ideologie in Verbindung bringt. Zur Illustration seien hier die Anthropologinnen Carol Delaney und Sylvia Yanagisako angeführt, denen im Rahmen einer Auseinander-

2 Vgl. Jackson 1995, 1997a und b, Jackson/Sullivan 1999, Johnson 1997, Whitam 1992.

3 Vgl. Bateson 1936, Silverman 2001.

4 Vgl. Bleibtreu-Ehrenberg 1984.

5 Obgleich ich die Differenzierung in »Westen« und »Nichtwesten« an dieser Stelle übernehme, da sie im internationalen Diskurs so dominant ist und bestimmte Positionen nicht außerhalb dieses Rasters verständlich gemacht werden können, ist sie doch eine äußerst problematische Unterscheidung. Auf die Länder Europas und der USA beschränkt, ignoriert sie Gemeinsamkeiten mit vielen lateinamerikanischen Staaten, die jüngste Entwicklung in Südafrika, die prekäre Position Japans sowie die urbanen Kulturen nichtwestlicher Staaten. Zudem vereinheitlicht sie in kaum zulässiger Weise die Geschlechterverhältnisse außerhalb des »Westens«, die von extremer patriarchaler Zwangsmoral bis zu freizügigem Liberalismus reichen.

6 Vgl. Yanagisako/Delaney 1995: 15.

setzung mit US-amerikanischen Vorstellungen über den weiblichen Körper nur rechtslastige Diskurse eingefallen sind: »Volksdiskurse über natürliche Körperfunktionen, fundamentalistische Diskurse über Sex, Sünde und Abtreibung und rassistische Diskurse über Vergewaltigung und Sexualität« (Yanagisako/Delaney 1995: 18). Keine Rede von feministischen Diskursen, esoterischen und homosexuellen oder liberal-emanzipativen Diskursen, die mittlerweile einen erheblichen Einfluss besitzen.

Wenn es auch verständlich ist, dass KritikerInnen ihr Augenmerk vorrangig auf Problemfelder innerhalb einer Gesellschaft legen und Feministinnen sexistische und rassistische Strömungen in den Mittelpunkt ihrer Analysen stellen, so sollte dabei doch nicht vergessen werden, dass dieser Fokus einen beträchtlichen Teil der gesellschaftlichen Realität ausblendet. Diejenigen, die die Geschlechterbilder westlicher Gesellschaften ausschließlich in einem reaktionären Stereotyp von Männlichkeit und Weiblichkeit verhaftet sehen, werden weder dem Bemühen einer Vielzahl von Einzelpersonen und Gruppen gerecht, die seit mehr als hundert Jahren für die Rechte von Frauen, Homosexuellen und anderen Marginalisierten kämpfen, noch nehmen sie die lebendige Kultur von Schwulen, Lesben, Transvestiten und Transsexuellen zur Kenntnis, die über eine ebenso lange Geschichte verfügen. Wie in nichtwestlichen Gesellschaften existieren auch in westlichen ausformulierte Geschlechtsrollen, die außerhalb eines heterosexuellen, sozial normierten Rasters stehen. Unbestritten wurden Menschen, die aus der Norm herausfielen, stigmatisiert, waren Gewalttätigkeiten und staatlicher Repression ausgesetzt. Dies gilt auch heute noch, wenngleich sich das Klima, nicht zuletzt durch das politische Engagement der Betroffenen, in den vergangenen Jahren deutlich verändert hat und das Spiel mit Geschlechtsidentitäten in einigen Kreisen mittlerweile als chic gilt.[7]

Von Diskriminierung und sozialem Ausschluss sind aber nicht nur *gender outlaws*[8] in Deutschland, England und den USA bedroht.

7 Die MTF Kate Bornstein hat in einer Rede sogar von *gender-shopping* gesprochen. Vgl. Bronstering 1997.

8 So lautet eine von Kate Bornstein in die Diskussion eingeführte Selbstbezeichnung. Vgl. Bornstein 1994.

Die *travestis* gehören zu den am meisten verachteten Menschen in Salvador, und auch die *hijras* leben in jeder Hinsicht am Rand der indischen Gesellschaft. Der Status indianischer *gender crosser* war zumindest ambivalent, und selbst die albanischen *tobelija* hatten unter Spott und Beschränkungen ihrer männlichen Rechte zu leiden. Für eine Glorifizierung der Verhältnisse in nichtwestlichen Gesellschaften im Sinne von *gender*-Paradiesen gibt es keinerlei Veranlassung.

Auch ist die Existenz alternativer Geschlechterrollen, seien sie institutionalisiert oder nicht, nirgendwo mit einer Negation binärer Geschlechterkonzeptionen verbunden. Alle genannten Gesellschaften zeichnen sich, im Gegenteil, durch sehr rigide Konstruktionen von Geschlecht aus. Die Integration alternativer Geschlechter in die hegemoniale Kultur erfolgt dabei zum Teil explizit mit dem Ziel, eine restriktive Geschlechterordnung zu stabilisieren, wie am Beispiel der *xanith* deutlich wird. In anderen Fällen sind die alternativen Modelle Effekte einer starren Geschlechterverfassung. Dies trifft für die »geschworenen Jungfrauen« Albaniens ebenso zu wie für die als Jungen sozialisierten Mädchen der Völker Nordamerikas. Da sie als Frauen unter keinen Umständen erbberechtigt sind oder ihnen die Ausübung bestimmter Tätigkeiten grundsätzlich verwehrt ist, müssen sie zu Männern werden. Persönliche Neigungen oder bestimmte Passionen sind hier bestenfalls sekundär.

Bei genauer Betrachtung der Daten bestehen Unterschiede zwischen einem so genannten Westen und dem Rest der Welt in erster Linie in der Ursache für *gender crossing*. Während außerhalb Europas soziale Motive eine entscheidende Rolle spielen – sei es als Tätigkeitspräferenz der betroffenen Individuen, sei es als strukturelle Notwendigkeit –, versteht man es im Westen als erotisches Phänomen oder als Problem der Identität. Das liegt in erster Linie an der Bedeutung, die Sexualität im hegemonialen Diskurs der betreffenden Gesellschaften einnimmt. In westlichen Gesellschaften ist Sex ein öffentliches Thema, und der »richtige« Umgang mit der eigenen Sexualität gilt gleichermaßen als Grundlage für individuelle Zufriedenheit und persönliche Sinngebung im Leben wie auch als Garant für die Aufrechterhaltung der gesellschaftlichen Ordnung. In bestimmten historischen Phasen sah man im Sex einen gefährlichen

Trieb, der nur in der dauerhaften heterosexuellen Paarbildung eine sozial verträgliche Form annehmen könnte, und dämonisierte alles davon Abweichende. Heute hält man in Europa und in den liberalen Kreisen der USA eher das Banner der sexuellen Pluralität hoch. Das dauerhafte Reden über den Sex, ja eine gewisse Besessenheit von ihm, stellt ein wichtiges Merkmal westlicher Gesellschaften dar und unterscheidet diese von nichtwestlichen, in denen es vielfach als anstößig gilt, überhaupt über Sex zu sprechen.[9]

Unterschiedliche Schamgrenzen und Diskurspräferenzen führen zu unterschiedlichen Erklärungsmustern. Daher lässt sich nicht endgültig klären, wie häufig die Präferenzen für eine gegengeschlechtliche Rolle »wirklich« dem oben skizzierten Schema entsprechen, ob zum Beispiel Geschlechtsrollenwechsel in Deutschland immer und bei traditionellen nordamerikanischen Indianern niemals erotisch motiviert sind. Die Transvestitin Charlotte von Mahlsdorf entschied sich, folgt man ihren autobiographischen Veröffentlichungen, trotz ihrer Homosexualität maßgeblich aus sozialen Gründen für eine weibliche Existenz, und manch ein homosexueller Zuni, Lakota oder Navaho mag die soziale Rolle einer Frau nur deshalb in Kauf genommen haben, um seinen erotischen Passionen nachgehen zu können.

Über diese recht vage Differenz zwischen sozialer und erotischer Identität hinaus lassen sich keine fundamentalen Differenzen zwischen Westen und Nichtwesten ausmachen. Die Konstruktion von Geschlecht als binäre Kategorie ist offensichtlich universal, wie auch die Möglichkeit, sich im Rahmen einer Außenseiterposition über festgelegte Geschlechtsrollen hinwegzusetzen. Die kulturelle Hegemonie des Zweigeschlechtermodells ist nur selten so erdrückend, dass sie alle anderen Formen auslöscht. Dies zu ignorieren hat fatale Folgen. Mit dem Imago des absoluten Dimorphismus im

9 Auch hier gelten die bereits erwähnten Probleme mit der Differenzierung in westliche und nichtwestliche Gesellschaften. In Brasilien, das in der Diskussion als nichtwestlich gilt, steht Sex beispielsweise im Mittelpunkt der öffentlichen Rede, nackte Körper werden öffentlich zur Schau gestellt und Transvestiten besitzen eine ebenso große Popularität in den Medien wie in Europa. *Travestis* begründen ihre Existenzweise daher auch ausschließlich mit ihrem homosexuellen Begehren.

Westen kreiert die postkoloniale Anthropologie ihre eigene totalitäre Fiktion und produziert damit eine neue Polarität zwischen dem Eigenen und dem Fremden, die einem herrschaftsfreien Diskurs wenig zuträglich ist. Durch die Konstruktion mythischer Orte außerhalb Europas, an denen man die eigenen Utopien vorzufinden glaubt, läuft sie zudem Gefahr, sich an einer erneuten Exotisierung der »Anderen« zu beteiligen, die jetzt zu Refugien eigener Träume umgedeutet werden.

Weniger problematisch, wenngleich theoretisch mit mancher Konfusion behaftet, gestaltet sich die Diskussion um die Kategorie selbst. Einhellig vertreten die beteiligten AutorInnen die Meinung, sie sei konstruiert, wobei sie in unterschiedlicher Weise auf Geschlechtsrolle, Geschlechtsidentität und Körper rekurrieren. Mit einer Differenzierung zwischen *sex* und *gender* hat man immer wieder versucht, die einzelnen Bereiche zu strukturieren. Dies war einsichtig, solange der Rahmen des heterosexuellen Geschlechterstereotyps nicht verlassen wurde, wenngleich der Ansatz die Frage niemals beantworten konnte, warum ein bestimmtes *gender* sich stets mit einem bestimmten *sex* verband. Die Forschungen zu Homosexuellen, Transsexuellen und Transvestiten hat nun weitere Mängel des Modells gezeigt. Zum einen konnten damit nicht die Manipulationen des Körpers erklärt werden, die Transsexuellen ein tiefes Anliegen war, und zum anderen wurde offensichtlich, dass die gelebten Selbstentwürfe von *sex* und *gender* sehr viel komplizierter sind als angenommen. *Hijras* und *travestis* stehen morphologisch und sozial zwischen den Geschlechtern, und auch für viele Individuen, die sich heute zur Schwulen-, Lesben- oder *transgender*-Bewegung zählen, macht eine Aufschlüsselung in *sex* und *gender* keinen rechten Sinn. Endgültig hinfällig wird das Modell vor dem Hintergrund der Restaurierung eines ontologischen *gender*-Begriffes, wie er von Cromwell und anderen *transpeople* vertreten wird.

Obwohl der überwiegende Teil der am aktuellen Sexualitätsdiskurs Beteiligten für sich in Anspruch nimmt, die Kategorie Geschlecht überwinden zu wollen, existiert faktisch kein Ansatz, in einer anderen Kategorie zu denken oder zu handeln. Transsexuelle fühlen sich im eigenen Geschlechtskörper nicht zu Hause und streben den des gegenteiligen Geschlechts an, *transgender* transformieren sich ebenfalls sozial und/oder physiologisch in das entgegengesetzte Geschlecht, *butches* und Tunten adaptieren den Habitus des jeweils anderen Geschlechts, und gewöhnliche Schwule, Lesben und Bisexuelle verweigern sich lediglich der heterosexuellen Norm, ohne am Geschlecht, mit dem sie geboren wurden, zu zweifeln. Die Soldatinnen der beginnenden Neuzeit und die weiblichen Mönche des europäischen Mittelalters standen genauso wenig außerhalb der Kategorie Geschlecht wie die *xanith*, *travestis* und *winkte*. Sie alle nehmen für sich eine der beiden Geschlechter in Anspruch oder sie besetzen einen Platz zwischen ihnen. Indigene Begriffe verweisen häufig auf die letzte Option: Mann-Frau, Mädchen-Junge, männliche Tochter, weiblicher Ehemann. Das alles hat wenig mit der Außerkraftsetzen oder der Vervielfältigung[10] von Geschlecht zu tun, eher mit der Kombinierbarkeit seiner Elemente.

Wenn im Kontext akademischer Geschlechteranalysen von der Auflösung der Kategorie Geschlecht gesprochen wird, dann ist damit in der Regel das Anliegen verknüpft, rigide Geschlechternormen theoretisch *ad absurdum* zu führen und ihre Naturalisierung unmöglich zu machen. Dies gelingt jedoch nur teilweise. Positiv ist in jedem Fall eine Öffnung des Blickes durch die Wahrnehmung von Geschlechterrollen, die den gewohnten Rahmen des Denkens durchbrechen. In der historischen und kulturvergleichenden Perspektive, aber auch in der Auseinandersetzung mit Subkulturen relativieren sich eigene Vorstellungen von Männlichkeit und Weiblichkeit, und die Beschwörung von »Natürlichkeit« wird absurd. Schon die feministische Forschung hatte auf die Vielfältigkeit von Geschlechterrollen und kulturellen Mustern, Mann oder Frau zu sein, hingewiesen. Die neueren Studien zum Phänomen des Geschlechtswechsels und der Geschlechtsrollenüberschreitung erweitern diesen Ansatz durch eine kritische Reflexion deterministischer

10 Zu welch absurden Zählexempeln die Mode, mehr als zwei Geschlechter zu lokalisieren, führen kann, wird bei einer Publikation der Ethnologin Ina Rösing deutlich, die bei den von ihr erforschten Amarete in Peru zehn Geschlechter zu entdecken meinte. Die abenteuerliche Zahl ergibt sich aus spitzfindigen symbolischen Zuschreibungen von Elementen und Himmelsrichtungen, die ihrerseits in gewissen Kontexten eigene geschlechtliche Konnotierungen erfahren. Vgl. Rösing 1999.

Vorstellungen. Sie weisen darauf hin, dass nicht nur Kultur, Rasse, Alter, Religion oder der soziale Status die Identität von Einzelnen bestimmen, sondern dass diese in ganz entscheidendem Maß auch von der Persönlichkeit der Subjekte abhängig ist. Diese Persönlichkeit ist tendenziell subversiv, d. h., sie strebt die Durchsetzung ihrer Passionen auch dort an, wo repressive Regime die kontrollierte Gleichschaltung der Individuen zu erzwingen suchen. Andererseits besteht kein Anlass, dieses Moment von Widerständigkeit überzubetonen. Die Leidenschaften sprengen nur selten den Rahmen des kulturell Vorgegebenen, und das Begehren richtet sich nur auf Dinge, die sozial disponabel sind. In einer Foucault geschuldeten Diktion kann man die handelnden Subjekte gleichzeitig als produktiv und der Macht unterworfen charakterisieren. Dabei ist ihre Durchdringung durch die Muster der hegemonialen Ordnung im selben Moment die Bedingung ihres oppositionellen Selbstentwurfes. Die US-amerikanische MTF, die sich mit großem Make-up, tiefem Dekolleté und hohen Schuhen inszeniert, tut dies vor dem Hintergrund ihres Wissens um kulturell normierte Weiblichkeit in den USA. Ihr als originär individuell empfundenes Begehren orientiert sich an diesen Stereotypen und wird durch die Existenz dieser Stereotypen hervorgebracht. In ebendieser Weise gestalten sich alternative Geschlechterrollen auch in anderen Gesellschaften: Sie orientieren sich an gültigen Normen und versuchen, diese Normen für ihren eigenen Ausdruck nutzbar zu machen. Dabei gilt häufig, und dies ist eines der Paradoxe des *gender crossing*, dass die Nacheiferung von Stereotypen gerade bei denjenigen besonders virulent ist, die sich selbst als außerhalb der hegemonialen Ordnung stehend begreifen. Es zeugt von einer gewissen inhärenten Ironie, wenn diejenigen, die sich nicht per körperlicher Ausstattung auf eine bestimmte Geschlechtsrolle berufen können, diese in ihrer rigidesten Form adaptieren und diese Handlung mit dem Hinweis auf eine tief empfundene ontologische Geschlechtsnatur begründen.

Dabei hat das Phänomen durchaus ludische Komponenten. Nicht umsonst steht die öffentliche Inszenierung in vielen Kontexten im Mittelpunkt der Selbstgestaltung. *Travestis* nutzen die Straße als Bühne, *hijras* glänzen bei ihren theatralischen Geburtsimitationen, und in westlichen Ländern hat sich mit der Travestie-Show ein eigener Bereich des künstlerischen Lebens etabliert. Es ist ein Spiel mit Normen und mit Zuschreibungen, die gleichzeitig provozieren und das Persiflierte stabilisieren.

Hat die Kategorie Geschlecht als theoretisches Konzept und als Leitlinie für Identität ausgedient? Die oben genannten Beispiele lassen diesen Schluss nicht zu. Vielmehr scheint sie, gerade vor dem Hintergrund des Phänomens *transgender* und der erstarkenden *queer*-Bewegung mit neuer Aktualität aufgeladen zu sein. Dazu kommt die nach wie vor aktuelle Problematik der nicht vollendeten Gleichstellung von Frauen, die die Gender in den Mittelpunkt politischer Programme stellt. Während manche die Zukunft der Gesellschaft als androgyne visualisieren und die sozialen Rollen von Männern und Frauen weitgehend aneinander anzugleichen suchen, betonen andere die Differenz zwischen ihnen als Garanten gleicher Chancen. Just die Auffassung, dass Männer und Frauen ihrem Wesen nach vollkommen unterschiedlich seien, hat beispielsweise in Norwegen dazu geführt, dass Frauen und Männer nahezu paritätisch im Parlament vertreten sind. Man glaube nicht, so die Argumentation, dass Frauen, die immerhin die Hälfte der Bevölkerung stellen, von Männern politisch vertreten werden könnten.[11] Auch von Seiten der Soziobiologie, bislang eine Bastion reaktionären Denkens, kommen radikal-emanzipative Theorien, die auf der These des fundamentalen Unterschieds zwischen den Geschlechtern basieren. So legte Sarah Blaffer Hrdy, Professorin für Anthropologie an der University of California, im Jahr 1999 eine Aufsehen erregende Publikation über die weibliche Seite der Evolution vor[12], und ihr Kollege Richard Wrangham von der Harvard University veröffentlichte nur drei Jahre zuvor eine für das männliche Geschlecht wenig schmeichelhafte Studie über die Entwicklungsgeschichte des Mannes.[13]

Die Kategorie Geschlecht ist in Bewegung geraten. International dringen Frauen in Entscheidungsebenen vor und setzen die Dichotomie häuslich – öffentlich, die Rosaldo und Lamphere als Aus-

11 Vgl. Inhetveen 2000.
12 Vgl. Blaffer Hrdy 1999.
13 Vgl. Wrangham / Peterson 1996.

gangspunkt ihrer Analyse galt, praktisch außer Kraft. Die Übernahme reproduktiver Funktionen ist in westlichen Ländern schon lange nicht mehr das entscheidende Kriterium für eine weibliche Lebensweise, und eine steigende Zahl von Frauen bleibt gewollt kinderlos. Das sexuelle Begehren determiniert nicht mehr unangefochten das Geschlecht einer Person, und spätestens seit Schwule und Lesben als kaufkräftige KonsumentInnen entdeckt wurden, gilt es in der Öffentlichkeit nicht mehr als opportun, Homosexuelle mit dem Verweis auf die »Unnatürlichkeit« ihrer Sexualpraxis als nicht richtige Männer oder Frauen abzuqualifizieren.

Andererseits gibt es aber auch keinen Anlass, die Fortschritte überzubewerten. Homosexualität zählt nach wie vor in vielen Ländern als Straftat, Genitalverstümmelung an Frauen und Mädchen ist noch immer weit verbreitet, und die Gesetze der Ehre unterwerfen beide Geschlechter der Mittelmeerregion einem rigiden sozialen Codex, der jedes Jahr zu zahlreichen Morden an Schwestern, Töchtern und Ehefrauen führt. Fundamentalistische Bewegungen sind auf dem Vormarsch – christlich orientiert die einen, die vor allem in den USA gegen Schwangerschaftsverhütung, Homosexualität und Frauenemanzipation predigen,[14] moslemisch die anderen, die im Extremfall nicht nur für die Verschleierung der Frauen, sondern auch für das Verbot weiblicher Berufstätigkeit, Mädchenbildung und sogar medizinischer Behandlung eintreten.[15] Homosexuelle, die sich öffentlich zeigen, sind noch immer Opfer von Gewalt, nicht anders als Frauen, die sich ohne männliche Begleitung nachts außerhalb des Hauses oder tagsüber an unbelebten Plätzen aufhalten.

Die Kategorie Geschlecht markiert ein umkämpftes Terrain, das

14 Die Brisanz solcher fundamentalistischen Argumentation lässt sich zur Zeit im Rahmen des vermeintlichen »Kampfes der Kulturen« beobachten, bei dem islamische Eiferer sich als Kämpfer gegen den amoralischen Westen verstehen, während amerikanische Evangelikale wie der Fernsehprediger Jerry Falwell Homosexuelle, Lesben, Abtreibungsbefürworter und Feministinnen bezichtigten, den Attentätern vom 11. September zum Erfolg verholfen zu haben. Vgl. Frankfurter Rundschau vom 29. 9. 2001.

15 Das Gesagte bezieht sich auf das ehemalige Regime der Taliban in Afghanistan.

in stetiger Bewegung begriffen ist und auf dem sich entscheiden wird, ob Wege in eine emanzipative Gesellschaft gefunden oder alte Hierarchien reaktiviert werden. Dabei sind weder die Strategien noch die Bedürfnisse der handelnden Subjekte unumstritten. Ist es eine Befreiung, innerhalb der lesbischen Subkultur maskuline und feminine Rollen zu definieren, oder liegt das Glück der Frau im Unisex? Ist die Institutionalisierung alternativer Geschlechtsrollen ein Zeichen für liberale Geschlechternormen oder ihr Gegenteil? Wie wichtig ist den Einzelnen, seien sie homo-, hetero-, bi- oder transsexuell, eine verlässliche Vorstellung davon, was *sex* oder *gender* ist? Und wie starr sind solche Zuschreibungen? In welchen Kontexten erhält Geschlecht eine Bedeutung?

Geht man den beiden zuletzt genannten Fragen nach, fällt auf, dass es sowohl sozial als auch körperlich ebenso viele Ambivalenzen wie Gewissheiten gibt. In vielen außereuropäischen Gesellschaften ist es anerkannt, dass Menschen sich für die Tätigkeiten und die soziale Rolle des jeweils anderen Geschlechts mehr interessieren als für die des eigenen. Dies führt dann zum sozialen Geschlechtswechsel. In den westlichen Gesellschaften des einundzwanzigsten Jahrhunderts ist dies anders. Hier gelten solche Überschreitungen häufig nicht mehr als deviant, sondern als erwünscht. Frauen, die Autos reparieren können, steigern ihr Ansehen ebenso wie Männer, die gute Köche sind. Im Sozialen glauben wir, dass alles möglich sei und erweisen uns als gute KonstruktivistInnen.

Den Körper dagegen halten wir weniger für ein Produkt unserer Selbsterschaffung, und dies mit einer gewissen Berechtigung. Trotzdem entgleitet auch er, bei genauer Betrachtung, immer wieder einer eindeutigen Definition. Wie die Beispiele von Hermaphroditen zeigen, lässt der äußere Anschein nicht immer auf eine entsprechende physiologische oder gar gonodale Struktur schließen. Für einige Personen bringt eine zufällige medizinische Untersuchung ihre gesamte Selbsteinschätzung zum Einsturz, wie im Fall der spanischen Athletin Maria Patino, die bei einer Routineüberprüfung zur Zulassung zu den Olympischen Spielen im Jahr 1988 als Mann identifiziert wurde. In ihren Labien verbargen sich verkümmerte Testikel, und eine Zellanalyse ergab, dass ihre Chromosomenstruktur XY war. Patino litt am so genannten Androgen-Insensitivitäts-Syndrom, bei dem der Körper das produzierte Testosteron aufgrund fehlender Rezeptoren nicht identifizieren kann. Die äußere Erscheinung ist daher vollständig weiblich.

In anderen, dem Sport entstammenden Beispielen werden künstliche Maskulinisierungen durch (verbotene) Gaben männlicher Hormone herbeigeführt. Das Ergebnis sind enorme Leistungssteigerungen durch eine Veränderung der Muskel-Fett-Proportionen, die den Betreffenden ein mehr als androgynes Äußeres verschafft.

Doch auch im Alltag kennen wir diverse Manipulationen des männlichen und weiblichen Körpers durch hormonelle, sportliche und kosmetische Maßnahmen. Dabei geht es in der Regel darum, eine Verflachung des sexuellen Dimorphismus zu verhindern. Es ist bekannt, dass die Östrogenproduktion bei Frauen mit zunehmendem Alter nachlässt und dass die Folgen nicht nur im Ausbleiben der Menstruation bestehen, sondern auch Haarausfall auf dem Kopf sowie eine sprießende Gesichtsbehaarung verursachen können. Dies gilt allgemein als unerwünscht, ja geradezu lächerlich, und viele Frauen begegnen dieser Maskulinisierung mit Hormonsubstitutionen. Männer wähnten sich lange Zeit vor den erodierenden Einflüssen des Hormonschwunds sicher, was wohl hauptsächlich daran lag, dass die Zeugungsfähigkeit bis ins hohe Alter erhalten bleiben kann. Dass auch sie zwischen vierzig und fünfzig gravierende körperliche Veränderung durchmachen und ihre Testosteronproduktion mit jedem Jahr abnimmt, haben Forscher in den letzten Jahren wiederholt nachgewiesen. In Männermagazinen wie *Men's Health*, die einen immer größer werdenden Absatzmarkt erobern, sorgen sich Männer seitdem in aller Öffentlichkeit um ihre nachlassende Maskulinität und werben für Testosteronsubstitution, sportliche Trainingsprogramme und ausgewogene Ernährung.

In unserer Gesellschaft mit ihrem expliziten Jugendkult gilt das altersbedingte Verschwimmen des Geschlechterdimorphismus als schwer zu ertragendes Übel. In vielen außereuropäischen Gesellschaften dagegen gewinnen die Menschen dem durchaus positive Momente ab. Gerade Frauen profitieren häufig vom Ende ihrer Fruchtbarkeit und verfügen als Schwieger- und Großmütter über ungleich größere Handlungsspielräume als junge Frauen. Teilweise sind die Regeln der Geschlechtersegregation für sie aufgehoben, und beim Volk der Hua in Neuguinea können Frauen nach der Menopause sogar zu Männern initiiert werden. Sie erhalten dann einen Sitz im Männerhaus, das ihnen bis dahin verschlossen war, werden sozial als vollwertige Männer anerkannt und meiden, wie alle anderen Männer, menstruierende Frauen, da sie glauben, dass diese ihre Männlichkeit zerstören können.[16]

Die körperliche Verortung von Geschlecht hat, so verlockend sie auch sein mag, durchaus einige Tücken und lässt sich nicht stringent durchhalten. Vom sozialen Standpunkt aus gesehen ist Geschlecht ohnehin eine Variable, und auch im Hinblick auf die Identität der Subjekte existieren keine eindeutigen Kausalitätszusammenhänge zwischen Physis und Psyche. Trotzdem existieren Männer und Frauen als Wesen mit bestimmten physiologischen Kapazitäten und agieren in nach Geschlecht geordneten, kulturell determinierten Handlungsräumen. Nur als Männer und Frauen garantieren sie den Fortbestand der Spezies *homo sapiens sapiens*. Und nur auf der Existenz von Männern und Frauen basieren Verwandtschafts- und Allianzbeziehungen sowie eine Reihe weiterer Grundlagen von Kultur und Gesellschaft. Kognitiv, und dies mag eine Folge unserer Evolution sein, können wir uns nur schwer vom Denken in Geschlechterdichotomien trennen. Selbst subversive Entwürfe von Geschlecht und Identität bedienen sich der jeweiligen Vorstellungen von Männlichkeit und Weiblichkeit oder wenigstens einiger ihrer Fragmente.

Bei der individuellen Ausgestaltung der eigenen Identität zeigt sich allerdings, dass die hegemonialen Muster von Geschlecht lediglich als Orientierungsrahmen verstanden werden, der zwei gegenläufige Pole voneinander abgrenzt, zwischen denen man sich selbst zu verorten sucht. Die wenigsten Menschen entsprechen ganz und gar den herrschenden Stereotypen von Männlichkeit und Weiblichkeit, die Mehrheit befindet sich irgendwo auf dem unendlichen Kontinuum, das sich zwischen ihnen auftut. Verschiedene philosophische Denkmodelle haben dem Rechnung getragen, darunter der Taoismus mit seiner Idee von Yin und Yang und die Archetypenleh-

16 Vgl. Meigs 1984.

re des Psychoanalytikers Carl Gustav Jung. Beide Ideensysteme argumentieren mit dem Männlichen im Weiblichen und dem Weiblichen im Männlichen. Moderne Popkünstler inszenieren dieses Thema als Geschlechtertravestie und Geschlechtermaskerade auf der Bühne, und auch der populäre Androgynitätslook, der von Modezaren wie Calvin Klein zum Markenzeichen stilisiert wird, trägt dem Rechnung.

Für eine Strategie der Befreiung ist es aber nicht nur notwendig, die natürliche Ambivalenz des Geschlechtlichen anzuerkennen, sondern darüber hinaus Bedingungen dafür zu schaffen, dass sich die handelnden Subjekte ohne Reglementierung auf diesem Kontinuum bewegen und aus der Fülle der Möglichkeiten diejenige auswählen können, die ihren Bedürfnissen am meisten entspricht. Hinderlich auf diesem Weg sind nicht nur die Vertreter eines konservativen Geschlechterideals (heterosexuell, monogam, eheorientiert), sondern auch diejenigen, die die Labels ihrer Selbstidentifikation zu fundamentalistischen Heilslehren ausbauen. Die Beispiele der Ex-Lesben, die nach Jahren feststellten, dass sie bisexuell sind und sich in sozialem Niemandsland wiederfanden, zeigen, wie brüchig scheinbare Gewissheiten sind, wie temporär sich manche Identitäten erweisen und wie repressiv die Modi von Einschluss und Ausschluss in Subkulturen wirken können.

Vieles bewegt sich, und manche ideologische Bastion wird stillschweigend verlassen. Dafür hat nicht zuletzt die Debatte um *transgender* und das politische Engagement der *gender crossers* beigetragen. Andere restriktive Positionen sind dagegen erst im Entstehen begriffen. Die Rede vom dekadenten Westen, die in islamischen Ländern erstarkt und unter anderem auf die sexuelle Liberalisierung zielt, trifft sich an dieser Stelle mit der *moral majority* in den USA.

Die Diskurse um Sexualität und Emanzipation, um geschlechtliche Identität und die menschliche Natur haben den engen Rahmen verlassen, in dem sie sich viele Jahrzehnte bewegten. Sie haben sich vervielfältigt, und sie tun dies noch immer, teilweise mit atemberaubender Geschwindigkeit. Verantwortlich dafür ist die Internationalisierung der Debatte, die sich längst auf die außereuropäischen Länder ausgeweitet hat, und die zunehmende Menge an Informationen, die, beschleunigt durch elektronische Medien, immer schneller kursieren. Dieser Prozess relativiert Vorstellungen selbst bei denjenigen, die ihr Weltbild mit dem Rückgriff auf Naturgesetze zu begründen suchen. Sie müssen dies jetzt bewusst in Abgrenzung zu anderen Erklärungsmodellen tun, nicht weil sie nichts anderes wissen.

Die Ausdehnung der Diskurslandschaft stellt eine Grundlage für reale Liberalisierungen dar, doch sie birgt auch die Gefahr, die Wahlmöglichkeiten der Einzelnen zu überschätzen. Wenn Transvestiten als Showstars gefragt sind, Schwule und Lesben am Christopher Street Day in glamourösem Aufzug durch die Straßen der westlichen Metropolen ziehen und man in gewissen Kreisen von *gender shopping* redet,[17] suggeriert das Wahloptionen, die im Alltag keineswegs problemlos verfügbar sind. Geschlechtsidentitäten werden nicht auf der Bühne ausgehandelt, sondern in der Familie, am Arbeitsplatz, im Freundeskreis und in der Nachbarschaft. Wer sich nicht der herrschenden Norm anpasst, wird in diesem Lebensumfeld Verletzungen erfahren, steht unter Rechtfertigungsdruck und wird mit Ablehnung rechnen müssen. Das ist in Indien oder Brasilien nicht anders als in den USA. Eine allgemeine Akzeptanz unterschiedlicher Geschlechtsidentitäten, eine wirklich freie Wahl für die Individuen existiert weder in unserer Gesellschaft noch in irgendeiner anderen. Hier gibt es noch viel zu tun.

17 Vgl. Bronstering 1997: 27.

Dank

Bücher sind, wenngleich von Einzelnen geschrieben, meist das Ergebnis von diskursiven Prozessen, an denen viele beteiligt waren. Das trifft auch für die vorliegende Schrift zu. Ich hatte das Glück, meine Gedanken zum Phänomen Geschlecht und seinen vielfältigen Erscheinungsformen fast zehn Jahre lang in unterschiedlichen wissenschaftlichen und politischen Zusammenhängen diskutieren und von der mir dort entgegengebrachten konstruktiven Kritik profitieren zu können.

Jim Fernandez und Susan Gal haben mich für ein Semester an die University of Chicago eingeladen und mir ermöglicht, unbelastet von anderen Verpflichtungen Literaturrecherchen zu betreiben und mich inspirieren zu lassen. Hal Scheffler vom Department of Anthropology der Yale University und Susan Brownell, die im gleichen Jahr wie ich Gastprofessorin in Yale war, haben in langen Gesprächen dazu beigetragen, meinen Standpunkt zu festigen und auszuformulieren. Die Universitäten Mainz, Trier, Wien und Berlin (FU) sowie das Frauenmuseum Wiesbaden haben mir Gelegenheit gegeben, meine Ideen in öffentlichen Vorträgen darzustellen, die HerausgeberInnen der Zeitschriften *Peripherie*, *Forum Wissenschaft*, *Zeitschrift für Ethnologie* und *Paideuma* druckten meine Aufsätze zum Thema ab. Beiträge von mir erschienen auch im Sammelband *Intersexions. Feministische Anthropologie zu Geschlecht, Kultur und Sexualität*, der von Gerlinde Schein und Sabine Straßer herausgegeben wurde, und in *Das Subjekt und die Anderen. Interkulturalität und Geschlechterdifferenz vom 18. Jahrhundert bis zur Gegenwart*, für den Herbert Uerlings, Karl Hölz und Viktoria Schmidt-Linsenhoff verantwortlich zeichnen. Ihnen sei ebenso herzlich dafür gedankt wie meinen StudentInnen an den Universitäten Mainz, Yale und Frankfurt für ihre erhellenden Nachfragen, Einwände und Problematisierungen. Undine Frömming und Corinna Erckenbrecht haben das Manuskript mit großem Sachverstand gelesen, korrigiert und kommentiert und ihm so den »letzten Schliff« gegeben.

Ohne all diese Personen wäre das Buch in dieser Form nicht zustande gekommen.

Literatur

Acharya, Leela et al. Hg. (1995): Plural desires: writing bisexual women's realities. Toronto: Sister Vision.

Akpamgbo, C. O. (1977): A »woman to woman« marriage and the repugnancy claus. A case of putting new wine into old bottles. In: African Law Studies 14: 87–95.

Amadiume, Ifi (1987): Male daughters, female husbands. Gender and sex in an African society. London: Zed Books Ldt.

Amadiume, Ifi (1997): Reinventing Africa. Matriarchy, religion and culture. London: Zed Books Ldt.

Anderson, Maxwell (1997): Man loving man. In: Boy's Own 24: 23.

Angelino, H./C. L. Shedd (1955): A note on berdache. In: American Anthropologist 57 (1): 121–126.

Anguksuar (Richard LaFortune) (1997): Misconceptions of the cosmos and the restauration of indigenous taxonomies. In: Jacobs, Sue-Ellen et al., Hg., S. 217–222.

Ansom, John (1974): The female transvestite in early monasticism: The origin and development of a motif. In: Viator, Medieval and Renaissance Studies 5.

Atkinson, Jane M. (1990): How gender makes a difference in Wana society. In: Atkinson, Jane M./Shelly Errington, Hg., S. 59–93.

Atkinson, Jane M./Shelly Errington, Hg. (1990): Power and difference. Gender in island southeast Asia. Stanford: Stanford University Press.

Atkinson, Ti-Grace (1978): Amazonen Odyssee. München: Frauenoffensive.

Bachofen, Johann J. (1861/1948): Das Mutterrecht. Eine Untersuchung über die Gynaikokratie der Alten Welt nach ihrer religiösen und rechtlichen Natur. Basel: Karl Meuli.

Baier, Andrea (1999): Vom lesbischen Verhältnis zur Zweigeschlechtlichkeit. In: beiträge zur feministischen theorie und praxis 52: 47–58.

Baker, Karin (1992): Bisexual feminist politics: because bisexuality is not enough. In: Weise, Rebecca R., Hg., S. 255–268.

Barbin, Herculine (1980): Herculine Barbin. Being the recently discovered memoirs of a nineteenth-century French hermaphrodite. Introduced by Michel Foucault. New York: Pantheon Books.

Barnes, Ruth (1992): Women as headhunters. The making and meaning of textiles in a Southeast Asian context. In: Barnes, Ruth/Joanne B. Eichler, Hg.: Dress and gender. Making and meaning. New York: St. Martin's Press, S. 29–43.

Bastian, Adolf. (1869): Hinweise auf Homosexualität bei Naturvölkern. In: Zeitschrift für Ethnologie, Bd. 1, 1869.

Bateson, Gregory (1936): Naven. A survey of the problem suggested by a composite picture of the culture of a New Guinea tribe drawn from three points of view. Cambridge: Cambridge University Press.

Baumann, Hermann (1950): Der kultische Geschlechtswandel bei Naturvölkern. In: Zeitschrift für Sexualforschung 3/4: 1–39.

Baumann, Hermann (1955): Das doppelte Geschlecht. Studien zur Bisexualität in Ritus und Mythos. Berlin: Reimer.

Baumgardt, Manfred (1984): Das Institut für Sexualwissenschaft und die Homosexuellenbewegung in der Weimarer Republik. In: Berlin Museum, Hg., S. 31–43.

Bebel, August (1887/1979): Die Frau in der Vergangenheit, Gegenwart und Zukunft. Zürich: Schweizerische Verlagsbuchhandlung.

Beerlage, Ahima (1997): Metamorphose. In: Kuhnen, Stephanie, Hg., S. 86–90.

Behrend, Heike (1995): »Mothers do not make babys«. Zur Frauen- und Geschlechterforschung in der Ethnologie. In: Zeitschrift für Ethnologie 119: 175–183.

Bellotti, Elena G.: (1975): Was geschieht mit kleinen Mädchen? München: Frauenoffensive.

Benhabib, Seyla (1993): Feminismus und Postmoderne. Ein prekäres Bündnis. In: Benhabib, Seyla et al., Hg., S. 9–30.

Benhabib, Seyla/Judith Butler/Drucilla Cornell/Nancy Fraser. Hg. (1993): Der Streit um Differenz. Feminismus und Postmoderne in der Gegenwart; Frankfurt/M.: Fischer Taschenbuch Verlag.

Berlin Museum, Hg. (1984): Eldorado. Homosexuelle Frauen und Männer in Berlin 1850–1950. Geschichte, Alltag und Kultur. Berlin: Fröhlich und Kaufmann.

Besnier, Niko (1996): Polynesian gender liminality through time and space. In: Herdt, Gilbert, Hg., S. 285–328.

Binet, Alfred (1888): Le Fétichisme dans l'amour. Paris: Bibliotheque des Introuvables.

Blackwood, Evelyn (1984): Sexuality and gender in certain native tribes. The case of cross-gender females. In: Signs. Journal of Women in Culture and Society 10 (11): 27–42

Blackwood, Evelyn, Hg. (1986): Anthropology and homosexual behavior. The many faces of homosexuality: anthropological approaches to homosexual behavior. New York: Harrington Park Press.

Blackwood, Evelyn/Saskia E. Wieringa (1999): Female desires. Same-sex relations and transgender across cultures. New York: Columbia University Press.

Bleibtreu-Ehrenberg, Gisela (1970): Homosexualität und Transvestition im Schmamanismus. In: Anthropos 65: 189–228.

Bleibtreu-Ehrenberg, Gisela (1984): Der Weibmann. Kultischer Geschlechtswechsel im Schamanismus. Eine Studie zur Transvestition und Transsexualität bei Naturvölkern. Frankfurt / M.: S. Fischer.

Bleibtreu-Ehrenberg, Gisela (1997): Zur Rolle der »Weibmänner« im Schamanismus. In: Völger, Gisela, Hg., S.121–128.

Bleich, Anet; Ulla Jansz; Selma Leydesdorff (1984): »Lob der Vernunft«. In: beiträge zur feministischen theorie und praxis 11: 26–34.

Blüher, Hans (1914); Die deutsche Wandervogelbewegung als erotisches Phänomen. Berlin: B. Weise.

Bolin, Anne (1988): In search of eve. Transsexual rites of passage. South Hadley, Mass.: Bergin and Garvey Publishers, Inc.

Bolin, Anne (1994): Transcending and transgendering: Male-to-female transsexuals, dichotomy and diversity. In: Herdt, Gilbert H., Hg., S. 447–486.

Bornstein, Kate (1994): Gender outlaw. On men, women, and the rest of us. New York: Vintage Books.

Bowers, Alfred W. (1965): Hidatsa social and ceremonial organization. Washington: Government Printing Office.

Brandes, Ernst (1802): Betrachtungen über das weibliche Geschlecht und dessen Ausbildung in dem geselligen Leben. Hannover: Hahn, 3 Bände.

Braun, Kathrin (1995): Frauenforschung, feministische Forschung und feministische Politik. In: Feministische Studien 2: 197–155.

Braun, Kathrin (1998): Mensch, Tier, Chimäre. Grenzauflösungen durch Technologie. In: Knapp, Gudrun-Axeli, Hg., S. 153–177.

Braun, Lily (1901): Die Frauenfrage, ihre geschichtliche und wirtschaftliche Seite. Leipzig: Hirzel.

Bronstering, Andrea (1997): Gender – Chance or choice. In: Lespress 3 (6): 26–27.

Brown, Rita M. (1978): The shape of things to come. In: Courage, Mai 1978, 3. Jg.: 29.

Bührmann, Andrea (1995): Das authentische Geschlecht. Münster: Westfälisches Dampfboot.

Bullough, Vern L. (1976): Sexual variance in society and history. Chicago: Chicago University Press.

Bullough, Vern L./Bonnie Bullough (1993): Cross-dressing, sex, and gender. Philadelphia: University of Philadelphia Press.

Bunch, Charlotte (1972): Lesbians in revolt: Male supremacy quakes and quivers. In: The Furies 1: 8 f.

Butler, Judith (1991a): Das Unbehagen der Geschlechter. Frankfurt / M.: Suhrkamp.

Butler, Judith (1991b): Variationen zum Thema Sex und Geschlecht. Beauvoir, Wittig und Foucault. In: Nummer-Winkler, Gertrud, Hg. (1991): Weibliche Moral. Die Kontroverse um eine geschlechtsspezifische Ethik. Frankfurt, New York: Campus, S. 56–78.

Butler, Judith (1994): Against proper objects. In: Differences. A Journal of Feminist Cultural Studies (6):

Butler, Judith (1995): Kontingente Grundlagen: Der Feminismus und die Frage der Postmoderne. In: Benhabib et al., Hg., S. 31–58.

Butler, Judith (1995): Körper von Gewicht. Die diskursiven Grenzen des Geschlechts. Berlin: Berlin Verlag.

Butler, Judith (1996): Imitation und die Aufsässigkeit der Geschlechtsidentität. In: Hark, Sabine, Hg.: Grenzen lesbischer Identitäten. Berlin: Quer Verlag, S. 15–37.

Butler, Judith (1999): Never mind the bollocks: 2. Judith Butler in transsexuality. An interview by Kate More. In: More, Kate / Stephen Whittle, Hg., S. 285–303.

Callender, Charles/Lee Kochems (1983): The North American berdache. In: Current Anthropology 24: 443–470.

Callender, Charles/Lee M. Kochems (1985): Men and not-men: Male gender-mixing statuses and homosexuality. In: Journal of Homosexuality 11(3–4): 165–178.

Cameron, Loren (1996): Body alchemy. Transsexual portraits. San Francisco: Cleis Press.

Carrier, Joseph M. (1980): The Omani xanith controversy. In: Man 15: 541 f.

Carrier, Joseph M./Stephen O. Murray (1998): Woman-woman marriage in Africa. In: Murray, Stephen O. / Will Roscoe, Hg., S. 255–266.

Champagne, John (1995): The ethics of marginality. A new approach to gay studies. Minneapolis: University of Minnesota Press.

Chevalier, Julien (1885): De l'inversion de l'instinct sexuel au point de vue médico-légale. Lyon.

Chodorow, Nancy (1974): Family structure and feminine personality. In: Rosaldo/Lamphere, Hg., S. 43–66.

Christina, Greta (1990): Drawing the line: Bisexual women in the lesbian community. In: On Our Backs: the magazine for adventurous lesbians. May/June, S. 14 f.

Clausen, Jan (1990): My interesting condition. In: Out/Look, S. 10–21.

Collins, Patrica H. (1989): The social construction of black feminist thought. In: Signs. Journal of Women in Culture and Society 14(4): 745–773.

Cornwall, Andrea (1994): Gendered identities and gender ambiguity among travestis in Salvador, Brazil. In: Cornwall, Andrea / Nancy Lindisfarne, Hg.: Dislocating masculinity. Comparative ethnographies. London: Routledge, S. 111–132

Cornwell, Anita (1983): Black lesbian in white America. Tallahassee, FL: Naiad Press.

Cromwell, Jason (1999a): Passing women and female bodied men: (Re)claiming FTM history. In: More, Kate/Stephen Whittle, Hg., S. 34–61

Cromwell, Jason (1999b): Transmen and FTMs. Identities, bodies, and sexualities. Urbana: University of Illinois Press.

Darwin, Charles (1859): On the origin of species by means of natural selection, or preservation of favoured races in the struggle for life. London: John Murray.

Davidson, Phoebe et al., Hg., (1997): The bisexual imaginary: Representation, identity and desire. London: Cassell.

Davis, Angela (1981): Women, race, and class. New York: Random House.

Davis, Lisa E. (1992): The butch as drag artist: Greenwich village in the roaring forties. In: Nestel, Joan, Hg., S. 45–53.

Davis, Peter/Raya Feldman (1997): Prostitute men now. In: Scambler, Graham and Annette, Hg.: Rethinking prostitution. Purchasing sex in the 1990s. London: Routledge.

De Beauvoir, Simone (1949/1994): Das andere Geschlecht. Sitte und Sexus der Frau. Reinbek bei Hamburg: Rowohlt.

De Beauvoir, Simone (1955/1983): Soll man de Sade verbrennen? Drei Essays zur Moral des Existenzialismus. Reinbek bei Hamburg: Rowohlt.

De Jong, Willemijn (1998): Geschlechtersymmetrie in einer Brautpreisgesellschaft. Die Stoffproduzentinnen der Lio in Indonesien. Berlin: Reimer.

Dekker, Rudolf M./Lotte van der Pol (1989): The tradition of female transvestism in early modern Europe. Houndmills: MacMillan Press.

Denich, Bette S. (1974): Sex and power in the Balkans. In: Lamphere/Rosaldo, Hg., S. 243–262.

Derrida, Jacques (1981): Position. Chicago: University of Chicago Press.

Devereux, George (1937): Institutionalized homosexuality of the Mohave Indians. In: Human Biology 9: 498–527.

Devor, Holly (1999): FTM. Female-to-male transsexuals in society. Bloomington: Indiana University Press.

Dickemann, Mildred (1997): The Balkan sworn virgin. In: Murray, Stephen O./Will Roscoe, Hg., S. 197–203.

Dietz, Mary G. (1992): Introduction. Debating Simone de Beauvoir. In: Signs. Journal of Women in Culture and Society 18(1): 74–88.

Dohm, Hedwig (1874): Die wissenschaftliche Emanzipation der Frau. Berlin: Wedekind und Schwieger.

Dreger, Alice D. (1998): Hermaphrodites and the medical invention of sex. Cambridge: Harvard University Press.

Duden, Barbara (1991): Geschichte unter der Haut. Stuttgart: Klett Cotta.

Duden, Barbara (1993): Die Frau ohne Unterleib: Zu Judith Butlers Entkörperung. Ein Zeitdokument. In: Feministische Studien 2: 24–33.

Duden, Barbara (1998): Die Ungeborenen. Vom Untergang der Geburt im späten 20. Jahrhundert. In: Schlumbohn, Jürgen et al., Hg.: Rituale der Geburt. Eine Kulturgeschichte. München: C.H. Beck, S. 149–169.

Ekins, R./D. King, Hg. (1996): Blending genders. Social aspects of cross-dressing and sex-changing. London: Routledge.

Ellis, Havelock/John A. Symonds (1897): Sexual inversion. London: Wilson and MacMillan.

Ellis, Havelock (1907): Die krankhaften Geschlechtsempfindungen auf dissoziativer Grundlage. Würzburg: Curt Kabitsch.

Ellis, Havelock (1911): Geschlecht und Gesellschaft. Grundzüge der Soziologie des Geschlechtslebens. Würzburg: Curt Kabitsch.

Elliston, Deborah A. (1999): Negotiating transnational sexual economics: Female mahu and same-sex sexuality in ›Tahiti and her islands‹. In: Blackwood, Evelyn / Saskia E. Wieringa, Hg., S. 230–254.

Engels, Friedrich (1884): Der Ursprung der Familie, des Privateigentums und des Staats. Berlin: Dietz.

Epstein, J./Karin Straub, Hg. (1991): BodyGuards: The cultural politics of gender ambiguity. New York: Routledge.

Errington, Shelly (1990): Recasting sex, gender, and power. A theoretical and regional overview. In: Aktkinson, Jane M. / Shelly Errington, Hg., S. 1–58.

Esterik, Penny van (1982): Women of southeast Asia. Northern Illinois University Series of Southeast Asia, Occasional Paper No 9. Northern Illinois University: de Kalb.

Etienne, Mona/Eleanor Leacock, Hg. (1980): Women and colonization: anthropological perspectives. New York: Praeger.

Evans-Pritchard, Edward E. (1945): Some aspects of marriage and family among the Zande. Rhodes-Livingstone Institute Papers No 11.

Evans-Pritchard, Edward E. (1951): Kinship and marriage among the Azande. Oxford: Oxford University Press.

Evans-Pritchard, Edward E. (1970): Sexual inversion among the Azande. In. American Anthropologist 72: 1428–1434.

Evans-Pritchard, Edward E. (1973): Some notes on Zande sex habits. In: American Anthropologist 75: 171–175.

Evans-Pritchard, Edward E. (1974): Man and woman among the Azande. London: Faber and Faber.

Ewalt, Johann L. (1804): Die Kunst, ein gutes Mädchen, eine gute Gattin, Mutter und Hausfrau zu werden. Frankfurt/M.

Fausto-Sterling, Anne (1985): Gefangene des Geschlechts? Was biologische Theorien über Männer und Frauen sagen. München: Piper.

Fausto-Sterling, Anne (1993): The five sexes: Why male and female are not enough. In: The Science (März-April): 20–24.

Fausto-Sterling, Anne (2000): Sexing the body. Gender politics and the construction of sexuality. New York: Basic Books.

Fehling, H. (1892): Die Bestimmung der Frau. Ihre Stellung zu Familie und Beruf. Stuttgart: Enke.

Feinberg, Leslie (1993): Stone butch blues. A novel. New York: Firebrand.

Feinberg, Leslie (1996): Transgender warriors. Making history from Joan of Arc to Ri Paul. Boston: Beacon Press.

Feinberg, Leslie (1997): Ein Interview. In: Lespress 3(9): 12–14.

Firestone, Shulamith (1970): The dialectic of sex. The case for feminist revolution. New York: Morrow.

Fleisher, Julian (1996): The drag queens of New York. New York: Riverhead Books.

Forhey, D. G. (1975): The institution of berdache among the northern American Plains Indians. In: Journal of Sex Research 11: 1–15.

Foucault, Michel (1999 / 1983): Der Wille zum Wissen. Sexualität und Wahrheit 1. Frankfurt/M.: Suhrkamp.

Fraser, Nancy (1993): Falsche Gegensätze. In: Benhabib, Seyla/Judith Butler/Drucilla Cornell/Nancy Fraser; Hg., S. 59–79.

Freire, Paulo (1971): Pädagogik der Unterdrückten. Stuttgart: Kreuz Verlag.

Freud, Sigmund (1905): Drei Abhandlungen zur Sexualtheorie. Wien/Leipzig: Deuticke.

Friedli, L. (1987): »Passing women«: A study of gender boundaries in the eighteenth century. In: Rousseau, G. S. / R. Porter, Hg.: Sexual underworlds of the enlightenment. Manchester: Manchester University Press.

Fry, Peter (1986): Male homosexuality and spirit possession in Brazil. In: Journal of Homosexuality 11 (3–4): 137–154.

Fry, Peter (1995): Male homosexuality and Afro-Brazilian possession cults. In: Murray, Stephen, Hg. (1995): 193–220.

Garber, Marjorie (1989): Spare parts: The surgical construction of gender. In: Differences. A Journal of Feminist Cultural Studies 1 (3): 137–159.

Garber, Marjorie (1992): Vested interests: Cross dressing and cultural anxiety. New York: Routledge.

Garber, Marjorie (1995): Vice versa: Bisexuality and the eroticism of everyday life. New York: Simon and Schuster.

Garber, Marjorie (2000): Die Vielfalt des Begehrens. Bisexualität von Sappho bis Madonna. Frankfurt/M.: Fischer Taschenbuch Verlag.

Gay American Indians with Will Roscoe, Hg. (1988): Living the spirit. A gay American Indians anthology. New York: St. Martin's Press.

Geibel, Christa (1983): Im falschen Körper gefangen. Report über eine Geschlechtsumwandlung. München: Heyne.

Gilbert, H. (1932): Women in men's guise. London: Bodley Head.

Gildemeister, Regine/Angelika Wetterer (1992/1995): Wie Geschlechter gemacht werden. Die soziale Konstruktion der Zweigeschlechtlichkeit und ihre Reifizierung in der Frauenforschung. In: Knapp, Gudrun-Axeli/Angelika Wetterer; Hg.: Traditionen – Brüche. Entwicklungen feministischer Theorie. Freiburg: Kore, S. 201–254.

Gillison, Gillian (1980): Images of nature in Gimi thought. In: MacCormack, Carol P./ Marilyn Strathern, Hg., S. 143–173.

Gleim, Betty (1810): Erziehung und Unterricht des weiblichen Geschlechts. Leipzig: Goeschen.

Gluckman, Max (1950): Kinship and marriage among the Lozi of northern Rhodesia and the Zulu of Natal. In: Radcliffe-Brown A. R./Daryll Forde, Hg.: African systems of kinship and marriage. London: Oxford University Press, S.166–206.

Gluckman, Max (1963): Rituals of rebellion in south-east Africa. Oxford: Basil Blackwell, S. 109–136.

Gock, H. (1875): Beitrag zur Kenntnis der conträren Sexualempfindung. In: Archiv für Psychiatrie und Nervenkrankheiten 5.

Goffman, Erving (1994): Interaktion und Geschlecht. Frankfurt, New York: Campus.

Goodale, Jane C. (1980): Gender, sexuality and marriage. A Kaulong model of nature and culture. In: MacCormack, Carol P./Marilyn Strathern, Hg., S. 119–142.

Gouges, Olympe de (1986): Schriften. Frankfurt/M.: Stroemfeld/Roter Stern.

Gough, Kathleen (1975): The origin of the family. In: Reiter, Hg., S. 51–76.

Gransee, Carmen (1998): Grenzbestimmungen. Erkenntniskritische Anmerkungen zum Naturbegriff von Donna Haraway. In: Knapp, Gudrun-Axeli, Hg. (1998): 126–152.

Greany, Markisha (1999): A proposal for doing transgender theory in the academy. In: More, Kate/Stephen Whittle, Hg., S. 159–172.

Green, James N. (1999): Beyond carnival. Male homosexuality in twentieth-century Brazil. Chicago: The University of Chicago Press.

Green, Jamison (1999): Look! Don't look! The visibility dilemma for transsexual men. In: More, Kate/Stephen Whittle, Hg. (1999), S. 117–131.

Grimaux, René (1994): Woman becomes man in the Balkans. In: Herdt, Gilbert H., Hg. (1994), S. 241–284.

Haberland, M. (1899): Konträre Sexualerscheinungen bei der Negerbevölkerung Sansibars. In: Verhandlungen der Berliner Anthropologischen Gesellschaft, Bd. 31.

Hagemann-White, Carol (1984): Sozialisation: weiblich – männlich? Opladen: Leske und Budrich.

Hagemann-White, Carol (1988a): Wir werden nicht zweigeschlechtlich geboren. In: Hagemann-White, Carol/Maria Rerrich, Hg.: FrauenMännerBilder. Männer und Männlichkeit in der feministischen Diskussion. Bd. 2 der Reihe Frauenforschung. Bielefeld: AJZ-Verlag, S. 224–235.

Hagemann-White, Carol (1988b): Weiblichkeit, Leiblichkeit und die kulturelle Konstruktion der Geschlechterpolarität. In: Werkblatt. Zeitschrift für Psychoanalyse und Gesellschaftskritik, 5 (3 / 4): 33–48.

Hagemann-White, Carol (1993): Die Konstrukteure des Geschlechts auf frischer Tat ertappt? Methodische Konsequenzen einer theoretischen Einsicht. In: Feministische Studien 2: 69–79.

Hagemann-White, Carol (1994): Die Konstruktion der Wirklichkeit und die Wirklichkeit der Konstruktion. In: Wobbe, Theresa/Gesa Lindemann. Hg.: Denkachsen. Zur theoretischen und institutionellen Rede vom Geschlecht. Frankfurt/M.: Suhrkamp, S. 115–146.

Hagemann-White, Carol (1998): Die Geschlechterfrage ist keine Frauenfrage. In: Psychologie Heute. Dezember.

Halberstam, Judith (1994): F2M: The making of female masculinity. In: Doan, L., Hg.: The lesbian post-modern. New York: Columbia University Press.

Halberstam, Judith (1998): Female masculinity. Durham: Duke University Press.

Hall, Kira: »Go and suck your husband's sugarcane!« Hijras and the use of sexual insults. In: Livia, Anna/Kira Hall; Hg. (1997): Queerly phrased. Language, gender, and sexuality. Oxford: Oxford University Press, S. 430–460.

Hall, Richard (1993): Patriots in disguise: Women warriors of the civil war. New York: Paragon House.

Haraway, Donna (1995a): Ein Manifest für Cyborgs. Feminismus im Streit mit den Technowissenschaften. In: Haraway, Donna: Monströse Versprechen. Coyote-Geschichten zu Feminismus und Technowissenschaften. Hamburg: Argument Verlag, S. 33–72.

Haraway, Donna (1995b): Die Neuerfindung der Kultur. Primaten, Cyborgs und Frauen. Frankfurt, New York: Campus.

Haraway, Donna (1995c): Situiertes Wissen. Die Wissenschaftsfrage im Feminismus und das Privileg einer partialen Wissenschaft. In: Haraway, Donna (1995): 73–97.

Haraway, Donna (1996): Anspruchsloser Zeuge® Zweites Jahrtausend. FrauMann^{C} trifft OncoMouse™. Leviathan und die vier Jots: Die Tatsachen verdrehen sich. In: Scheich, Elvira, Hg. (1996): Vermittelte Weiblichkeit. Feministische Wissenschafts- und Gesellschaftstheorie. Hamburg: Hamburger Edition, S. 347–89.

Hark, Sabine (1993): Queer Intervention. In: Feministische Studien 2: 103–109.

Hark, Sabine (1996): Magisches Zeichen. In: Hark, Sabine, Hg., S. 96–133.

Hark, Sabine, Hg. (1996): Grenzen lesbischer Identitäten. Berlin: Quer Verlag.

Hauser-Schäublin, Brigitta/Birgitt Röttger-Rössler (1998): Differenz und Geschlecht – Eine Einleitung. In: Hauser-Schäublin, Brigitta/Birgitt Röttger-Rössler, Hg.: Differenz und Geschlecht. Neue Ansätze in der ethnologischen Forschung. Berlin: Reimer, S. 7–22.

Hauser-Schäublin, Brigitta/Birgitt Röttger-Rössler, Hg. (1998): Differenz und Geschlecht. Neue Ansätze in der ethnologischen Forschung; Berlin: Reimer.

Hausman, Bernice L. (1995): Changing sex. Transsexualism, technology and the idea of gender. London: Duke University Press.

Hekma, Gert (1994): »A female soul in a male body«: Sexual invertion as gender invertion in nineteenth-century sexology. In: Herdt, Gilbert H., Hg. (1994), S. 213–240.

Hellwald, Friedrich von (1889): Die menschliche Ehe nach ihrer Entstehung und natürlichen Entwicklung. Leipzig: Spamer.

Herdt, Gilbert H. (1994a): Introduction: Third sexes and third genders. In: Herdt, Gilbert H., Hg., S. 21–84.

Herdt, Gilbert H. (1994b): Mistaken sex: Culture, biology and the third sex in New Guinea. In: Herdt, Gilbert H., Hg., S. 419–446.

Herdt, Gilbert H., Hg. (1994): Third sex, third gender. Beyond sexual dimorphism in culture and history. New York: Zone Books.

Herskovits, Melville (1937): A note on woman marriage in Dahomey. In: Africa 10 (3): 335–341.

Hertzer, Karin (1999): Mann oder Frau? Wenn die Grenzen fließend werden. Kreuzlingen: Ariston.

Hill, Willard W. (1935): The status of the hermaphrodite and transvestite in Navaho culture. In: American Anthropologist 37: 273–279.

Hippel, Theodor G. von (1977/1792): Über die bürgerliche Verbesserung der Weiber. Frankfurt/M.: Syndikat.

Hirschauer, Stefan (1991): Ein Rückzug als Vormarsch. Zur Volkmar Siguschs Thesen zur Depathologisierung der Transsexualität. Fin: Zeitschrift für Sexualforschung 5: 246–254.

Hirschauer, Stefan (1993/1999): Die soziale Konstruktion der Transsexualität. Frankfurt/M.: Suhrkamp.

Hirschauer, Stefan (1993): Dekonstruktion und Rekonstruktion. Plädoyer für die Erforschung des Bekannten. In: Feministische Studien 2: 55–67.

Hirschauer, Stefan (1994): Die soziale Fortpflanzung der Zweigeschlechtlichkeit. In: Kölner Zeitschrift für Soziologie und Sozialpsychologie 46 (4).

Hirschauer, Stefan (2001): Über szientistische Tarnungen medizinischer Zuständigkeitsprobleme. In: http://www.transman.de / hirschauer_szientische_tarnung.shtml vom 8. 9. 2001.

Hirschfeld, Magnus (1898): § 175 des Reichsstrafgesetzbuches: die homosexuelle Frage im Urteile der Zeitgenossen. Leipzig: Spohr.

Hirschfeld, Magnus (1904): Das Ergebnis der statistischen Untersuchungen über den Prozentsatz der Homosexuellen. Leipzig: Spohr.

Hirschfeld, Magnus (1907): Berlins Drittes Geschlecht. Berlin: Hermann Seemann Nachfolger.

Hirschfeld, Magnus (1914/1963): Die Homosexualität des Mannes und des Weibes. Homosexuelle Männer und Frauen als biologische Erscheinung. Köppern: Gerhard Dithmar Verlag.

Hirschfeld, Magnus (1938): Geschlechtsanomalien und Perversionen. Ein Studienfeld für Ärzte, Juristen, Seelsorger und Pädagogen. Konstanz: Pfister.

Hirschfeld, Magnus/Max Tilke (1910). Die Transvestiten. Eine Untersuchung über den erotischen Verkleidungstrieb. Berlin: Pulvermacher.

Höckner, Elfriede (1998): Frauenheirat als struktureller Faktor des Herrschaftssystems der Lovedu. In: Völger, Gisela, Hg. (1998, Bd. 1): 285–290.

Holde-Barbara, Ulrich/Thomas Karsten, Hg. (1994): Messer im Traum. Transsexuelle in Deutschland. Tübingen: Konkursbuch Verlag.

Holmes, Morgan (2000): Queer cut bodies. In: Bonne, Joseph A. et al., Hg.: Queer frontiers. Millennial geographies, genders, and generations. Madison: The University of Wisconsin Press, S. 84–110.

Honegger, Claudia/Bettina Heintz, Hg. (1981): Listen der Ohnmacht. Zur Sozialgeschichte weiblicher Widerstandsformen. Frankfurt/M.: Europäische Verlagsanstalt.

Honegger, Claudia (1991): Die Ordnung der Geschlechter. Die Wissenschaften vom Menschen und das Weib 1750–1850. Frankfurt, New York: Campus.

Hooks, Bell (1982): Ain't I a woman: Black women and feminism. Boston, MA: South End Press.

Hooks, Bell (1989): Talking back. Thinking feminist, thinking black. Boston, MA: South End Press.

Hooks, Bell (1990): Yearning. Race, gender and cultural politics. Boston, MA: South End Press.

Hooks, Bell (1992): Black looks. Race, gender and representation. Boston, MA: South End Press.

Hoskins, Janet (1987): Complementary in this world and the next. Gender and agency in Kodi mortuary ceremonies. In: Strathern, Marilyn, Hg.: Dealing with inequality. Analysing gender relations in Melanesia and beyond. Cambridge: Cambridge University Press, S. 174–206.

Hoskins, Janet (1898): Why do ladys sing the blues? Indigo dyeing, cloth production, and gender identity in Kodi. In: Weiner, Anette B./Jane Schneider, Hg.: Cloth and human experience. Washington, DC: Smithsonian Institutian Press, S. 141–167.

Hoskins, Janet (1996): Sacrifice and sexuality. The triumph of the buffaloe's daughter in a Kodi folktale. In: Howell, Signe, Hg.: For the sake of our future. Sacrificing in eastern Indonesia. Leiden: Research School CNWS, S. 227–244.

Hrdy, Sarah Blaffer (1999): Mother nature. A history of mother, infants, and natural selection. New York: Pantheon Books.

Hubbard, Ruth (1998): Gender and genitals. Constructs of sex and gender. In: Denny, Dallas., Hg. (1998): Current concepts in transgender identity. New York: Garland.

Huber, H. (1968/69): Woman-marriage in some East-African societies. In: Anthropos 63/64: 745–774.

Humana, Charles (1973): The keeper of the bed. The story of the eunuch. London: Arlington Books.

Hutchins, Lorraine/Lani Kaahumanu, Hg. (1991): Bi any other name. Bisexual people speak out. Boston: Alyson Publications.

Inhetveen, Katharina (2000): Can gender equality be institutionalized? The role of launting values in institutions. In: International Sociology 14(4): 403–422.

Jackson, Peter (1997a): Kathoey›gay‹man. The historical emergence of gay male identity in Thailand. In: Manderson, Lenore/Margaret Jolly, Hg.: Sites of desire: economies of pleasure. Sexualities in Asia and the Pacific. Chicago: University of Chicago Press, S. 166–190.

Jackson, Peter (1997b): Thai research on male homosexuality and transgenderism and the cultural limits of Foucaultian analysis. In: Journal of the History of Sexuality 8 (1): 52–85.

Jackson, Peter (1995): Dear uncle Go. Male homosexuality in Thailand. Bangkok: Bua.

Jackson, Peter/Gerard Sullivan, Hg. (1999): Lady boys, tom boys, rent boys. Male and female homosexualities in contemporary Thailand. New York: Harrington Park Press.

Jacobs, Sue-Ellen/Jason Cromwell (1991): Visions and revisions of reality: Reflections on sex, sexuality, gender and gender variance. In: Journal of Homosexuality 23 (4): 43–69.

Jacobs, Sue-Ellen/Thomas Wesley/Sabine Lang, Hg. (1997): Two-spirit people. Native American gender identity, sexuality, and spirituality. Urbana: University of Illinois Press.

Jaeckel, Monika (1983): Sag mir, mit wem du schläfst – und ich sag dir, wo du stehtst? Lesben, Heteras und Co. In: Cramon-Daiber, Birgit et al., Hg.: Schwesternstreit. Von den heimlichen und unheimlichen Auseinandersetzungen zwischen Frauen. Reinbek bei Hamburg: Rowohlt., S. 90–120.

Janssen-Juweit, MarieLouise (1980): Sexismus. Über die Abtreibung der Frauenfrage. Frankfurt/M.: Fischer Taschenbuch Verlag.

Jaques, Jill St. (2000): Embodying a transsexual alphabet. In: Bonne, Joseph A., Hg.: Queer frontiers. Millenial geographies, genders, and generations. Madison: The University of Wisconsin Press, S. 111–124.

Jardine, Alice (1979): Interview with Simone de Beauvoir. In: Signs. Journal of Women in Culture and Society 5(2): 224–236.

Johnson, Mark (1997): Beauty and power. Transgendering and cultural transformation in the southern Philippines. Oxford: Berg.

Johnston, Jill (1973): Lesbian nation. The feminist solution. New York: Simon and Schuster.

Jordanova, Ludmilla J. (1980): Natural facts: A historical perspective on science and sexuality. In: MacCormack, Carol P./Marilyn Strathern, Hg., S. 42–69.

Jung, Georg (1850): Geschichte der Frauen. 1. Teil: Geschichte der Unterdrückung der Frauen und ihrer allmählichen Selbstbefreiung, bis zur Erscheinung des Christentums. Frankfurt/M.: Lit. Anst.

Kamermans, Johanna (1992): Mythos Geschlechtswandel. Transsexualität und Homosexualität. Hamburg: Edition Hathor.

Kamprad, Barbara/Waltraut Schiffels, Hg. (1991): Im falschen Körper. Alles über Transsexualität. Zürich: Kreuz Verlag.

Kardiner, Abram (1945): The psychological frontier of society. New York: Columbia University Press.

Karsch-Haak, Ferdinand (1911): Das gleichgeschlechtliche Leben der Naturvölker. München: Ernst Reinhardt Verlag.

Katz, Jonathan N. (1995): The invention of heterosexuality. New York: Cromwell.

Kehoe, A. G. (1983): Comment. In: Current Anthropology 24: 460–461.

Kessler, Suzanne (1990): The medical construction of gender. Case management of intersexed infants. In: Signs: Journal of Women in Culture and Society 16 (1): 3–26.

Kessler, Suzanne (1998): Lessons from the intersexed. New Brunswick, NJ: Rutgers University Press.

Kessler, Suzanne/Wendy McKenna (1985): Gender. An ethnomethodological approach. Chicago: The University of Chicago Press.

King, Deborah K. (1988): Multiple jeopardy, multiple consciousness. The context of black feminist ideology. In: Signs. Journal of Women in Culture and Society 14(1): 42–72.

Klebs, Edwin (1876): Handbuch der Pathologischen Anatomie. Berlin: A. Hirschfeld.

Knapp, Gudrun-Axeli (1995): Macht und Geschlecht. Neuere Entwicklungen in der feministischen Macht- und Herrschaftsdiskussion. In: Knapp, Gudrun-Axeli/Angelika Wetterer, Hg.: Traditionen – Brüche. Entwicklungen feministischer Theorie. Freiburg: Kore, S. 287–325.

Knapp, Gudrun-Axeli, Hg. (1998): Kurskorrekturen. Feminismus zwischen Kritischer Theorie und Postmoderne. Frankfurt, New York: Campus.

Koedt, Anne (1972): The myth of the vaginal orgasm. In: Koedt, Anne et al., Hg.: Radical feminism. New York: Quadrangle Books, S. 198–207.

Kokula, Ilse (1984): Lesbisch leben von Weimar bis zur Nachkriegszeit. In: Berlin Museum, Hg. (1984): 149–161.

König, Oliver (1997): Geschlechterdiskurs und Kulturkritik. In: Völger, Gisela, Hg., S. 63–68.

Krafft-Ebing, Richard von (1886): Psychopathia Sexualis mit besonderer Berücksichtigung der conträren Sexualempfindung: Eine klinisch-forensische Studie. Stuttgart: Enke.

Krafft-Ebing, Richard von (1901): Neue Studien auf dem Gebiete der Homosexualität. In: Jahrbuch für sexuelle Zwischenstufen 3.

Krige, Eileen J. (1968): Girls' puberty songs and their relation to fertility, health, morality and religion among the Zulu. In: Africa 38: 173–198.

Krige, Eileen J. (1974): Woman-marriage, with special reference to the Lovedu. In: Africa 44: 11–37.

Krige, E. Jensen and J. D. Krige (1943/1947): The realm of a rain-queen. A study of the pattern of Lovedu society. London: Oxford University Press.

Kroef, J. M. van der (1954): Transvestism and the religious hermaphrodite in Indonesia. In: University of Manila Journal of East Asiatic Studies 3: 257–265.

Kuhnen, Stephanie. Hg. (1997): Butch Femme. Eine erotische Kultur. Berlin: Quer Verlag.

Kulick, Don (1996): Causing a commotion. Scandal as resistance among Brazilian travesti prostitutes. In: Anthropology Today 12 (6): 3–7.

Kulick, Don (1998): Fe/male trouble. The unsettling place of lesbians in the self-images of Brazilian transgendered prostitutes. In: Sexualities 1 (3): 301–314.

Kulick, Don (1998): Travesti. Sex, gender and culture among Brazilian transgendered prostitutes. Chicago: The University of Chicago Press.

Kuper, Adam (1982): Wives for cattle. Bridewealth and marriage in southern Africa. London: Routledge.

Kuper, Hilda (1947): An African aristocracy. Rank among the Swazi. Oxford: Oxford University Press.

Lacoste-Dujardin, Camille (1990). Mütter gegen Frauen. Mutterherrschaft im Maghreb. Zürich: eFeF Verlag.

Lame Deer/John Fire (1972): Lame Deer: Seeker of visions. New York: Simon and Schuster.

Landes, Ruth (1940): A cult matriarchy and male homosexuality. In: Journal of Abnormal and Social Psychology 34: 386–397.

Landes, Ruth (1994): The city of women. Albuquerque: University of Mexico Press.

Landweer, Hilge (1993): Kritik und Verteidigung der Kategorie Geschlecht. Wahrnehmungs- und Symboltheoretische Überlegungen zur sex/gender Unterscheidung. In: Feministische Studien 2: 34–43.

Landweer, Hilge (1994): Generativität und Geschlecht. Ein blinder Fleck in der sex/gender-Debatte. In: Wobbe, Theresa/Gesa Lindemann (Hg.): Denkachsen. Zur theoretischen und institutionellen Rede vom Geschlecht. Frankfurt / M.: Suhrkamp, S. 147–176.

Lang, Sabine (1990): Männer als Frauen – Frauen als Männer: Geschlechtsrollenwechsel bei den Indianern Nordamerikas. Hamburg: Wayabash.

Lang, Sabine (1994): Two-spirit people. Gender variance, Homosexualität und Identitätsfindung bei IndianerInnen Nordamerikas. In: Kea – Zeitschrift für Kulturwissenschaften 7: 69–86.

Lang, Sabine (1996): There is more than just women and men. Gender variance in North American cultures. In: Ramet, Sabrina P., Hg., S. 183–196.

Lang, Sabine (1997a): Geschlechtsrollenwechsel und kulturelle Konstruktionen von Hetero- und Homosexualität in indigenen Kulturen Nordamerikas. In: Völger, Gisela, Hg. (1997, Bd. 2): 143–148.

Lang, Sabine (1997b): Various kinds of two-spirit people: Gender variance and homosexuality in native American communities. In: Jacobs, Sue-Ellen et al., Hg., S. 100–118.

Lang, Sabine (1997c): Wer oder was ist eigentlich homosexuell? Reflexionen über gender variance, Homosexualität und Feldforschung in indigenen Gesellschaften Nordamerikas. In: Straßer, Sabine/Gerlinde Schein, Hg.: Intersexions. Feministische Anthropologie zu Geschlecht, Kultur und Sexualität. Wien: Milena Verlag, S. 67–110.

Lapovsky Kenney, Elizabeth/Madeline Davies (1992): »They was no one to mess with«. The construction of the butch role in the lesbian community of the 1940s and 1950s. In: Nestle, Joan, Hg., S. 62–81.

Laqueur, Thomas (1996): Auf den Leib geschrieben. Die Inszenierung der Geschlechter von Aristoteles bis Freud. Frankfurt, New York: Campus.

Leacock, Eleanor (1981): Myths of male dominance. Collected articles of women cross-culturally. New York: Monthly Review Press.

Lehner, Gertrud (1997): Wenn Frauen Männerkleider tragen. Geschlecht und Maskerade in Literatur und Geschichte. München: dtv.

Lengerke, Christiane von (1984): »Homosexuelle Frauen«. Tribaden, Freundinnen, Urninden. In: Berlin Museum, Hg., S. 125–148.

Lenz, Ilse (1990): Geschlechtssymmetrische Gesellschaften. Neue Ansätze nach der Matriarchatsdebatte. In: Lenz, Ilse/Ute Luig, Hg., S. 17–74.

Lenz, Ilse/Ute Luig, Hg. (1990): Frauenmacht ohne Herrschaft. Geschlechterverhältnisse in nichtpatriarchalischen Gesellschaften. Berlin: Orlanda.

Levy, R. I. (1973): Tahitians: Mind and experience in the Society Islands. Chicago: University of Chicago Press.

Lewis, Oscar (1941): Manly-hearted women among the northern Piegan. In: American Anthropologist 43: 173–187.

Liebers, Andrea (1997): »Eine Frau war dieser Mann«. Die Hosenrolle von Frauen in Spätantike und Mittelalter. In: Stoll, Andrea/Verena Wodtke-Werner, Hg., S. 146–161.

Lindemann, Gesa (1993a): Das paradoxe Geschlecht. Transsexualität im Spannungsfeld von Körper, Leib und Gefühl. Frankfurt/M.: S. Fischer.

Lindemann, Gesa (1993b): Der Körper und der Feminismus. In: Frankfurter Rundschau Nr. 135 v. 15. 6. 1993: 10.

Lindemann, Gesa (1993c): Wider die Verdrängung des Leibes aus der Geschlechterkonstruktion. In: Feministische Studien 2: 45–54.

Lindemann, Gesa (1994): Die Konstruktion der Wirklichkeit und die Wirklichkeit der Konstruktion. In: Wobbe, Theresa; Gesa Lindemann (Hg.): Denkachsen. Zur theoretischen und institutionellen Rede vom Geschlecht; Frankfurt/M.: Suhrkamp, S. 115–146.

Lindemann, Gesa (2001): Wie viel Ordnung muss sein? In: http://www.transmann.de / gesalindemann.shtml vom 8. 9. 2001

Linnhoff, Ursula (1974): Die neue Frauenbewegung USA – Europa seit 1968. Köln: Kiepenheuer und Witsch.

Livingston, Jennie (1990): Paris is burning. Video. Philadelphia: Movies unlimited.

Lorber, Judith (1999): Gender-Paradoxien. Opladen: Leske und Budrich.

Lorde, Audre (1988): Zami. Eine Mythobiographie. Berlin: Orlanda.

Lubbock, John (1875): The origin of civilization and the primitive condition of man. Mental and social conditions of savages. London: Longmans, Green & Co.

Luig, Ute (1997): Verlorene Gewißheiten: Prozesse der Differenzierung des Begriffs Geschlecht und neue Formen seiner Repräsentation. In: Völger, Gisela; Hg. (1997, Bd. 1), S. 69–76.

Lurie, Nancy O. (1953): Winnebago berdache. In: American Anthropologist 55: 708–712.

MacCormack, Carol P. (1980): Nature, culture, and gender: a critique. In: MacCormack, Carol P./Marilyn Strathern, Hg., S. 1–24.

MacCormack, Carol P./Marilyn Strathern, Hg. (1980): Nature, culture, and gender. Cambridge: Cambridge University Press.

MacKenzie, Gordene O. (1994): Transgender nation. Bowling Green: Bowling Green State University.

Mageo, Jeanette M. (1992): Male transvestism and cultural change in Samoa. In: American Ethnologist 4 (3): 443–459.

Mahlsdorf, Charlotte von (1993): Ich bin meine eigene Frau. Ein Leben. St. Gallen: Edition Dià.

Maier, Franziska (1998): Emanzipation als Herausforderung: Rechtsrevolutionäre Schriftsteller zwischen Bisexualität und Androgynie. Wien: Bohlau.

Maihofer, Andrea (1994a): Geschlecht als Existenzweise. Einige kritische Anmerkungen zu aktuellen Versuchen zu einem neuen Verständnis von »Geschlecht«. In: Institut für Sozialforschung Frankfurt, Hg.: Geschlechterverhältnisse und Politik. Frankfurt/M.: Suhrkamp, S. 168–187.

Maihofer, Andrea (1994b): Geschlecht als hegemonialer Diskurs. Ansätze zu einer kritischen Theorie des »Geschlechts«. In: Wobbe, Theresa/Gesa Lindemann, Hg.: Denkachsen. Zur theoretischen und institutionellen Rede vom Geschlecht; Frankfurt/M.: Suhrkamp, S. 236–263.

Maihofer, Andrea (1995): Geschlecht als Existenzweise. Macht, Moral, Recht und Geschlechterdifferenz. Frankfurt/M.: Ulrike Helmer Verlag.

Martin, Biddy (1996): Sexuelle Praxis und der Wandel lesbischer Identitäten. In: Hark, Sabine, Hg., S. 38–72.

McLaughlin, Megan (1990): The woman warrior: Gender, warfare and society in medieval Europe. In: Women's Studies 17: 193– 209.

McLennan (1865): Primitive marriage. An inquiry into the origin of the form of capture in marriage ceremonies. Edinburgh: Adam and Charles Black.

Medicine, Beatrice (1983): Warrior women – sex role alternatives for Plains Indian women. In: Albers, Patricia C./Beatrice Medicine, Hg.: The hidden half. Studies of Plains Indian Women. Washington, S. 267–280.

Medicine, Beatrice (1997): Changing native American roles in an urban context and changing native American sex roles in an urban context. In: Jacobs, Sue-Ellen et al., Hg., S. 145–155.

Meigs, Anna (1984): Food, sex, and pollution. A New Guinea religion. New Brunswick: Rutgers University Press.

Meiners, Christoph (1788–1800): Geschichte des weiblichen Geschlechts. Hannover, 4 Bände.

Melhuus, Marit/Kristi A. Stølen, Hg. (1996): Machos, mistresses, madonnas. Contesting the power of Latin American gender imagery. London: Verso.

Meulenbelt, Anja (1983): Zur Spaltung von Heterofrauen und Lesben. In: Meulenbelt, Anja, Hg.: Weiter als die Wut. Aufsätze. München: Frauenoffensive, S. 45–80.

Meyer, Adele, Hg. (1994): Lila Nächte. Die Damenclubs im Berlin der zwanziger Jahre. Berlin: Edition Lit Europe.

Mies, Maria (1984a): Frauenforschung oder feministische Forschung. In: beiträge zur feministischen theorie und praxis 11: 40–60.

Mies, Maria (1984b): Methodische Postulate zur Frauenforschung. In: beiträge zur feministischen theorie und praxis 11: 7–25.

Mies, Maria (1986): Patriarchy and accumulation on a world scale. London: Zed Books.

Mies, Maria (1993): Ecofeminism. London: Zed Books.

Mies, Maria (1997): Die »Methodischen Postulate zur Frauenforschung«: Ein Rückblick *nach* zwanzig Jahren. In: Völger, Gisela, Hg., (1997, Bd. 1), S. 55–62.

Millett, Kate (1970): Sexual politics. Garden City, New York: Doubleday.

Modleski, Tania (1991): Feminism without women. Culture and criticism in a »postfeminist« age. New York: Routledge.

Mohanty, Chandra T. (1984): Aus westlicher Sicht: Feministische Theorie und koloniale Praxis. In: beiträge zur feministischen theorie und praxis 23: 149–162.

Moll, Albert (1891): Die konträre Sexualempfindung. Berlin: S. Fischer.

Moore, Henrietta (1988): Feminism and anthropology. Cambridge: Polity Press.

Morgan, Lewis H. (1877/1987): Die Urgesellschaft. Untersuchungen über den Fortschritt der Menschheit aus der Wildheit durch die Barbarei zur Zivilisation. Wien: Promedia.

More, Kate/Stephen Whittle, Hg. (1999): Reclaiming genders. Transsexual grammars and the Fin de Siècle. London: Cassel.

Moreau, Paul (1880): Des Aberrations du sens génésique. Paris: Asselin.

Morrison, Toni (1971): What the black women think about women's lib. New York Times, 22. 8. 1971.

Murray, Stephen O., Hg. (1987): Male homosexuality in Central and South America. San Francisco: Institut Obrégon.

Murray, Stephen O. (1995): Latin American homosexualities: Albuquerque: University of Mexico Press.

Murray, Stephen O. (1997): Male homosexuality in Ottoman Albania. In: Murray, Stephen O./Will Roscoe H. (1997): 187– 196.
Murray, Stephen O./Will Roscoe, Hg. (1997): Islamic homosexualities. Culture, history, and literature. New York: New York University Press.
Murray, Stephen O./Will Roscoe, Hg. (1998): Boy-wifes and female husbands. Studies of African homosexualities. New York: St. Martin's Press.

Nadel, S. F. (1947): The Nuba. London: Oxford University Press.
Nadig, Maya (1986): Die verborgene Kultur der Frau. Ethnopsychoanalytische Gespräche bei Bäuerinnen in Mexiko. Frankfurt/M.: Fischer Taschenbuch Verlag.
Nagl-Docetal, Herta/Pauer-Studer, Herlinde, Hg. (1990): Denken der Geschlechterdifferenz. Wien: Wiener Frauenverlag
Nanda, Serena (1985): The hijras of India: Cultural and individual dimensions of an institutionalized third gender role. In: Journal of Homosexuality 11 (3–4): 35–55.
Nanda, Serena (1990): Neither man nor woman. The hijras of India. Belmont, Calif.: Wadsworth Publishing Company.
Nanda, Serena (1994): Hijras: An alternative sex and gender role in India. In: Herdt, Gilbert H., Hg., S. 373–418.
Nanda, Serena (2000): Gender diversity. Crosscultural variations. Prospects Heights: Waveland Press Inc.
Naqvi, Nauman/Hasan Mutjaba (1997): Two Baluchi buggas, a Sindhi zenana, and the status of hijras in contemporary Pakistan. In: Murray, Stephen O. / Will Roscoe, Hg., S. 262–266.
Nataf, Zachary L. (1996): Lesbians talk transgender. London: Scarlett Press.
Neumann, Hanne (1997): Lamento einer Butch der Neunziger. Von Unmöglichkeiten. In: Kuhnen, Stephanie, Hg., S. 111–122.
Nestle, Joan (1987): A restricted country. Ithaka, NY: Firebrand Press.
Nestle, Joan, Hg. (1992): The persistent desire. A femme-butch reader. Boston: Alyson Publications.
Newton, Esther (1972): Mother camp. Female impersonators in America: Chicago: University of Chicago Press.
Newton, Esther (1984): The mythic mannish lesbian: Radcliffe Hall and the new woman. In: Signs. Journal of Women in Culture and Society 9 (4): 557–575.

O'Flaherty, Wendy D. (1973): The erotic ascetic. New York: Oxford.
Okonjo, Isabel (1976): The role of women in social change among the Igbo of southwestern Nigeria living west of the river Niger. Ann Arbor: Xerox University Microfilms.
Ortner, Sherry B. (1974): Is female to male as nature is to culture? In: Rosaldo/Lamphere, Hg., S. 67–88.
Ortner, Shirley/Harriet Whitehead (1981): Sexual meanings. The cultural construction of gender and sexuality. London: Cambridge University Press.
Osborne, Peter/Lynne Segal (1994): Gender as performance. An interview with Judith Butler. In: Radical Philosophy 67: 32–39.

Parker, Richard (1985): Masculinity, feminity, and homosexuality: On the anthropological interpretation of sexual meanings in Brazil. In: Journal of homosexuality 11 (3–4): 155–163.

Parker, Richard (1991): Bodies, pleasures, and passions: Sexual culture in contemporary Brazil. Boston: Beacon Press.

Parker, Richard (1995): Changing Brazilian constructions of homosexuality. In: Murray, Stephen, Hg. (1995): S. 241–255.

Parker, Richard (1999): Beyond the Equator: Culture of desire, male homosexuality, and emerging gay communities in Brazil. New York: Routledge.

Parsons, Elsie C. (1916): The Zuni La'mana. In: American Anthropologist 18(4): 521–528.

Parsons, Elsie C. (1939): The last Zuni transvestite. In: American Anthropologist 41: 338–340.

Penelope, Julia (1983): Whose past are we reclaiming? In: Common Lives, Lesbian Lives 9: 18.

Peters, Sabine Ayshe (1996): Sag mir, mit wem du schläfst ... In: Lespress 2(8): 8.

Pfeffer, Georg (1995): Manliness in the Punjab: Male sexuality and the khursra. In: Sociologus 45 (1): 26–39.

Phelan, Shane, Hg. (1997): Playing with fire. Queer politics, queer theories. New York: Routledge.

Pilling, Arnold R. (1997): Cross dressing and shamanism among selected western North American tribes. In: Jacobs, Sue-Ellen et al., Hg., S. 100–118.

Planert, Ute (2000): Mannweiber, Urniden und sterile Jungfrauen. Die Frauenbewegung und ihre Gegner im Kaiserreich. In: Feministische Studien 18(1): 22–35.

Plötz, Kirsten (1997): Bubis und Damen. Die zwanziger Jahre. In: Kuhnen, Stephanie, Hg., S. 35–47.

Positionspapier zum TSG. In: http://www.transmann.de / pospaptsg.shtml vom 8.9.2001

Preston, Laurence W. (1987): A right to exist: Eunuchs and the state in nineteenth-century India. In: Modern Asian Times 21 (2): 371–387.

Prosser, J. (1995): No place like home: The transgendered narrative of Leslie Feinberg's ›Stone butch blues‹. In: Modern Fiction Studies 41 (3–4): 483–514.

Pusch, Luise F. (1984): Frauen und Lesben. In: Pusch, Luise F., Hg. (1984): Das Deutsche als Männersprache. Aufsätze und Glossen zur feministischen Linguistik. Frankfurt/M.: Suhrkamp, S. 176.

Questio, Hg. (2000): Queering Demokratie. Berlin: Quer Verlag.

Radcliffe Hall, John (1928/1990): The well of loneliness. New York: Anchor Books.

Radcliffe Hall, John (1934): Miss Ogilvy finds herself. New York: Harcourt, Brace.

Radicalesbians (1970/2000). The woman identified woman In: Crow, Barbara, Hg.: Radical feminism. A documentary reader. New York: New York University Press, S. 233–237.

Radin, Paul/Karl Kerenyi/Carl G. Jung (1954): Der göttliche Schelm. Ein indianischer Mythen-Zyklus. Zürich: Rhein Verlag

Ramet, Sabrina Petra, Hg. (1996): Gender reversals and gender cultures. Anthropological and historical perspectives. London: Routledge.

Raymond, J. (1979): The transsexual empire. The making of the she-man. London: Women's Press.

Reeves Sanday, Peggy/Ruth Goodenough, Hg. (1990): Beyond the second sex. New directions in the anthropology of gender. Philadelphia: The University of Pennsylvania Press.

Reiter, Rayna R. (1975): Towards an anthropology of women. New York: Monthly Review Press.

Reitzenstein, Ferdinand Freiherr von (1902): Das Weib bei den Naturvölkern. Eine Kulturgeschichte der primitiven Frau. Berlin: Neufeld und Henius.

Reitzenstein, Ferdinand Freiherr von (1908): Urgeschichte der Ehe. Ihre Bildung und ihr Entwicklungsgang. Stuttgart : Franck.

Riehl, Wilhelm H. (1862/1904): Die Familie. Stuttgart: Cotta.

Rinaldi, Dufresne, Laura (1994): Women warriors: a special case from the fifteenth century: the city of ladys. In: Women's Studies 23: 111–131.

Rödig, Andrea (1992): Geschlecht als Kategorie. Überlegungen zum philosophisch-feministischen Diskurs. In: Feministische Studien 1: 95–113.

Rödig, Andrea (1994): Ding an sich und Erscheinung. Einige Bemerkungen zur theoretischen Dekonstruktion von Geschlecht. In: Feministische Studien 2: 91–99.

Roggenkamp, Viola (2001): Zwei Kleider. Warum lesbische Paare heute aussehen wie ihre heterosexuellen Nachbarn. In: taz vom 22. 6. 2001.

Rosaldo, Michelle Z. (1974): Woman, culture, and society: a theoretical overview. In: Rosaldo/Lamphere, Hg., S. 17–42.

Rosaldo, Michelle Z./Lamphere, Louise (1974): Introduction. In: Rosaldo / Lamphere, Hg. (1974): 1–16.

Rosaldo, Michelle Z./Lamphere, Louise, Hg. (1974): Woman, culture, and society. Stanford: Stanford University Press.

Rose, Sharon et al., Hg. (1996) Bisexual horizons: Politics, histories, lives. Kondon: Lawrence and Wishart.

Rosenbaum, Heidi (1982): Formen der Familie. Untersuchungen zum Zusammenhang von Familienverhältnissen, Sozialstruktur und sozialem Wandel in der deutschen Gesellschaft des 19. Jahrhunderts. Frankfurt/M.: Suhrkamp.

Rösing, Ina (1999): Geschlechtliche Zeit, geschlechtlicher Raum. Heidelberg: Universitätsverlag C. Winter.

Roscoe, Will (1988): Wewha and Klah: The American Indian berdache as artist and priest. In: American Indian Quarterly 12 (2): 127–150.

Roscoe, Will (1991): The Zuni man-woman. Albuquerque: University of Mexico Press.

Roscoe, Will (1994): How to become a berdache: Towards a unified analysis of gender diversity. In: Herdt, Gilbert H., Hg., S. 329–372.

Roscoe, Will (1997): Das Dritte Geschlecht im Mythos und Ritual der Zuni. In: Völger, Gisela, Hg. (1997, Bd. 2): 149–154.

Röttger-Rössler, Brigitta (1997): Männer, Frauen und andere Geschlechter. Zur Relativierung der Zweigeschlechtlichkeit in außereuropäischen Kulturen. In: Völger, Gisela, Hg. (1997, Bd. 2), S. 101–108.

Rousseau, Jean-Jacques (1762/1985): Emil oder über die Erziehung. Paderborn: Schöningh.

Rubin, Henry (1996): Do you believe in gender? In: Sojourner 21 (6): 7–8.

Sacks, Karen (1975): Engels revisited: women, the organization of production, and private property. In: Reiter, Hg., S. 211–234.

Sade, Donatien A. F. Marquis de (1791/1997): Justine oder die Leiden der Tugend. Frankfurt/M.: Insel Verlag.

Sade, Donatien A. F. Marquis de (1797/1989): Juliette oder die Vorteile des Lasters. Berlin: Ullstein.

Sanders, Todd (2000): Rains gone bad, women gone mad: Rethinking gender rituals of rebellion and patriarchy. In: Journal of the Royal Anthropological Institute, n.s. (6): 469–486.

Schaefer, Claude E. (1965): The Kutenai female berdache: courier, guide, phrophetess, and warrior. In: Ethnohistory 12: 193–236.

Scheu, Ursula (1977): Wir werden nicht als Mädchen geboren – wir werden dazu gemacht. Zur frühkindlichen Erziehung in unserer Gesellschaft. Frankfurt/M.: Fischer Taschenbuch Verlag.

Schifter, Jacobo (1999): From toads to queens. Transvestism in a Latin American setting. New York: The Haworth Press.

Schleiner, Winfried (1996): Cross-dressing, gender errors, and sexual taboos in Renaissance literature. In: Ramet, Petra, Hg., S. 92–104.

Schlierkamp, Petra (1984): Die Garçonne. In: Berlin Museum, Hg. (1984): 169–179.

Schopenhauer, Arthur (1986): Über die Weiber. Zürich: Hattmanns.

Schröder, Hannelore (1979): »Die Frau ist frei geboren.« Texte zur Frauenemanzipation. 2 Bde. München: C. H. Beck.

Schröter, Susanne (1994): Krieger, Hexen, Kannibalinnen. Phantasie, Herrschaft und Geschlecht in Neuguinea. Münster: Lit.

Schröter, Susanne (1995): Der Diskurs um die Kategorie »Sex« in der Ethnologie. Anmerkungen zu Heike Behrends »Mothers do not make babys«. In: Zeitschrift für Ethnologie 120: 161–175.

Schröter, Susanne (1997): Geschlecht – Konstruktion – Identität. Kritische Annäherungen an einen feministischen Diskurs. In: Straßer, Sabine; Gerlinde Schein; Hg.: Intersexions. Feministische Anthropologie zu Geschlecht, Kultur und Sexualität. Wien: Milena, S. 111–148.

Schröter, Susanne (1997): Topographie der Geschlechter bei den Ngada in Indonesien. In: Völger, Gisela, Hg. (1997, Bd. 1): 41–50.

Schröter, Susanne (1998a): Liebe, Heirat, Hierarchie. Rang, Geschlecht und Ethnizität in einer matrilinearen Gesellschaft. In: Hauser-Schäublin, Brigitta/Birgitt Rössler-Röttger, Hg., S. 234–259.

Schröter, Susanne (1998b): Ngadhu und bhaga. Symbolisierungen männlicher und weiblicher Körper bei den Ngada in Ostindonesien. In: Schröter, Susanne, Hg.: Körper und Identität. Ethnologische Ansätze zur Konstruktion von Geschlecht. Münster: Lit, S. 51–76.

Schröter, Susanne (2000a): Autonomie und Kooperation in einer matrifokalen Gesellschaft. Unveröffentlichtes Manuskript, vorgetragen auf der Frühjahrstagung der Sektion Sozialanthropologie und Entwicklungssoziologie der Deutschen Gesellschaft für Soziologie zum Thema »Macht, Legitimität, Situation« vom 1. bis 3. 6. 2000 in Berlin.

Schröter, Susanne (2000a): »Women as healers in an indigenuous society of eastern Indonesia«. Unveröffentlichtes Manuskript, vorgetragen auf der Tagung »Gender and the transmission of value systems and cultural Heritage(s) in South and Southeast Asia« vom 23. bis 24. 5. 2000 in Amsterdam.

Schröter, Susanne (2001): Bachofen, Johann Jakob. Das Mutterrecht. In: Kohl, Karl-Heinz, Hg. (2001): Hauptwerke der Ethnologie. Stuttgart: Alfred Kröner Verlag, S. 6–10.

Schücker, Anton (1931): Zur Psychopathologie der Frauenbewegung. Leipzig: Kabitzsch.

Schultz, James W. (1919): Running Eagle, the warrior girl. Boston.

Shepherd, G. (1978): Transsexualism in Oman? In: Man 13: 133–136.

Shapiro, Judith (1991): Transsexualism: Reflections on the persistence of gender and mutability of sex. In: Epstein, J./Karin Straub, Hg. (1991).

Shore, B. (1981): Sexuality and gender in Samoa. Concepts and missed conceptions. In: Ortner, Sherry B./Harriet Whitehead, Hg., S. 192–215.

Showalter, E. (1990): Sexual anarchy. Gender and culture in the Fin de Siècle. New York: Viking.

Sigusch, Volkmar (1991): Die Transsexuellen und unser nosomorpher Blick. In: Zeitschrift für Sexualforschung 4: 225–256, 309–343.

Sigusch, Volkmar (1995): Geschlechtswechsel. Hamburg: Rotbuch Verlag.

Silverman, Eric K. (2001): Masculinity, motherhood, and mockery. Psychoanalyzing culture and the Iatmul naven rite in New Guinea. Ann Arbor: The University of Michigan Press.

Simms, S. C. (1903): Crow Indian hermaphrodite. In: American Anthropologist 5: 580 f.

Sir Galahad (Berta Eckstein-Diener) (1975): Mütter und Amazonen. Die erste weibliche Kulturgeschichte. München: Non Stop Verlag.

Smith Oboler, Regina (1980). Is the female husband a man? Woman/woman marriage among the Nandi of Kenya. In: Ethnology 19: 69–88.

Smith Oboler, Regina (1985): Women, power, and economic change. The Nandi of Kenya. Stanford: Stanford University Press.

Spannbauer, Christa (1999): Das verqueere Begehren. Sind zwei Geschlechter genug? Würzburg: Diametric Verlag.

Spier, Leslie (1930): Klamath ethnography. University of California Publications in American Archaeology and Ethnology 30.

Stein, Arlene (1996): Mit dem Feind schlafen? In: Hark, Sabine, Hg., S. 155–186.

Stendal, Renate (1986): Ich bin keine Frau. In: Emma 3: 38 f.

Stendal, Renate (1986): Sich selbst lieben – Ein Gespräch in Paris. In: Emma 3: 40–42.

Stephenson, Mathilda C. (1904): The Zuni Indians. Their mythology, esoteric fraternities, and ceremonies. In: Twentythird Annual Report of the Bureau of American Ethnology 1901–1902. Washington: Government Printing Office, S. 1–608.

Sternberg, L. (1925): Divine elections in primitive religion. Goteborg: XXI Congres International des Americanists.

Stoll, Andrea (1997). »Wär ich ein Mann, doch mindestens nur.« In: Stoll, Andrea/Verena Wodtke-Werner, Hg., S. 128–145.

Stoll, Andrea/Verena Wodtke-Werner, Hg. (1997): Sakkorausch und Rollentausch. Männliche Leitbilder als Freiheitsentwürfe von Frauen. Dortmund: Edition Ebersbach.

Stoller, Robert J. (1985): Presentations of gender. New Haven: Yale University Press.

Strathern, Marilyn (1980): No nature, no culture. The Hagen case. In: MacCormack, Carol P./Marilyn Strathern, Hg. (1980): 174–222.

Strathern, Marilyn (1981): Self-intererst and the social good. Some implications of Hagen gender imagery. In: Ortner, Sherry/Harriett Whitehead, Hg., S. 166–191.

Stryker, Susan (1999): Portrait of a transfag drag hag as a young man. The activist career of Louis G. Sullivan. In: More, Kate/Stephen Whittle, G., Hg., S. 62–82.

Taeger, Angela (1998): Die Karrieren von Sodomiten in Paris während des 18. Jahrhunderts. In: Schmale, Wolfgang, Hg.: MannBilder. Ein Lese- und Quellenbuch zur Männerforschung. Berlin: Berlin Verlag, S. 113–130.

Tan Beng Hui (1999): Women's sexuality and the discourse on Asian values. Cross-dressing in Malysia. In: Blackwood, Evelyn/Saskia E. Wieringa, Hg., S. 281–307.

Tarnowski, Benjamin M. (1886): Die krankhaften Erscheinungen des Geschlechtssinnes. Berlin: Aug. Hirschwald.

Teubner, Ulrike (1995): Das Fiktionale der Geschlechterdifferenz. Oder: Wie geschlechtsspezifisch ist die Kategorie Geschlecht? In: Wetterer, Angelika, Hg.: Die soziale Konstruktion von Geschlecht in Professionalisierungsprozessen. Frankfurt, New York: Campus.

Thayer, James S. (1980): The berdache of the northern plains: a socioreligious perspective. In: Journal of Anthropological Research 36: 287–293.

Theis, Wolfgang/Andreas Sternweiler (1984): Alltag im Kaiserreich und in der Weimarer Republik. In: Berlin Museum, Hg., S. 48–73.

Theweleit, Klaus (1977): Männerphantasien. Bd.1: Frauen, Fluten, Körper, Geschichte. Bd. 2: Männerkörper – Zur Psychoanalyse des weißen Terrors. Frankfurt/M.: Stroemfeld/Roter Stern.

Thomas, Silja (1997): Das eingeschlossene Dritte. Formen des Geschlechtswechsels an ausgewählten Fallbeispielen. Frankfurt/M.: Institut für Historische Ethnologie (unveröffentlichte Magisterarbeit).

Thürmer-Rohr, Christina (1987): Vagabundinnen. Feministische Essays. Berlin: Orlanda.

Tietmeyer, Elisabeth (1985): Frauen heiraten Frauen. Eine vergleichende Studie zur Gynaegamie in Afrika. Hohenschaftlärn: Klaus Renner Verlag.

Tietmeyer, Elisabeth (1991): Gynaegamie im Wandel. Die Agíkúyú zwischen Tradition und Anpassung. Hamburg: Lit.

Tietmeyer, Elisabeth (1994): Geschlechtsrollenwechsel durch Heirat? In: Kea – Zeitschrift für Kulturwissenschaften 7: 109–118.

Tietmeyer, Elisabeth (1998): Geschlecht, Differenz, Gynaegamie. Zur Multiplikation von Geschlechterrollen in Afrika. In: Hauser-Schäublin, Brigitta/Birgitt Rössler-Röttger (Hg.), S. 163–183.

Tietz, Lüder (1998): Crooked circles and straight lines: Zum Wandel im Verhältnis von Variabilität und Normativität in alternativen Geschlechtskonstruktionen ›indianischer‹ Kulturen Nordamerikas. In: Schröter, Susanne (Hg.): Körper und Identität. Ethnologische Ansätze zur Konstruktion von Geschlecht, Münster: Lit, S. 101–130.

Torjesen, Karin Jo (1996): Martyrs, ascetics, and gnostics. Gender crossing in early Christianity. In: Ramet, Sabrina P., Hg., S. 79–91.

Trettin, Käthe (1994): Braucht die feministische Wissenschaft eine »Kategorie«? In: Wobbe, Theresa; Gesa Lindemann (Hg.): Denkachsen. Zur theoretischen und institutionellen Rede vom Geschlecht; Frankfurt/M.: Suhrkamp, S. 208–235.

Trettin, Käthe (1997): Probleme des Geschlechtskonstruktivismus. In: Völger, Gisela; Hg. (1997, Bd. 1), S. 47–54.

Trettin, Käthe (2000): Gibt es überhaupt Frauen? Ein neuer Versuch, Simone de Beauvoirs klassische Frage zu beantworten. In: Feministische Studien 18(1): 111–121.

Trumbach, Randolph (1977): London's sodomites: Homosexual behavior and western culture in the 18th century. In: Journal of Social History 4: 1–33.

Trumbach, Randolph (1994): London's sapphists: From three sexes to four genders in the making of modern culture. In: Herdt, Gilbert H., Hg., S. 111–136.

Tuchel, Susan (1998): Kastration im Mittelalter. Düsseldorf: Droste Verlag.

Ulrich, Holde-Barbara/Thomas Karsten (1994): Messer im Traum. Transsexuelle in Deutschland. Tübingen: Konkursbuch Verlag.

Ulrichs, Karl H. (1864/1898): Inclusa. In: Forschungen über das Rätsel der mannmännlichen Liebe. Leipzig: M. Spohr.

Ulrichs, Karl H. (1868): Memnon. In: Forschungen.

Underhill, Ruth (1939): Social organization of the Papago Indians. New York: Columbia University Press.

Van der Meer, Theo (1994): Sodomy and the pursuit of a third sex in the early modern period. In: Herdt, Gilbert H., Hg., S. 137–212.

Vögelin, Ermine W. (1942): Culture element distribution 20: Northwest California. University of California Anthropological records 2 (1).

Völger, Gisela, Hg. (1997): Sie und Er. Frauenmacht und Männerherrschaft im Kulturvergleich, 2 Bände. Köln: Rautenstrauch-Joest Museum für Völkerkunde.

Weathers, Maryanne (1970): An argument for black women's liberation as a revolutionray force. In: Stambler, Sookie, Hg.: Women's liberation blueprint for the future. New York: Ace Books, S. 161–165.

Weber, Marianne (1907): Ehefrau und Mutter in der Rechtsentwicklung. Tübingen: Aalen Scientia Verlag.

Weinberg, Martin (1994): Dual attractions: Understanding bisexuality. New York: Oxford University Press.

Weise, Elizabeth R. (1992): Closer to home. Bisexuality and feminism. Vancouver: The Seal Press.

Weiss, Andrea (1996): Paris war eine Frau. Die Frauen von der Left Bank. Dortmund: Edition Ebersbach.

Wesley, Thomas (1997): Navajo cultural constructions of gender and sexuality. In: Jacobs, Sue-Ellen et al., Hg., S. 156–173.

Westphal, Karl F. O. (1869): Die conträre Sexualempfindung. Symptome eines neuropathologischen Zustands. In: Archiv für Psychiatrie und Nervenkrankheiten 2 (1): 73–108.

Westphal-Hellbusch, Sigrid (1956): Transvestiten bei arabischen Stämmen. In: Sociologus 6 (2): 126–137.

Wheelwright, Julie (1989): Amazons and military maids. Women who dressed as men in the pursuit of life, liberty and happiness. London: Pandora.

Whitaker, Ian (1981): »A sack for carrying things«: The traditional role of women in northern Albanian society. In: Anthropological Quarterly 54: 146–156.

Whitam, Frederik L. (1992): Bayot and callboy. Homosexual-heterosexual relations in the Philippines. In: Murray, Stephen O., Hg.: Oceanic homosexualities. New York: Garland, S. 231–248.

Whitehead, Harriet (1981): The bow and the burden strap: A new look at institutionalized homosexuality in native North America. In: Ortner, Sherry B./Harriet Whitehead (Hg): Sexual meanings: The cultural construction of gender and sexuality. London: Cambridge University Press, S. 80–115.

Whyte, Martin K. (1978): The status of women in preindustrial societies. Princeton: Princeton University Press.

Wikan, Unni (1977): Man becomes woman. Transsexualism in Oman as a key to gender roles. In.: Man (n.s.) 12(3): 305–319.

Wikan, Unni (1978): The Omani xanith – a third gender role? In: Man (n.s.) 13(3): 473–475.

Wikan, Unni (1982): Behind the veil in Arabia. Women in Oman. Chicago: The University of Chicago Press.

Wilchins, Riki Anne (1997): Read my lips. Sexual subversion and the end of gender. Ithaka, NY: Firebrand Books.

Williams, Mark J. K. (1999): Sexual pathways: Adapting to dual sexual attraction. Westport, Conn.: Praeger.

Williams, Walter (1986a): Persistance and change in the berdache tradition among contemporary Lakota Indians. In: Blackwood, Evelyn, Hg., S. 191–200.

Williams, Walter (1986b): The spirit and the flesh: Sexual diversity in American indian culture. Boston, Mass.: Beacon Press

Wilson, E. (1990): Deviant dress. In: Feminist Review 35: 67–74.

Winthuis, Josef (1928): Das Zweigeschlechterwesen bei den Zentralaustraliern und anderen Völkern. Leipzig: Hirschfeld.

Wittig, Monique (1969): Les guérillères. Paris: Minuit.

Wittig, Monique (1973): Le corps lèsbien. Paris: Minuit.

Wittig, Monique/Sande Zeig (1983 / 1976): Lesbische Völker. Ein Wörterbuch. München: Frauenoffensive.

Wittig, Monique (1992): The straight mind and other essays. Boston: Beacon Press.

Wrangham, Richard/Dale Peterson (1996): Demonic males. Apes and the origin of human violence. New York: Houghton Mifflin Company.

Yanagisako, Sylvia (1997): Geschlecht, Sexualität und andere Überschneidungen. In: Schein, Gerlinde/Sabine Straßer, Hg.: Intersexions. Feministische Anthropologie zu Geschlecht, Kultur und Sexualität. Wien: Milena, S. 33–66.

Yanagisako, Sylvia/Carol Delaney (1995): Naturalizing power. In: Yanagisako, Sylvia/ Carol Delaney, Hg.: Naturalizing power. Essays in feminist cultural analysis. London: Routledge, S. 1–24.

YAWF Women's Caucus (1970): Women's liberation and the Black Panther Party. New York: YAWF, 26. 8. 1970.

Yorke, Michael (1991): Eunuchs – India's third gender. Video. London: BBC.

Young, Antonia (2000): Women who become men. Albanian sworn virgins. Oxford: Berg.

Young, Stacey (1997): Dichotomies and displacement: bisexuality in queer theory and politics. In: Phelan, Shane, Hg., S. 51–74.

Zdunnek, Gabriele (1995): Feminismus mit Methode – Ein erster Überblick. In: Peripherie 57/58: 23–37.